"十四五"职业教育规划教材·金融科技系列

新形态·立体化·校企"双元"

"同花顺"合作开发

智能投顾

(融媒体版)

金玮佳 梁 睿 ◎ 主编

李晨晖 彭朝林 ◎ 副主编

立信会计出版社

图书在版编目(CIP)数据

智能投顾:融媒体版 / 金玮佳,梁睿主编. —上海:立信会计出版社,2022.1
 ISBN 978-7-5429-6961-3

Ⅰ.①智… Ⅱ.①金…②梁… Ⅲ.①人工智能—应用—金融投资—研究 Ⅳ.①F830.59-39

中国版本图书馆 CIP 数据核字(2021)第 229169 号

策划编辑	张善涛
责任编辑	张善涛
封面设计	南房间

智能投顾(融媒体版)
ZHINENG TOUGU RONG MEI TI BAN

出版发行	立信会计出版社		
地　　址	上海市中山西路 2230 号	邮政编码	200235
电　　话	(021)64411389	传　　真	(021)64411325
网　　址	www.lixinaph.com	电子邮箱	lixinaph2019@126.com
网上书店	http://lixin.jd.com		http://lxkjcbs.tmall.com
经　　销	各地新华书店		
印　　刷	浙江临安曙光印务有限公司		
开　　本	787 毫米×1092 毫米　　1/16		
印　　张	16.5		
字　　数	310 千字		
版　　次	2022 年 1 月第 1 版		
印　　次	2022 年 1 月第 1 次		
书　　号	ISBN 978-7-5429-6961-3/F		
定　　价	48.00 元		

如有印订差错,请与本社联系调换

前言

本书按照高职高专人才培养目标以及专业教学改革的需要,依据最新法律法规、标准规范完成编写工作。

智能投顾课程属于信息技术与金融专业的交叉型理实一体化课程,课程辅以大量的操作性实训,需要综合投资学原理、人工智能等信息技术,让学生理解和分析金融科技新模式下证券投资活动的发展与创新。本书在介绍金融科技技术带给证券投资业务流程和投资分析技术变化的同时,也明确了新形势下证券从业人员的一些素质要求,有助于全面理解和把握金融科技时代证券业务的定位及其发展方向。本书旨在培养学生对于智能投顾业务的认知、操作应用和分析能力,提高学生在证券投资领域的信息技术创新思维能力。

本书具有以下几个方面的特色:

(1) 本书的撰写方式是问题带方法。作为金融科技专业教材,在选取研究案例时,选取金融科技业最新案例,结合理论知识的学习,注重实务流程操作。

(2) 本书的资源以信息化网络教学资源为主,配套了微课视频、PPT课件等多媒体教学资源。之后还会不断更新课后练习题,并设置在线互动讨论区。本书还为学生提供更丰富的教学资料,建设了移动学习平台。

(3) 本书融理论教学和实践教学于一体,强调定性分析和定量分析相结合,理论分析和实证分析相结合,总量分析和结构分析相结合。

(4) 本书编者积极与杭州同花顺大数据服务有限公司共同合作,编写职业岗位能力培养方案,产教融合,模拟真实业务场景的项目。

本书在编写过程中,参考了国内外大量相关的教材、著作以及论文等,在此向这些作者表示感谢!由于编者的水平有限,书中难免有错漏之处,恳切希望读者提出宝贵意见。

本书既可作为高职高专院校金融、金融科技、互联网金融等专业的教材,也可作为函授和自考辅导用书,还可供金融科技行业从业人员参考使用。

编　者

2021年12月

目录

项目一　智能投顾概述 ·· 001
  任务一　智能投顾的概念 ·· 001
  任务二　智能投顾业务的发展现状 ······································ 004
  任务三　智能投顾业务简介 ··· 009

项目二　智能投顾主要理论 ·· 017
  任务一　技术分析概述 ··· 017
  任务二　证券投资技术分析主要理论 ··································· 019
  任务三　智能投顾的理论基础 ··· 036

项目三　智能投顾主要技术指标 ·· 043
  任务一　证券投资技术分析指标简述 ··································· 043
  任务二　技术分析主要技术指标 ··· 046
  任务三　智能投顾的技术体系 ··· 065

项目四　智能投顾宏观经济分析 ·· 072
  任务一　宏观经济分析概述 ··· 072
  任务二　宏观经济分析与证券市场 ······································ 087
  任务三　证券市场的供求关系 ··· 100

项目五　智能投顾行业分析 ·· 114
  任务一　行业分析概述 ··· 114
  任务二　行业的一般特征分析 ··· 122
  任务三　影响行业兴衰的主要因素 ······································ 132
  任务四　行业分析的方法 ·· 141

项目六　智能投顾公司分析 ·· 153
任务一　公司分析概述 ·· 153
任务二　公司基本分析 ·· 155
任务三　公司财务分析 ·· 163
任务四　公司重大事项分析 ··· 194

项目七　智能投顾实务 ·· 203
任务一　智能投顾的服务链 ··· 203
任务二　智能投顾的商业模式及风险管理 ·· 213
任务三　国内外智能投顾案例 ·· 219

项目八　投资顾问业务的监管及职业规范 ·· 231
任务一　证券投资顾问的业务内容与职责 ·· 231
任务二　证券投资顾问的监管 ·· 235
任务三　证券投资顾问的道德规范 ··· 245

课后实践参考答案 ··· 250

参考文献 ·· 256

项目一 智能投顾概述

 学习目标

介绍智能投顾的概念与特点；分析智能投顾的发展现状；讲解智能投顾分析的基本方法和步骤，并介绍智能投顾信息来源渠道。

任务一 智能投顾的概念

 案例导入

从 AlphaGo 到冷扑大师，AI 普及还有多远？

2017 年 4 月 6 日，创新工场 CEO 暨创新工场人工智能工程院院长李开复博士发起的首届亚洲德州扑克人机大战在海南生态软件园举行。基于卡内基梅隆大学 Tuomas Sandholm 教授和博士生 Noam Brown 所开发的 Libratus 无限德州扑克人工智能系统——"冷扑大师"强势来袭，与由 2016 年世界德州扑克大赛的巅峰 WSOP 金手链冠军得主杜悦领军，汇集中国顶尖德扑高手组成的中国龙之队对决。

实际上，这样的对决在近两年愈发频繁。

2016 年 3 月中旬，AlphaGo 与李世石的人机大战落下帷幕，在 5 局比赛中，AlphaGo 以 4∶1 的绝对优势取得了胜利。

2016 年岁末，升级版的 AlphaGo 化身"Master"，进行了 60 场互联网棋局车轮大战，战胜了几乎所有的中日韩三国围棋界泰斗和新秀。

2017 年 1 月 30 日，CMU 正式发布 Libratus，该程序基于在匹兹堡的超级计算机中心，采用大约 1500 万核心小时的计算，使用算法分析德扑规则，建立博弈策略。

2017 年 3 月，阿尔伯塔大学、布拉格查尔斯大学和捷克技术大学的研究人员团队开发了一个名为 DeepStack 的 AI 系统。而 Deepstack 的论文早在 CMU 正式发布 Libratus 之前，便抢先于 1 月初发布在世界顶级学术刊物 Science 上。DeepStack 使用 GTX 1080 GPU 和 CUDA 的 Torch 深度学习框架，击败了完成比赛的 11 名玩家。

2017年3月底,腾讯发布AI围棋程序"绝艺",一路过关斩将,横扫各路好手,包括日本的人工智能程序ZEN,夺得世界围棋人工智能大赛UEC冠军,当然出于种种原因,此次比赛Deepmind的"Master"并未参加。

回归到"冷扑大师"。截至2017年4月8日,"冷扑大师"已经取得了连续3天领先的优势。6日,"冷扑大师"领先65 137记分牌;7日,"冷扑大师"领先347 565记分牌;8日,"冷扑大师"领先233 874记分牌。3天下来,"冷扑大师"共领先646 576记分牌。8日全天,龙之队完成8 400手牌。上半场,"冷扑大师"在意料之中获胜,领先达173 936记分牌。下半场,龙之队触底反弹,失利大幅收窄至59 938记分牌。"冷扑大师"全天领先233 874记分牌。

思考:
1. 为何"冷扑大师"的胜利能够获得业界如此高的关注度?同样赢得了棋弈类比赛,AlphaGo与"冷扑大师"差别有哪些?
2. 人工智能不断进化,人类是否会在竞争中败下阵来?

被称为"全球资产配置之父"的加里·布林森曾说过:做投资决策,最重要的是要着眼于市场,确定好投资类别。从长远来看,投资收益的大约90%都是来自成功的资产配置。在现代社会,越来越多的人将资产委托于投资顾问进行资产配置,旨在获得长期稳定的收益。

一、投资顾问

在金融市场中,投资顾问通过组合不同种类的金融产品为客户提供投资方案,制定差异化的投资政策声明(Investment Policy Standard,IPS),并遵循客户理财目标进行资产配置(见图1-1)。

(一) 金融产品

金融产品是一种有形流动资产,持有者可根据合约对相应标的进行相应索偿。与土地、商品等其他有形资产不同,金融产品不是实物资产,因此其不一定具有实物价值。金融产品可从种类上细分为债券类(国家债券、企业债券等)、权益类(股票基金、指数基金等)、衍生品(期权、期货等)、另类投资(REITs、风险投资等)等;从期限上可划分为1年以内的短期金融产品(货币基金等)和1年以上的中长期金融产品。

(二) 投资顾问

投资顾问通过收取资产管理费或收取佣金的方式,为客户提供差异化投资理财推荐及资产配置服务。投资顾问通过问卷调查及访谈等方式,对客户的投资风格、风险偏好、投资目标、投资期限等进行综合考量,为客户提供对应收益的投资品种推荐。

业余投资者对其资产的保值增值需求,与其缺乏足够时间及专业能力自行进行资产

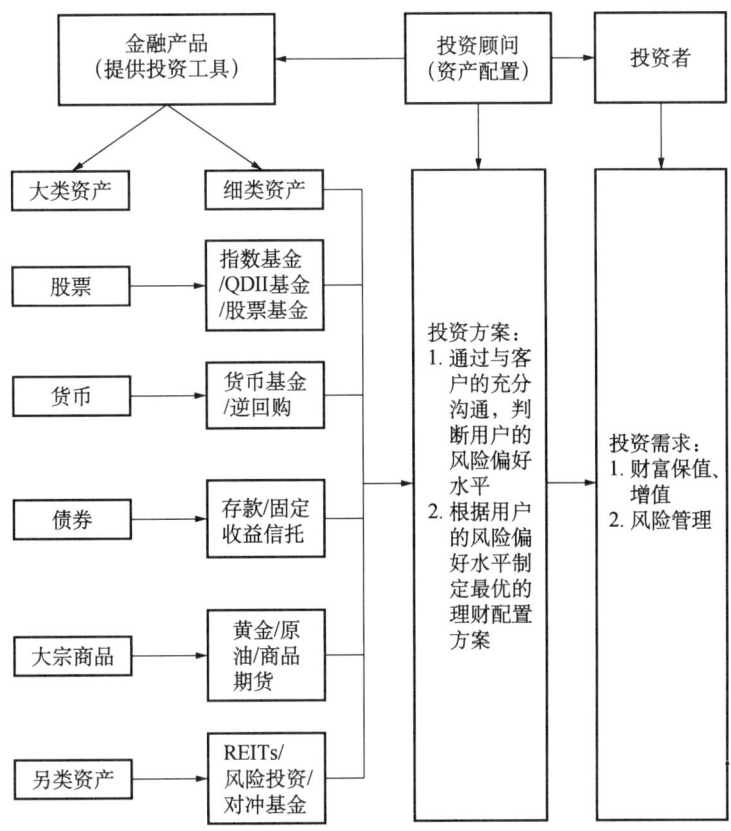

图 1-1 投资理财领域金融产品和投资顾问的分工

配置的矛盾,催生了对投资顾问人才的需求。投资顾问通过准确判断客户风险偏好及期望收益水平,为客户量身定制投资组合方案,通过分散化投资方式为客户进行资产配置,降低组合风险,保障客户收益。

投资顾问是连接投资人与金融产品的重要纽带。投资顾问在为客户进行资产配置的时候,首先要准确把握客户的真实风险偏好与风险承受能力。如果将金融行业比作餐饮业的话,那么金融产品就好比是种类丰富的食材,生猛海鲜、鲜蔬果肉,样样俱全。投资顾问则是厨师,根据客户需求,选择上好的食材,烹饪出令客户满意的美食。

链接 1-1 智能投顾的含义

二、智能投顾

智能投顾(Robo-Advisor),又称机器人投顾,是一种将现代投资组合理论(MPT)与大数据、人工智能、云计算等新兴技术相结合的在线投资顾问服务模式。智能投顾基于算法、传统金融领域的估值及交易模型搭建量化交易决策模型,减少人工干预。智能投顾通过线上问卷,结合投资者的投资目标、风险偏好、风险承受能力、财务状况等变量,利用算法为客户自动生成个性化、智能化的资产配置方案。智能投顾为客户提供股票配置、股票期权操作、债券配置、房地产资产配置等资源配置组合,并提供资产再平衡、房贷偿还、交易执行等服务,旨在风险可控的情况下为客户提供长期稳定的收益。

任务二　智能投顾业务的发展现状

 案例导入

2019年智能投顾平台如表1-1所示。

表1-1　2019年智能投顾平台排行榜

排行	名称	所属企业
1	蚂蚁聚宝	蚂蚁金服
2	中银慧投	中国银行
3	摩羯智投	招商银行
4	蓝海智投	蓝海财富
5	AI投	工商银行
6	财智机器人	浦发银行
7	贝塔牛	广发证券
8	天弘爱理财	天弘基金
9	京东智投	京东集团
10	智投魔方	光大证券
11	璇玑智投	乐融多源
12	信智投	中信银行
13	IFind	同花顺
14	平安一账通	平安银行
15	华宝智投	华宝证券
16	理财魔方	口袋财富
17	拿铁智投	数禾科技
18	玖富犇犇	玖富网络
19	RUN智投	华润银行
20	龙智投	建设银行
21	阿尔法智投	江苏银行

(续表)

排行	名称	所属企业
22	广发智投	广发银行
23	超级智投宝	南方基金
24	Assetmark	华泰证券
25	牛股王	淘金者科技
26	胜算在握	祥云科技
27	7分钟理财	云际投资
28	财鲸	财鲸信息
29	弥财	弥财投资
30	首证投顾	首证投资

(2019《互联网周刊》&eNet研究院)

思考：

在智能财富管理时代，我们应如何运用好智能投顾技术？

一、国外智能投顾业务的发展现状

链接1-2 国外智能投顾业务的发展现状

在美国，2008～2012年可以视为智能投顾的初步发展期，在这一期间，智能投顾从无到有，并经受住了考验，开始受到市场的关注。2014年，传统的金融机构开始受到智能投顾创新企业所带来的挑战，先锋、富达、嘉信等几个传统金融领先公司纷纷放低姿态，也开始涉足智能投顾这一崭新的领域之中。

除了独立的研发，金融机构也开始通过合作和收购等方式涉足智能投顾。例如，2015年8月，贝莱德收购智能投顾初创公司Future Advisor；2016年3月，高盛收购线上退休账户理财平台HonesDollar；富国基金与Betterment展开战略合作；此外，蒙特利尔银行和TD Ameritrade都在积极布局，行业开始呈现蓬勃发展，进入繁荣期。

随着智能投顾创业公司的不断涌现及其管理资产规模的增加，监管层对智能投顾监管方面的关注也在不断增长。而在对智能投顾的监管方面，美国也走在前列，是其他国家的榜样。

2016年3月，美国金融监管局出台了一份数字化投资顾问的创新监管指导意见——《数字化投资顾问使用指导意见》，提出了对智能投顾监管的3个重心：①关注数字化投资顾问工具所使用的算法；②关注对客户风险承受能力的评估；③关注数字化投资顾问所构建的投资组合，以及这些组合是否会引发利益冲突。这个指导意见既显示出美国的监管非常关注智能投顾，也体现出他们对这种新事物的包容。

2017年初，美国证监会下辖的投资管理部就智能投顾应该如何行事这一问题，再次发出升级版指南。该指南肯定了智能投顾的繁荣现状,并认为它可能极大地改变投顾行业的竞争图景。这份指南也指出,虽然智能投顾最初时的目标人群是"千禧一代",但实际上,它吸引的投资者年龄跨度远远超出最初的设想。

指南指出,作为监管部门,美国证监会的投资管理部一直在密切监督智能投顾的发展情况,尤其是看它们的所作所为是否违反了美国的联邦法律。这里所说的法律,主要是指著名的《1940年投资顾问法》(The Investment Advisers Act of 1940)。虽然以前这部法律是监管人类投顾的,但美国证监会的意思非常清楚,无论是人类顾问还是机器顾问,都要受这部法律的约束。依照这部法律,美国证监会提出,智能投顾企业必须做好以下3个方面的工作:

(1) 智能投顾企业必须对客户做详细的信息披露,以便让客户能够充分理解智能投顾的运行方式、潜在的利益冲突以及可能出现的风险。此外,企业也必须清楚界定自己的服务范围以及人在其中扮演的角色等。所有的这些信息披露必须是易于理解、清晰可见的,不能有误导性。

(2) 智能投顾必须为客户提供合适的建议。美国证监会已经注意到,为了给客户提供合适的建议,智能投顾公司都使用问卷等形式收集客户在风险偏好、投资时限等方面的信息,这类问卷的问题设置一定要充分,而且必须清晰表达。不仅如此,因为不少智能投顾也允许投资者自己制订投资组合,所以美国证监会也提示,这些投资者的投资组合可能与问卷测试所获得的结果不同,智能投顾公司对此还要承担提示义务。

(3) 智能投顾必须具备有效的合规规划,以确保所有的相关行为都符合法规的要求。

以上3点只是对这份指南的简单概括,事实上,通过这份文件,美国证监会对智能投顾应该做什么,不应该做什么,以及在哪些地方应该怎么做等问题都做出了非常详细的说明。

在同一时间,美国证监会还发布了一份投资者公告,教育投资者如何认识和使用智能投顾。这份公告的内容包括向投资者讲解何为智能投顾、智能投顾如何利用客户信息提供投资决策、智能投顾如何收费等多种问题。

技术发展来势汹汹,最好的办法就是跟上潮流。作为监管者,美国证监会显然对此有充分的理解。美国证监会执行主席说:"科技持续对金融服务行业带来深刻的改变与改进,因此评估其对美国市场的影响,以及为市场参与者提供详细的指导准则就变得非常重要。"

对于智能投顾的监管,美国的做法的确有很多可取之处。除了以上的各种指南和投资者教育,美国的投资顾问法还规定投资顾问必须在SEC等机构注册才能提供服务,这就意味着投资者可以从官方网站上查到这些智能投顾公司的背景信息。

二、国内智能投顾业务的发展现状

目前,我国智能投顾业处于初级阶段。同时,由于中美市场环境差异较大,智能投顾的潜在服务人群也有所不同,美国经验是否可以完全借鉴还尚存质疑。自 2015 年以来,国内的智能投顾参与主体快速增加,并且形成了创业公司、传统金融机构以及互联网金融三足鼎立的市场格局。除此之外,一些其他的金融服务类公司也开始涉足智能投顾服务。

智能投顾在中国的出现也有其必然因素。

1. 市场环境形成

以智能投顾最主要的投资标的 ETF 产品为例,2016 年 6 月我国上市 ETF 合计 130 支,资产规模累计 4 729 亿元,且大多属于传统股票指数型 ETF,而债券型 ETF、商品型 ETF 等合计尚不足 10 支。而同期美国市场有近 1 600 支 ETF,管理资产规模累计 2.15 万亿美元,产品种类繁多,涵盖国内市场、国外市场、股指、债券、商品等多个类型。

链接 1-3 国内智能投顾业务的发展现状

对比中美投资环境来看,除了中美两国整体金融市场监管、投资标的存在差别外。投资者层面亦呈现出较大的差异。美国投资者更看重的是通过智能投顾节约成本和时间;而中国投资者更看重收益率,承受资产风险能力较弱,存在投资"刚性兑付"需求,整体来看投资意识仍很不成熟,同时智能投顾属于被动投资,投资者从主动投资到被动投资仍需教育与引导。

虽然中国人的可投资财富已经达到了一个百万亿元级别的天文数字,但是与美国等国家不同,中国的证券投资主体之中,散户仍然占很大一部分。由于在 2015 年的股市中损失重大,越来越多的中国民众也逐渐认识到,合理的资产配置、降低投资风险理应成为家庭理财的一项重要内容。他们渴望得到合理配置资产的方式和方法。

"80 后""90 后"的崛起为智能投顾提供了潜在的支持者。和美国的年轻人一样,中国的年轻人对新的投资理财方式更为敏感,接受能力也相对更强。随着这批人开始进入工作岗位、组建家庭,他们对理财的需求也开始深化,余额宝为代表的货币基金已经无法满足他们,获取新的理财投资工具成为一种潜在的刚需。

2. 平台技术成熟

人工智能和大数据技术的崛起响应了国内投资者的一系列潜在需求。自移动互联网开始,中国无论在技术推进还是在商业模式创新等方面,都开始赶超美国,到了人工智能和大数据时代,中国更是与美国齐头并进。这些客观条件使得中国的创业公司或者金融企业很容易利用先进技术来满足新的需求。

从 E 租宝等 P2P 平台风险事件大规模爆发后,众多投资人"闻虎色变""望而生畏",加之 2016 年监管法规相应出台,不少 P2P 平台纷纷转型智能投顾。这类转型平台实质并没有智能投顾相应的先进算法与模型,仅是将客户资金进行固定收益和浮动收益的简单搭配,其中超 90%投向同一种非标资产,并未实现真正的资产分散化配置。更有甚者,把智能投顾作为掩盖其自建资金池、模糊资金去向的烟雾弹。

智能投顾基于资产组合理论,以债权性工具确保基础收益,以股权性工具博取额外收益,追逐风险承担下的高收益。以 Betterment 为例,为便于客户选择,它通常会给客户设立两个投资项,一个是"高风险"的股票组合,另一个是"超安全"的债券组合,客户可以在一定的范围内依据自己风险的承受能力,调整股票和债券投资的比例。然而,目前国内股权投资类工具仍相对匮乏,限制了智能投顾模型策略和收益表现。

3. 监管政策出台

目前很多专注于智能投顾的平台,面临着牌照、法规等政策限制。证券投资咨询(投顾)受《证券法》和《证券投资顾问业务暂定规定》监管,限定其只能提供投资建议,不能进行全权委托管理。这就使得相关智能投顾业务在国内主要限于做投资推荐,且因为不能以机构为主体或受托在二级市场上直接交易,所以只能将购买门槛低的公募基金作为资产配置的主要标的。此外,目前尚未发现有智能投顾平台获得证监会颁发的咨询业务牌照,整体监管部门对证券的监管正在收紧,抬高了行业准入门槛。

理财魔方、蓝海智投等创业公司是最早一批进入智能投顾服务领域的中国企业。这些公司大多成立于 2014 年或 2015 年,几乎与智能投顾在美国的兴起时间一致。在短短的两年之中,这些公司大部分都开始站稳脚跟,并且继续在这一领域寻求突破。无论是在模型改进、提升用户使用体验还是在增加市场曝光等方面,这些创业公司都走在最前面。

不过,进入 2017 年之后,新创立的独立智能投顾公司开始减少,能引起关注的更是寥寥无几。这一点,从 2017 年的融资数据上也可以窥得一二:

2017 年 3 月,帮助 B 端客户构建机器人智能投资顾问平台的魔活儿智投获得约 400 万元人民币(估)融资。

2017 年 3 月 15 日,弥财获得 Pre-A 轮融资,数额未公布。

2017 年 3 月,聚财猫获得 1 亿元人民币 A 轮融资,部分资金用于完善智能投顾系统。

2017 年 4 月 11 日,理财魔方完成 2 000 万元人民币 Pre-A 轮融资。

2017 年 5 月 2 日,飞蝉智投宣布获得千万级天使轮融资。

相比之下,传统金融机构进军智能投顾领域,成为 2017 年这一领域的特征。

(1)银行。银行业持续进入智能投顾领域。2016 年 12 月,招商银行推出摩羯智投,成为银行业第一个吃智能投顾螃蟹的机构。2017 年,陆续有更多的银行加入:上半年,兴业银行的智能投顾上线,与此同时,交通银行、华瑞银行等也开始推出智能投顾服务;2017 年 11 月,工行宣布上线"AI 投"。招行摩羯智投的规模在 2017 年 10 月底突破 80 亿元。

(2)基金。公募基金开始关注智能投顾。除了坐拥 3 亿用户的天弘基金之外,南方基金、广发基金、汇添富基金等大型公募机构也在布局智能投顾。2017 年中,华夏基金与微软签订战略合作协议,发力人工智能投顾。

(3)保险。保险系资金也开始涉足智能投顾。2017 年 6 月,安邦保险集团旗下综合金融平台安邦金融宣布,与璇玑智投展开战略合作,双方将联合开发数字化金融服务"安邦金融&璇玑智能投顾平台",并在金融安全和人工智能等领域展开深入合作。

(4)券商。在券商领域,广发证券的贝塔牛、长江证券的阿凡达狗都是先行者。此外,平安证券、东吴证券等也都相继上线了智能投顾产品。

互联网金融公司新增或转型智能投顾服务是2017年上半年的另一道风景线。从2017年上半年开始,伴随着国内互联网金融监管政策趋严的压力,不少传统互联网金融企业开始寻求向以大数据和人工智能为代表的金融科技方向转型,而智能投顾也因此成为不少相关企业的方向之一。

铜板街就在2017年上半年宣称,将投资2 000万元打造独立的智能投顾体系。宜信财富旗下的"投米RA"则进一步将智能投顾组合从海外扩展至国内。诺亚财富旗下子公司财富派开发"诺亚智能组合1号",开始介入智能投顾。就连国美金融这些互联网金融的后期参与者,也纷纷打出智能投顾的旗号。除此之外,一些其他类型的金融服务机构也纷纷宣布进军智能投顾。作为中国领先的金融软件和网络服务供应商的恒生电子以及传统上被视为金融资讯服务商的金融界,都推出了类似的智能投顾服务。

任务三 智能投顾业务简介

 **案例导入**

智能投顾:中美市场需求不同

驱动智能投顾行业发展的主要因素包括4个方面:投资者生活方式、金融理财产品需求的变化、理财产品供给端的转型及金融科技的进步。

中国社会科学院数量经济与技术经济研究所产业研究室副主任彭绪庶表示,无论是在美国还是在中国,年轻一代都逐渐成为财富管理需求主体,青睐数字化财富管理模式。"80后""90后"新生代对互联网、人工智能、云计算等前沿科技都有极高的接受度,智能投顾满足了年轻人对一流的客户体验、速度和便利性的追求,使整个金融体系更加重视以客户为中心。统计显示,未来5年内Generation Y(出生于1982年至2002年)所掌管的可投资资产将由目前的2万亿美元增长至7万亿美元;在将来的30年至40年内,美国将有30万亿美元金融以及非金融资产传承至Generation Y,年轻一代将逐步成为主流财富的管理者,其对机器化、自动化服务和互联网交互方式具有更高的接受度和依赖性。根据Capgemini咨询公司统计,在全球40岁以上的高净值人群中有54.01%的人希望其财富管理渠道能够实现数字化,40岁以下高净值人群的这一倾向比例达到82.5%。

中国社会科学院技术经济与管理专业硕士张琪补充表示,目前国内智能投顾处于发展初级阶段,根据《金融博览·财富》杂志联合数字100市场研究公司对现阶段大众对智能投顾认知展开的调查,超过80%的受访者没有听说过或者不了解智能投顾;在参与智能投顾方面,仅有24.2%的受访者参与过。国内投资者对智能投顾的了解和接受程度相比美国还有一定差距,随着智能投顾产品的丰富和推广,投资者将逐渐接受新型智能投资方式。

彭绪庶表示,美国金融市场上的投资者大多是金融机构和大户,个人投资者比例不足5%,机构投资者投资观念倾向于长期投资以获得稳定收益。美国机构投资者主要有共同基金、养老基金和保险公司,优越的机构性资产供给条件和美国经济发展推动消费者对机构性资产投资需求增加,促使个人直接持有股票的比例缩减,机构性资产投资份额上升。

数据显示,美国个人持有的机构性资产占个人持有金融资产的比例从1946年的15%上升到2010年的43%。机构性投资占主导的市场投资结构有利于培养投资者青睐长期稳定收益的投资方式,以股东的身份介入上市公司运营,理性进行价值投资、组合投资以获得较高收益,这种投资观念有利于智能投顾的市场推广。此外,美国的投资者倾向于把资产交给金融机构进行集中投资管理,偏向于长期稳定的收益,对风险的敏感度相比短期操作获利要弱,可以承受更长久的股市波动。

对比而言,目前A股市场投资者仍以散户为主,持仓1万元至10万元的投资者占比为47.87%,散户拥有更高的风险偏好。波士顿报告显示,2014年中国私人财富规模达22万亿美元,大部分理财集中在银行、基金、信托等机构发布的理财产品,客户对理财产品要求保本,但同时又能承受股市的大幅波动。我国投资者口头上表现为低风险偏好,但实际行为上普遍表现出高风险偏好。智能投顾产品在对客户进行风险承受度检测时,很可能低估了部分投资者的风险承受水平,使投资收益与其愿意接受的风险水平不对等。

思考:
1. 中美投资者的差异有哪些?
2. 中美智能投顾业务有哪些不同?

一、智能投顾业务

根据美国金融监管局的标准,智能投顾服务包括:客户分析、大类资产配置、投资组合选择、交易执行、投资组合再平衡、税收规划、投资组合分析。

链接1-4 智能投顾业务

(一)客户分析

在投资决策中,大部分投资机构的第一步是了解客户的风险偏好。然而在实践中,客户的风险偏好不是一成不变的。随着时间和市场的改变,客户的风险偏好在很大程度上会发生改变。因此,客户的风险偏好往往很难由一个统一的标准来测量。智能投顾服务已将其作为研究方向之一,期望建立一个动态的、覆盖多个影响因子的模型来测量客户的风险偏好。

(二) 大类资产配置

根据现代资产组合理论,在确定收益情况下是存在最优投资组合的。大多数智能投顾服务都利用此原理建立了分散的投资组合,并且依据其不同的商业模式做了优化。

(三) 投资组合选择

投资组合选择是依据前两步得出的进一步结论。客户分析是为了得出量化的风险偏好参数,资产配置是为了形成不同风险偏好的资产组合,组合选择是为了完成前两步的一一对应。在实践中,投资组合主要有两种类型,一种是由风险等级选择不同的投资组合,而另外一种是根据投资风格选择不同的投资组合。

(四) 交易执行

大多数智能投顾的交易执行在本质上没有区别,都是技术上的实现,都是利用自有的券商或合作券商提供顺畅的交易执行服务,没有其他更多的金融工具创新。

(五) 投资组合再平衡

组合再平衡主要是指随着市值的变化,如果资产投资配置偏离目标资产配置过大,投资组合再平衡可以实施动态资产配置向静态资产配置的重新调整,不是指资产配置的动态调整。

(六) 税收规划

税收规划主要是针对美国市场的一项增值服务。虽然这不是智能投顾价值链的一项基础服务,但是在美国市场使用广泛。税收规划主要是指智能投顾分析应税收入的特征和结构,优化资产配置,使客户获得最多的税后投资收益。

(七) 投资组合分析

投资组合分析主要是指智能投顾为客户提供的投资分析,一般包括业绩展示、业绩归因、风险因子分析、组合描述性统计分析以及回测和模拟等。而在传统的投资工具中,对客户而言最重要的业绩归因、风险因子分析往往都是缺失的。

云计算是智能投顾的基础设施,大数据和人工智能则是智能投顾的核心要素,前者主要负责收集与分析用户的风险偏好等行为数据,后者则根据数据匹配相应的算法,实现投资的个性化。一个典型的智能投顾操作步骤可见图1-2。

二、智能投顾核心特征

(一) 一种以自动化和科技为核心的数字化商业模式

智能投顾通过先进的电子技术为投资者提供金融投资建议。在智能投顾的发展历程中,其最开始通过移动互联网进行网上营销,通过电子问卷的方式对客户的投资需求进行调查,并根据客户的投资需求提供投资建议。随着大数据及人工智能不断发展,智能投顾能够为客户提供投资组合自动再平衡策略及自动生成投资报告等服务。在此基础上,还能为客户提供线上理财培训及金融资讯交流等服务。因此,智能投顾为客户提供全方位的数字化、系统化服务。实现了随叫随到的"7×24"小时服务,客户可以通过任意移动互

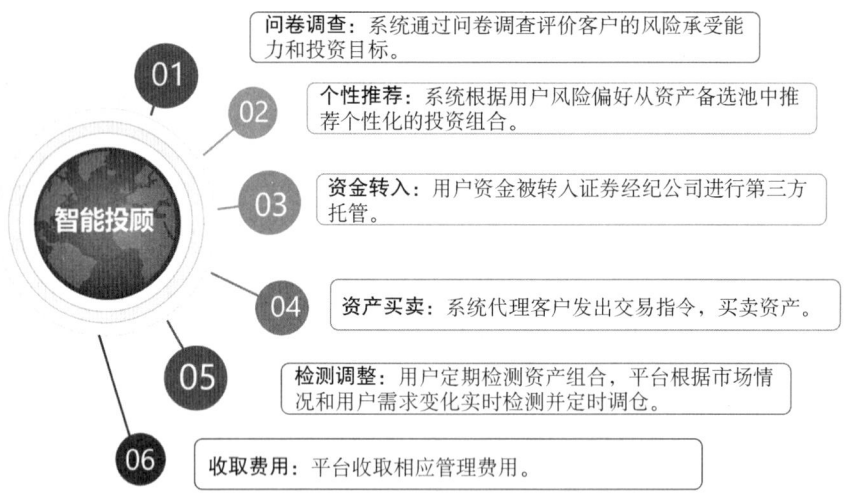

图 1-2 典型的智能投顾操作步骤

联网终端体验智能投顾的多样化动能,也可更有效的追踪自身的资产账户。

智能投顾受益于日常生活的自动化。它们通过将投资过程自动化,减少了人的介入,从而降低了人力成本,同时也降低了服务门槛,根据 Capgemini 咨询公司的统计数据显示,在全球范围内,40 岁以下高净值人群中,82.5% 的投资者希望能够通过数字化渠道进行财富管理;40 岁以上高净值人群中,此比例达到 54.01%。65% 的富裕人群表示在选择资产管理公司时,数字化、多样化、便利化的资产管理服务是继投资回报率后的一个重要考量指标。

根据全美金融服务数字化调查数据显示,42% 的受访者表示便利性是其选择数字化金融服务的重要原因之一。较传统投资顾问公司而言,数字化金融服务已成为智能投资顾问公司的优势之一。随着数字化流程的推进,智能投顾行业将更受投资者的青睐。

(二)分散配置 ETF,被动投资的逻辑

智能投顾通过大数据及机器学习等方式为客户提供数字化资产配置服务。智能投顾运用被动投资策略进行价值投资,以不同类型的 ETF 作为主要投资标的,并通过对各类 ETF 实施动态配置的方式增加投资组合分散性,使投资组合非系统风险得以有效降低。

ETF(Exchanged Traded Funds)又称交易型开放式指数基金或交期的交易基金,是一种在场内交易且基金份额可变的开放式基金。指数基金以特定指数为标的指数(如标准普尔 500 指数),并以该指数的成分股为投资对象,通过购买该指数的全部或部分成分股构建投资组合,以追踪标的指数表现的基金产品。

被动投资,是指按照某个市场指数(如上证指数、美元指数、道琼斯指数、恒生指数等)构建投资组合,并长期持有的投资策略。被动投资管理是一种在更广泛的市场指数、板块以及区域层面寻求收益的投资形式。当被动投资模式追踪基准指数,或者某一完好规范的子集时,主动投资策略试图依据某种规律、情感或者投资经理的个人观点,通过买入和卖空某些股票来获得高于市场平均水平的收益回报,即被动投资追求的是获取贝塔收益;而主动投资追求的是赢得阿尔法收益。

智能投顾使用ETF构建长期避税投资组合,以达到以下目的:①将收费价码降到最低,沉重打击传统金融顾问市场;②将投资组合自动管理和再平衡商品化;③简化业绩汇报机制;④通过投资更高效率的金融产品,降低合规检查、风险控制和数据购买的成本;⑤将投资者的目光投向市场大势而非个人,使得投资决策过程更加具有承受能力,更透明,也更理性。

智能投顾通过构建投资组合的方式,分散客户非系统性风险,旨在获得稳定的市场 β 收益部分。与主动型投资策略不同的是,智能投顾的投资目标并非获得超额市场收益。同时,智能投顾遵循的被动投资策略不会对市场产生正向反馈,从而有助于减少市场投机行为,增加市场的有效性,起到稳定金融市场的作用。

从美国等成熟资本市场来看,随着市场信息透明度的提高以及法律监管日趋完善,投资人已很难通过非公开信息进行交易从而获得超额收益。从基金行业发展历程来看,基金行业先后经历了封闭式基金、主动型基金、多元创新型基金(指数型基金、货币型基金、免税型基金、另类策略型基金等)等发展阶段。自2000年以来,基金业再次面临重大转型,以 ETF、FOF(Fund of Funds)等为代表的被动型基金产品迅速崛起。

金融文学作品和学术研究都曾在将主动型基金和被动型基金进行比较时公开批评主动型基金。罗伯特·阿诺德、安德鲁·贝尔金和叶嘉在2000年发表的论文《投资管理反映》(Invest Management Reflections)中指出,在20年的时间跨度内,主动型基金的税前收入平均每年要比先锋标准普尔500指数低2.1%。主动型基金的失败是由一系列因素造成的:①主动型基金向应纳税的投资者收取高昂的费用,因而占据了投资者一部分的净收益;②主动型基金对小盘股无法抑制,其安全性也因此受损;③主动交易或许会带来更多的资本收益,但同时会带来更多的缴税额,进而影响投资者的税后收益。因此,智能投顾平台采取被动型投资策略,通过持有资产相关性较弱的ETF一篮子基金,以及降低资产管理成本及服务佣金的方式,获得投资者的青睐,并跑赢市场。

以美国最大的智能投顾公司Betterment为例,其投资逻辑有如下几点:①因为市场短期波动无法预测,但市场长期会向上发展,所以投资应以长期价值投资为主;②被动投资优于主动投资,因为只有少数基金经理能够跑赢指数,所以基金经理不如机器人或指数可靠;③在面临市场波动时机器操作可有效避免基金经理可能采取的非理性措施,而通过长期持有弥补短期损失;④投资顾问应当结合客户长期理财目标(如退休计划)考量客户全部资产,进行具有针对性的资产配置服务。

(三) 投资组合自动再平衡策略

智能投顾会根据设定的投资配置比例要求,在投资组合内资产价格随市场变化从而导致资产组合偏离投资配置比例时,通过买入和卖出相应资产的方式自动调仓,使投资配置比例重新达到目标水平。智能投顾通过自动化调仓策略,能够确保投资组合遵循其制定的长期投资目标,避免投资者非理性操作。本质上,投资组合的再平衡是一项风险管理技巧,使得资产的配置回归到长期均衡上,而市场常常将投资组合脱离轨道。智能投顾试图通过其最典型的以长期和自动再平衡为特征的投资策略帮助用户战胜市场周期,因为它们相信一个假设,即长期投资回报取决于资产配置比例。

(四)个性化的决策、目标与行为

智能投顾的目标并不是为用户带来超额收益,而是通过差异化的配置,使得投资组合与用户的风险承受力、风险偏好相匹配,从而规避因投资经理或客户情绪导致的错误操作,稳定投资收益。智能投顾所赋予的跨越个人目标和性格的投资经历的个性化是最引人注目,同时也是最具有挑战性的特色,也正是这个特色吸引着激进的技术创新公司以及行业内的成熟企业投入巨资对其进行研发。在投资者和科技公司之间创造真正具有颠覆性又富有情感的对话是金融业智能化的临界点。

传统的财富管理经理主要采用纸质的调查问卷来记录每个投资者的投资轨迹,智能投顾则是采用电子技术重塑登记流程,并提升用户体验。绝大多数的市场配置都是建立在如下假设之上的:投资者是理性的,也是风险厌恶型的,只有更高的预期收入才能让他们承担更高的风险。因此,传统的财富管理经理与智能投顾之间的本质区别不是他们对于风险假设有着不同的理解,而是智能投顾将风险偏好程度鉴定的过程变得更吸引人,并以此提升投资者在决策过程中的参与感。投资者关于投资组合模型的自我评估结果与其说是第三方在综合考虑年龄、风险承受能力和预期回报之后的建议,不如说是投资者自己的理性选择。对于财富管理经理和智能投顾而言,最需要优先解决的事项就是,只有持续透明的投资者目标及恐惧诱导机制才是自动化投资后续流程稳健性和适应性的保证,只有全面而又详实的风险评估过程才能顺利引导个人金融的其他领域。

延伸阅读:

1. 雷达证券一个App投资全球市场。
2. 巴菲特和索罗斯投资习惯。

链接1-5 雷达证券

链接1-6 巴菲特和索罗斯投资习惯

 **总结回顾**

本项目主要讲述了智能投顾的含义和基本技术支撑。简述了目前智能投顾业务在国外和国内的发展现状。介绍了智能投顾业务操作步骤主要包括:问卷调查、个性推荐、资金转入、资产买卖、监测调整、收取费用。智能投顾业务核心特征有4个:①以自动化和科

技为核心的数字化商业模式；②分散配置ETF,被动投资的逻辑；③投资组合自动再平衡策略；④个性化的决策、目标与行为。

 课后实践

一、单选题

智能投顾是财富管理对最新科技运用的结果,最早起源于(　　)。

A. 中国　　　　　　　　　　　B. 英国

C. 美国　　　　　　　　　　　D. 德国

二、多选题

1. 智能投顾的风险包括(　　)。

   A. 政策风险　　　　　　　　B. 技术风险

   C. 劣币驱逐良币风险

2. 智能投顾的优势包括(　　)。

   A. 节约人工成本　　　　　　B. 节约运营成本

   C. 客户分析更加高效　　　　D. 投资建议更理性

三、判断题

1. 在智能投顾发展的初期,很难分辨各类"智能投顾"平台的智能化程度。因为算法是非公开性和复杂性,难以区分"智能化"建议与一般的分散投资。

   对　　错

2. 智能投顾基于智能算法、大数据、资产定价模型输出投资建议,实现服务输出的标准化,有效防范道德风险。

   对　　错

3. 算法和模型是智能投顾产品的核心竞争力,而模型需要通过样本数据不断的"训练"才能使用。

   对　　错

4. 智能投顾是一种结合人工智能、大数据、云计算等新兴技术以及现代投资组合理论(MPT)的在线投资顾问服务模式。

   对　　错

5. 人工投资顾问可能因为感情、情绪等非理性因素,或者经验和能力不足导致的投资顾问和用户之间的利益冲突。

   对　　错

6. 智能投顾投资门槛常见于数百万元起,比传统私人银行业务的投资门槛更高。

对　错

7. 智能投顾主要服务于高净值人群。

　　对　错

四、简答题

1. 简述智能投顾的含义。
2. 中美智能投顾业务发展的现状对比。
3. 智能投顾业务包括哪些？
4. 智能投顾有哪些特征？

五、操作实训

1. 查看"华泰证券手机开户流程"，并请回答以下问题：

(1) 多选题：

　　手机开户需要准备(　　)。

　　A. 身份证　　　　　　　B. 银行卡
　　C. 智能手机　　　　　　D. 财产证明

链接1-7　华泰证券手机开户流程

(2) 请描述开户的流程。

(3) 判断题

　　开户不需要选择营业部。

　　　对　错

　　开户需要填写个人学历和职业。

　　　对　错

　　开户不需要进行身份验证。

　　　对　错

　　开户需要选择第三方存款银行。

　　　对　错

　　开户需要视频认证。

　　　对　错

2. 观看"东方财富手机界面介绍"视频，在手机端下载东方财富通软件，同花顺软件，并且添加自选股。

链接1-8　东方财富手机界面介绍

项目二 智能投顾主要理论

学习目标

了解技术分析的含义;理解技术分析包含的理论并加以运用,为后续学习奠定扎实的理论基础。

任务一 技术分析概述

案例导入

选择适合自己的技术分析方法

技术分析到底有没有效,对投资者来说,可谓仁者见仁,智者见智。认为技术分析有效的投资者可能会觉得"既然技术分析存在,那么就是合理的"。也有很多价值投资者认为技术分析是无效的,并对此不屑一顾。笔者在此将以股票市场为例,对技术分析的有效性进行探讨,并得出技术分析在一定程度上是有效的结论。

投资者买卖股票的行为决定了资金从股市的流入和流出,进而直接影响到股价波动。股票价格和成交量的变动是投资者的买卖行为的外在反映和结果。因此,技术分析所依赖的股价历史走势和投资者买卖股票的行为是互为因果和表里关系的。前者是后者的外在表现,后者是前者的内在本质;前者是后者的结果,后者是前者的原因。

技术分析其实就是借助 K 线图等工具,通过对股票等证券过去的价格、成交量,以及完成价量的时间跨度进行分析,更好地预测股价未来的走势。关于技术分析有效性争论的核心问题是,通过分析股票历史的价格走势能否真正有助于预判股票未来的价格走势。从股价走势和投资者行为的互为因果和表里关系的角度看,答案是肯定的。股价的历史走势是投资者以前行为的结果和外在表现,因此,分析股价的历史走势图是有助于理解和推断投资者以前的行为。例如,查看某只股票的历史走势图,发现在过去的某一交易日由于某条信息的公布,出现了放量走低并直至跌停收盘的走势,那么基本可以认为在该交易日由于这条信息公布的影响,这只股票投资者卖出的意愿很强,大量股票被卖出,与此同

时投资者买进股票的意愿和行为相对很弱。

同理,互为因果和表里关系的股价走势和投资者行为,也意味着未来投资者的行为将决定股价未来的涨跌,且未来的股价走势也是未来投资者行为的结果和外在表现。由于分析股价的历史走势图在一定程度能够推断出投资者以前的行为,投资者未来的行为又决定了股价未来的走势,因此,如果可以通过推导得出"对投资者以前行为的分析有助于判断其未来行为"的结论,那么这就意味着技术分析是有效的,即投资者可以借助 K 线图等工具,通过分析股价的过去走势图来预测股价的未来走势。

链接 2-1　智能投顾技术分析

思考:
技术分析方法选择影响的因素有哪些?

一、技术分析的基本假设

技术分析作为一种以证券市场过去和现在的市场行为为分析对象,探索已有的典型变化和规律,并以此预测未来变化趋势的分析方法,其有效性需要基于以下 3 个基本假设。

(一) 市场行为包含一切信息

这条假设是技术分析的基础,其具体含义为:各种影响股票价格的内、外在因素,即相关的一切信息,均已经反映在市场的交易行为中。

(二) 价格沿趋势演变

这条假设是进行技术分析的核心因素,其具体含义为:证券价格的变动是按照一定的规律来进行的,证券价格的运动具有保持原来方向或者说沿着原来方向运行的惯性。由于技术分析对股票价格变化的解释立足于股价变化是受到短期市场供求关系变化影响,而供求关系一旦确定,短期内不会发生根本性改变。因此,证券市场价格的方向一旦确定,就会在该方向延续一段时间,不会在短期内反转。

(三) 历史会重演

这条假设是基于统计学和心理因素角度,其具体含义为:证券市场投资者存在某些共同的心理因素变化,如果某种操作方法取得了巨大的成功,则投资者在以后遇到类似情况仍然会选择沿用此前获取成功的投资方法;相反,如果投资者的操作带来了亏损或失败,投资者再遇到此类情况,就不会再使用同一种方法。

二、技术分析的基本要素

如图 2-1 所示,技术分析的 4 个基本要素(股票价格、成交量、时间、空间)已经在图中标识出来。股票价格,反映在技术分析的 K 线图与分时线中,通过对 K 线的观察可以得到最高价、最低价、开盘价与收盘价,通过分时线可以知道股票实时价格状况。成交量,反映在 K 线下方所对应红绿柱中,其长度越长,表示成交量越高。时间,反映在 K 线图的横坐标轴中,可以通过坐标轴与时间单位的手动变换查询某一周期或时间节点上股票的价格、成交量等信息。空间,反映在 K 线图中股票价格的波动区间中,如图 2-1 中方框所示,即在这一段时间内,股票价格发生变化的区间。

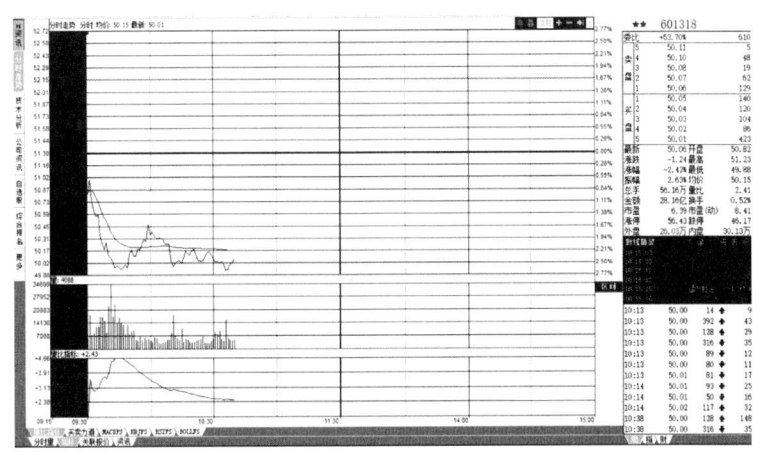

图 2-1 技术分析的基本要素

任务二 证券投资技术分析主要理论

 案例导入

K 线的由来

K 线首创于一位叫作本间宗久(1724～1803)的日本粮食商人。他全力研究稻米现货买卖及定期交易的价格信息及走势,并以 K 线的形式记录下来。这套由本间宗久在大米市场上所采用的交易策略后来逐步演化成了现代日本投资者所应用的蜡烛图方法。1990 年,美国人史蒂夫·尼森以《阴线阳线》一书向西方金融界引进"日本 K 线图",立即引起轰动。该书第一次向西方金融界展示了日本长期以来具有强大生命力的 4 种技术分析手段,破解了日本金融界投资人的秘密,展示了蜡烛图、三线反转图、砖块图、折线图的魅力。史蒂夫·尼森因此而被西方金融界誉为"K 线分析之父"。

技术分析的优点是以证券价格变动数据为基础,对市场的反应比较直接,其结果也更接近市场实际,对短线投资有很强的指导意义。

技术分析也存在以下缺点:考虑问题的范围狭窄,对市场的长远趋势不能有效判断,不适合长线投资。因此,技术分析不是万能的,市场会出现各种因素导致技术分析失效,如短时间内的人为操纵、突发经济事件或政治因素等,所以在应用技术分析时,仍然需要先做好基本分析、大盘分析，切记不可贪婪和恐惧。

一、道氏理论

道氏理论又称道琼斯理论，是技术分析方法中最早出现的理论之一，是技术分析的理论基础，由美国道琼斯公司的创办人查尔·斯亨利·道创立。为了反映市场总体趋势，他与爱德华·琼斯创立了著名的道琼斯平均指数，并通过该指数来预测股价变动趋势。他们在《华尔街日报》发表的有关证券市场的文章，经后人整理，成为我们今天看到的道氏理论。

（一）市场指数会反映一切信息

每一位了解金融事务的市场人士，他所有的希望、失望与知识，都会反映在指数收盘价波动中，因此，市场指数永远会适当地预期未来事件的影响。如果发生火灾、地震、战争等灾难，市场指数也会迅速地加以评估。在市场中，人们每天对诸如财经政策、扩容、领导人讲话、机构违规、创业板等层出不穷的题材不断加以评估和判断，并不断将自己的心理因素反映到市场的决策中。因此，对大多数人来说，市场看起来总是难以把握和理解。

（二）市场走势分为3种趋势

股票指数与任何市场都有短期趋势、中期趋势、长期趋势3种趋势。任何市场中，这3种趋势必然同时存在，彼此的方向可能相反。

长期趋势最为重要，也最容易被辨认，持续数个月至数年。它是投资者考量的主要因素，而对于投机者则作用较为次要。中期与短期趋势都包含在长期趋势之中，只有弄清楚它们在长期趋势中的位置，才可以充分了解它们，并从中获利。

中期趋势对于投资者较为次要，持续数个星期至数个月，但却是投机者主要考虑的因素。它与长期趋势的方向可能相同，也可能相反。如果中期趋势严重背离长期趋势，则被视为是次级的折返走势或修正。次级折返走势必须谨慎评估，不可将其误认为是长期趋势的改变。

短期趋势最难预测，持续数天至数个星期，唯有交易者才会随时考虑它。投机者与投资者仅在少数情况下，才会关心短期趋势，在短期趋势中寻找适当的买进或卖出时机，以追求最大的获利，或尽可能减少损失。

趋势在形成过程中，交易量起到确认的作用，即在上升趋势形成的确认中，交易量应伴随价格上涨而放大；在下跌趋势中，交易量随着价格下跌而萎缩。趋势一旦形成将会延续，直到出现明显的反转信号。

（三）指数相互验证原则

指数确认是道氏理论中最重要的原则之一，即其中一个品种或指数的走势可以得到另一个品种或指数的验证。单一指数的行为并不能成为趋势反转的有效信号。当它们之间的走势背离的时候,则其中一个品种或指数的走势不能得到另一个品种或指数的验证,这意味着趋势难以继续。在我国,上证指数和深证成指两种指数可以相互验证。

道氏理论的应用主要集中于对主要趋势的判断上,但对于短期趋势,尤其每日每时发生的小幅波动的判断则显得无能为力。只有当主要趋势形成信号确认以后才能确认市场的转向,因此,道氏理论对股价判断较为迟缓,容易错过最佳买卖时机。同时,道氏理论对于次级趋势的判断作用也不大。

二、K 线理论

(一) 单根 K 线的画法与构成

K 线就是指将各种股票每日、每周、每月的开盘价、收盘价、最高价、最低价等涨跌变化状况,用图形的方式表现出来 K 线最上方的一条细线称为上影线,中间的一条粗线为实体。下面的一条细线为下影线。当收盘价高于开盘价,也就是股价走势呈上升趋势时,我们称这种情况下的 K 线为阳线,中部的实体以空白或红色表示(见图 2-2)。这时,上影线的长度表示最高价和收盘价之间的价差,实体的长短代表收盘价与开盘价之间的价差,下影线的长度则代表开盘价和最低价之间的差距。当收盘价低于开盘价,也就是股价走势呈下降趋势时,我们称这种情况下的 K 线为阴线,中部一般用绿色或蓝色表示(见图 2-3)。

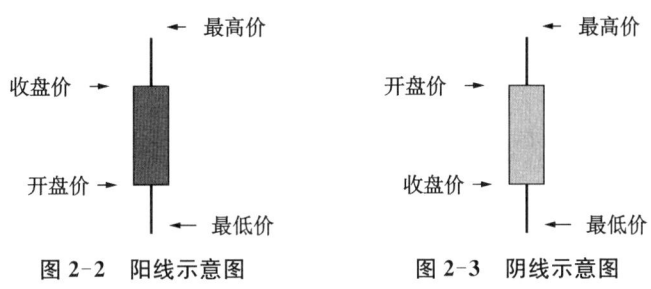

图 2-2　阳线示意图　　　　图 2-3　阴线示意图

从单根 K 线的构成中上下影线与实体所代表的价格,我们可以总结出以下理论:

(1) K 线实体越长,说明上升(阳线)或下跌(阴线)力度越强,趋势延续的可能越大;反之,则情形相反。

(2) 影线长短反映阻力(上影线)或支撑(下影线)的强弱。

(3) 如果 K 线实体较短,则其对走势的预示意义也较小,此时影线的长短可能更值得关注。同理,影线很短也可忽略。

(4) K 线如果是由股价操纵者故意做成的,则会具有较大的欺骗性,而成交量则可较真实地反映实际交易情况,因此,在进行 K 线分析时,通常需要结合成交量水平来研判。

(5) K 线的趋势指示意义需结合前一阶段的股价走势综合判断。

(二) 单根 K 线的部分种类

1. 光头光脚阳线

没有上影线、没有下影线。如果实体很长，称为大阳线，表明多方已经控制盘面，逐浪上攻，步步逼空，涨势强劲。该考虑的是涨到什么价位适合卖出。

2. 光头阳线

没有上影线、只有下影线。如出现在低价位区域，表现为股价探底后逐浪走高；如果此时成交量同步放大，预示新一轮上升行情的开始。如果出现在上升行情中，表明后市继续看好。

3. 光脚阳线

只有上影线、没有下影线。表明上升势头很强，但在高价位处多空双方有分歧，购买需谨慎，需要根据柱形、影线长短、此前 K 线形态与位置综合分析。

4. 十字形

没有实体、只有上下影线。根据直线的价位是否高于上一个交易日的收盘价，分为阴、阳十字星。根据影线的长短，分为大、小十字星。表明市场上多空双方力量暂时平衡，如果上影线长于下影线，说明空方略强；反之亦然。

5. 一字形

既没有实体，也没有影线。一般出现在涨停或者跌停板的时候，表明股价从开盘到收盘均为一个价格。

6. T 字形

没有实体和上影线，只有下影线的 K 线。根据所处直线所处的价位是否高于上一交易日的收盘价，可分为 T 形阴线和 T 形阳线。

三、切线理论

(一) 趋势线理论及画法

1. 趋势线理论

根据股价的走向，趋势的方向分为上升趋势、下降趋势与水平(横向箱型)趋势 3 种情况，在上升趋势中，高点越来高，低点越来越高，由此可以确认上升趋势；下降趋势中，高点越来越低，低点越来越低，由此可以确认下降趋势；在水平趋势中，表现为横向箱型(见图 2-4)。

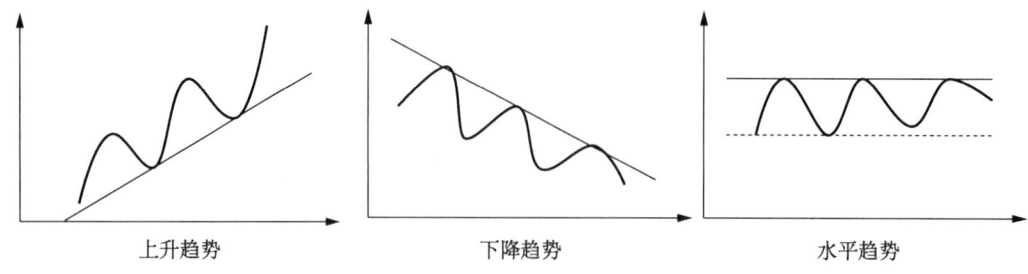

图 2-4　上升趋势、下降趋势与水平趋势

根据趋势持续的时间长短,分为主要趋势、次要趋势与短暂趋势:①主要趋势是趋势的主要方向,主要趋势是价格波动的大方向,一般持续的时间比较长;②次要趋势是在进行主要趋势的过程中进行的调整;③短暂趋势是在次要趋势的过程中所进行的调整(见图2-5)。

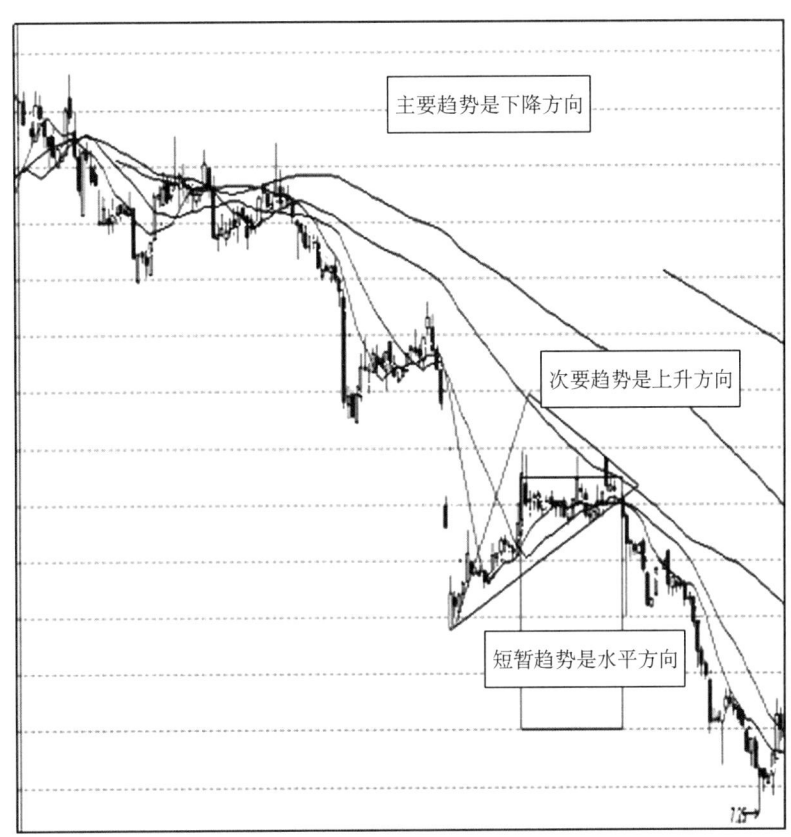

图2-5 主要趋势、次要趋势与短暂趋势

2. 趋势线的画法及运用

趋势线就是上涨行情中两个以上的低点的连线以及下跌行情中两个以上高点的连线,前者被称为上升趋势线,后者被称为下降趋势线。

趋势有效性的确认原则:①确有趋势的存在;②趋势线的长度:越长越有效;③被前期波段的高点或低点股价触及的次数:越多越有效;④趋势线的角度:越接近45度越有效。

趋势被突破的判定原则:①穿透程度:3%以上;②维持时间:3日以上;③实体突破;④若是向上突破,必须伴随成交量的放大。

(二)支撑线与压力线理论及画法

1. 支撑位与压力位

当价格下跌到某个价位附近时,价格停止下跌,甚至可能出现回升,这是多方在这个位置买入所造成的。支撑位起阻止股价继续下跌的作用。上升趋势中的低点连接成的线是支撑线,下降趋势中的低点连接成的线是支撑线。

当价格上涨到某个价位附近时,价格会出现停滞上涨,甚至回落,这是空方在此抛出筹码造成的,这个位置称为压力位,起到阻止股价继续上升的作用。上升趋势中的高点连接成的线是压力线,下降趋势中的高点连接成的线是压力线。

一般来说,常见的支撑位与压力位可能出现在以下位置:①股价接近价格均线;②阶段性高点与低点;③整数关口;④股价接近上升趋势线与下降趋势线和其他起压力和支撑作用的切线;⑤黄金分割线位;⑥成交密集区。

同时,在评估压力位与支撑位对当前股价的影响时,主要考虑以下3个因素:①价格在这个区域停留时间的长短;②价格在这个区域伴随的成交量的大小;③这个支撑区域或压力区域发生的时间距离当前这个时期的远近。

2. 支撑线、压力线的画法及运用

(1) 阶段性高点与低点:找出股票走势出现的高点做一条水平线,即压力线;找出股票走势出现的低点做一条水平线,即支撑线(见图2-6)。

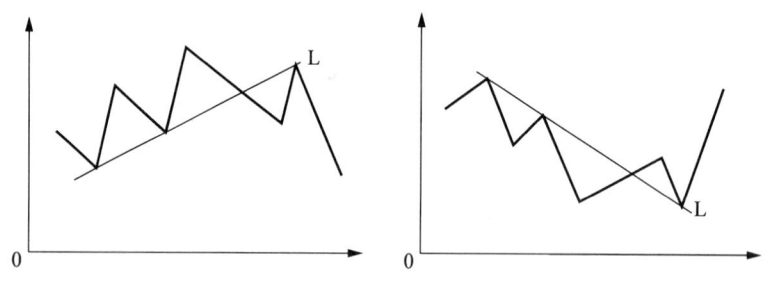

图2-6 支撑线与压力线

(2) 两个或两个以上的阶段性低点或高点:将两个或两个以上的阶段性低点连成一条直线,即得到支撑线;将两个或两个以上的阶段性高点连成一条直线,即得到压力线(见图2-7)。

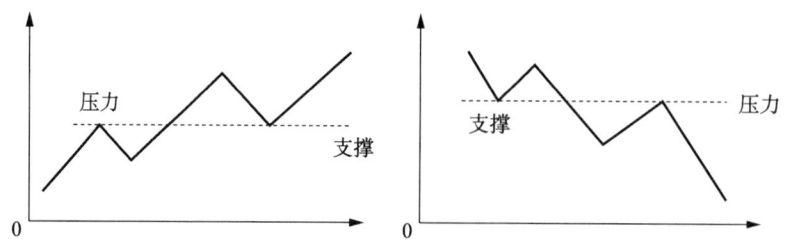

图2-7 支撑线与压力线相互转化

此外,支撑线和压力线可能会根据行情变化出现相互转化。

利用支撑线、压力线的买卖策略:①上涨过程中,接近支撑线位置买入做多;②下跌过程中,接近压力线位置卖出做空;③下跌过程中,如果跌破支撑线则卖出做空;④上涨过程中,如果突破压力线买入做多。

(三) 轨道线理论与画法

在已经得到了趋势线后,通过第一个峰和谷可以作出这条趋势线的平行线,这条平行线就是轨道线。其上轨为压力线,下轨为支撑线(见图2-8)。

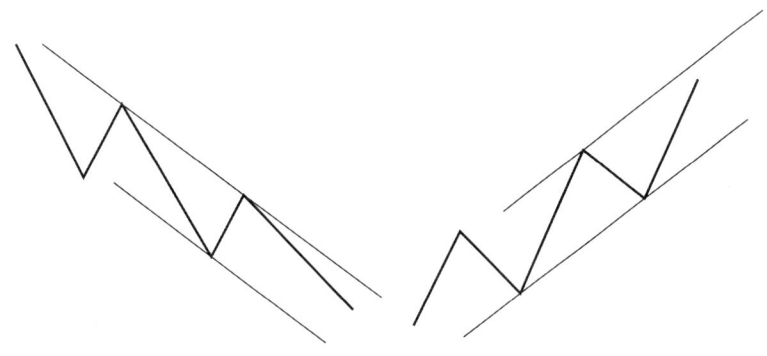

图 2-8　轨道线画法示意图

利用轨道线买卖策略——在上升通道中,一买三卖:①即是当股价接触到下轨时买进(一买);②当股价接触到上轨时卖出;③当股价突破上轨时卖出;④当股价跌破了下轨时卖出。

在下降通道中,一卖三买的法则与以上相反。

四、形态理论

(一) 形态理论概述

价格沿趋势移动是因为市场价格在多空双方的力量长期对比中,一方持续占优势而形成的,如果多方长期处于优势地位,价格将持续向上;如果空方长期处于优势,价格持续向下。但是多空双方的力量是不断发生变化的,价格维持一段时间的上升或下跌之后,力量此消彼长,会在短时间达成一种平衡,但是这种平衡还会被打破,如果平衡被打破后,股价仍沿着原来的趋势移动,这种平衡状态就是整理形态,如果股价反向运行,那这种平衡状态就是一种反转形态。价格走过的形态是市场行为的重要部分,从价格轨迹的形态中,我们可以推测出证券市场处在一个什么样的环境中,由此对今后的投资给予一定的指导。

(二) 两种主要的反转形态

反转形态是分析较长时间形成的K线图,通过分析趋势、成交量的变化、股价变动等因素,辅以颈线来判断是否反转,从而进行中长期决策。

1. 头肩顶形态与头肩底形态

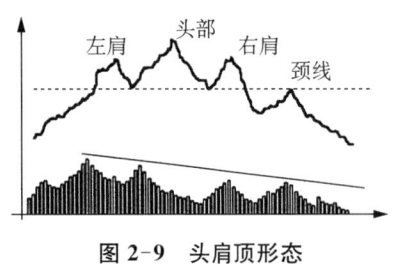

图 2-9　头肩顶形态

1) 头肩顶形态

头肩顶与头肩底是最常见的股价反转形态(见图 2-9)。

头肩顶形态的特点：①必须是出现在一段明显的上升行情中,形态所在是相对的高价区域；②这种形态一共出现 3 个顶,也就是 3 个局部的高点,中间的高点比另外两个高点高,称为头,左右两个相对较低的高点称为肩；③形态需要成交量的配合；④有效突破颈线是头肩顶完成的最重要的信号；⑤跌幅预测：股价在有效跌破颈线后,从跌破颈线处开始算起最少的跌幅是从头部到颈线的距离。

在应用头肩顶形态时,要注意以下 3 个方面：①一定要注意成交量的变化,当出现头肩顶形态后,成交量从左至右缩量的形态更有效,意味着形态越标准越有效；②头肩顶形成的时间越长,价格在形成形态过程中起伏越大,颈线被突破后价格向下反转的可能性越大。向下突破颈线不需要成交量放大的配合,跌破颈线后成交量越放大,反转意味更强；③最佳出货时间在股价右肩处开始回落时,在有效跌破颈线后反抽确认时出货也可减少损失。

2) 头肩底形态

头肩底是头肩顶的倒转形态,是一个可靠的买进时机(见图 2-10)。这一形态的构成和分析方法,除了在成交量方面与头肩顶有所区别外,其余与头肩顶类同,只是方向正好相反。例如,上升改成下降,高点改成低点,支撑改成压力。

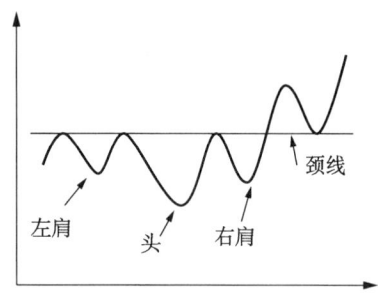

图 2-10　头肩底形态

头肩底特征如下：

(1) 头肩底形态必须有 3 个低峰点,并且头部的低点要明显低于双肩。左肩和右肩低点位置大致相等,一般右肩低点略低于左肩,但右肩低点一定低于左肩反弹高点。

(2) 成交量呈 v 形或头肩顶状态分布,有时三部分大致相当,但颈线突破时一定需要大的成交量配合。否则可能是一个假的突破。不过如果在突破后成交逐渐增加,有效性也可确认。

(3)颈线突破的时间标准为超过3天,空间标准超过颈线市价3%。当颈线突破后,可以从头部的最高点画一条垂直线到颈线,然后在完成右肩突破颈线的一点开始,向上量出同样的长度,由此量出的价格空间就是该股将上涨的最小的理论升幅。

(4)在突破颈线后可能会出现暂时性的回跌,但回跌低点不应低于颈线。如果回跌低于颈线,甚至还跌低于头部,这是一个失败的头肩底型态,即使后市上扬也不会完成最小的理论升幅。

操作策略:

(1)股价从头部上升突破本轮次下降趋势线为第一买点;突破颈线为第二买点,即本形态的极重要买出信号,虽然股价和最低点比较,已上涨了相当的幅度,但涨势只是刚刚开始,尚未进货的投资者大胆买进;如果有效突破颈线后,股价有机会出现回落,回抽确认颈线有效时为第三买点,这是多头最后的最佳买进机会。

(2)在实战中常常出现不完美标准的头肩顶底形,称之为复合头肩形,常分为一头双肩形,一头多肩形和多头多肩形。复合头肩形突破后走势会反复,平时走势也较标准头肩形弱,一般复合形完成理论量幅后不在继续下去,而标准头肩形一般超过理论涨跌幅。复合头肩形量的配合不太规则,颈线也没有标准画法,买卖点可以参照标准头肩形。

2. 双重顶形态与双重底形态

1)双重顶形态

双重顶形态又称"M头",在市场上出现的非常频繁,是一种极为重要的反转形态,一般出现在上升趋势的末期,当价格在某时段内连续两次上升至相约高度时形成的价位走势图形(见图2-11)。

双重顶形态的特点:①必须是在一段明显的上升趋势中出现,两个头部出现在高价区域;②双重顶的两个顶点几乎等高,但不一定要在同一水平线上,两者顶点集中的平均价格不宜超过3%;③两个顶点的成交量呈递减状态,即第一顶点出现时的成交量最大,第二个顶点出现的成交量低于前一个顶点,成交量明显萎缩;④价格有效跌破颈线是双重顶形态形成的依据,颈线是在第一个高峰(左峰)形成回落的低点,在这个位置画水平线,它是重要的支撑线;⑤跌幅预测:股价在有效跌破颈线后,从跌破颈线处开始算起最少的跌幅是从顶部到颈线的距离。

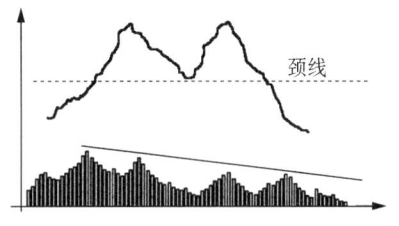

图2-11 双重顶形态

在应用双重顶形态时,应该注意以下4个方面:①双重顶的两个顶点大多数情况下是不完全对等的,3%的差异也只是一个参考数据,一般来说,第二个顶点高于第一个顶点。

当然,相差过大形态也将失去意义;②两个顶部可能是复合的多个小顶;③两个顶之间距离的形成时间越长,将来反转的可能性越大,但也不能过长,如果日线双重顶形态超过半年,就没什么判断价值了;④顶点到颈线的距离不能过小也不能过大,一般形成第一个头部时,其回落的低点约是第一个高点的10%~20%。

2)双重底形态

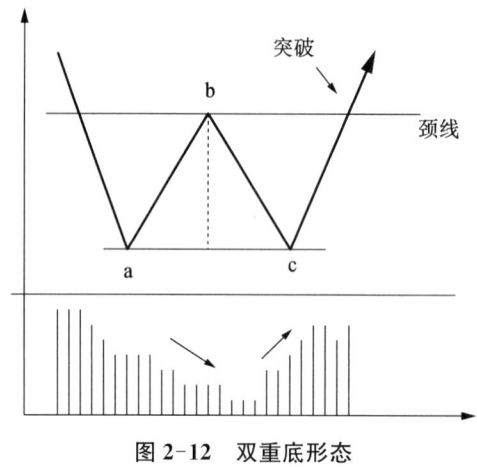

图 2-12 双重底形态

双重底形态为与双重顶相对应的一种反转形态(见图 2-12),请同学们按照双重顶形态的特点归纳其图形特征与应用策略,并进行讨论。

(三) 3 种主要的整理形态

1. 三角形整理形态的分类

1)对称三角形整理形态

对称三角形又称为等腰三角形,是一种与原有的趋势不同的形态,形态形成过程中最高价低于前次的水准,而最低价比前次最低价水准高,呈对称型收敛。以几个高点连成的压力线向下,以几个低点连成的支撑线向上,两线在未来交于一点。对称三角形成交量逐步递减,若价格往上冲破压力线(必须得到大成交量的配合),便是一个短期买入信号;反之,若价格往下跌破,则是一个短期卖出信号(见图 2-13)。

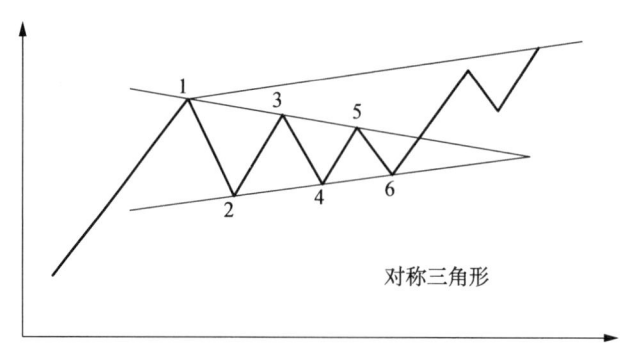

图 2-13 对称三角形形态

2）上升三角形整理形态

上升三角形,是一种与原有的趋势不同的形态,形态形成过程中,价格在同一水平位受到压力,而最低价比前次最低价水准高。所以几个高点连成的压力线是水平线,而几个低点连的支撑线是向上的,两线未来收敛于一点。在上升趋势中出现,价格向上突破压力线的可能性很大(见图2-14)。

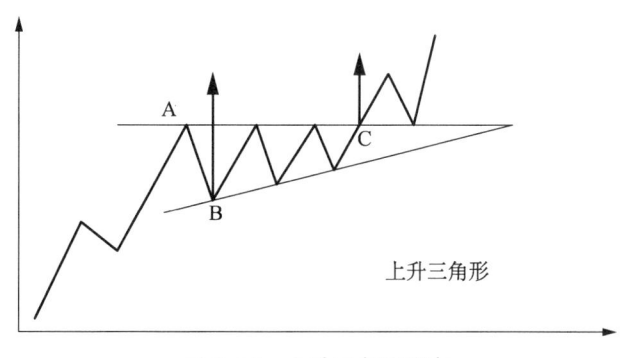

图2-14 上升三角形形态

3）下降升三角形整理形态

下降三角形是一种与上升三角形相反的形态。在形态形成过程中,低点的连线趋近于水平而高点的连线则往下倾斜,在下降趋势中出现,价格往下跌破的机会较大(见图2-15)。

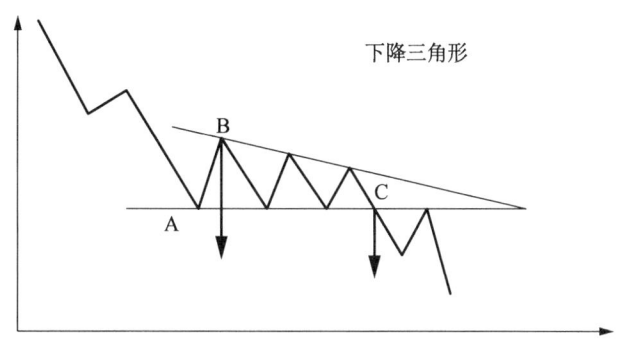

图2-15 下降三角形形态

4）应用三角形整理形态时的注意事项

(1) 三角形形成时间的不宜长,整理幅度不宜过大,否则容易变成反转形态。

(2) 注意成交量的变动。

(3) 对后市理论涨跌幅的预测方法有两个:①从有效突破压力或支撑线的点开始算起上升或下跌的最少的幅度是三角形最高点到压力线或支撑线的直线距离;②过三角形的最高点或最低点作与支撑或压力线平行线,价格未来至少接触该线。

2. 矩形整理形态的分类

矩形形态的形成过程及特点：矩形又叫箱形，是指股价在两条水平线之间上下波动，高低点分别处于同一水平线，是多空双方力量相对均衡。矩形整理形态出现时，在股价突破后有时会出现反抽来确认突破是否有效。随后股价仍按原有趋势的方向运动。矩形整理形态在突破后有个理论上的突破高度。

在上升过程中，利用这种箱形整理，多方既可以积蓄力量发动新的攻势，又可以逐步消化在前期上涨中积累的获利盘。因此，在矩形整理之后，股价一般会按原趋势方向进行突破，再度上升或下落。中长线投资者在上升趋势没有改变迹象而出现矩形整理时，一般可以放心持股；反之，对下降趋势中的矩形整理，可耐心等待更低的买点。短线投资者可以利用箱体特征，低买高卖，反复快速进出。向上突破需大成交量配合，向下突破则不必有成交量增加（见图2-16）。

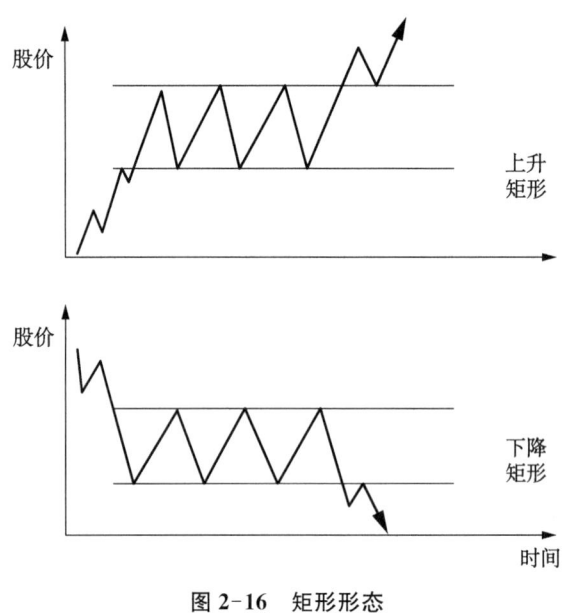

图2-16 矩形形态

应用矩形整理形态时的注意事项：①整理形态形成时的压力位与支撑位的价位相距不能过大，整理时间不能过长，否则很容易形成反转形态；②注意成交量的变化及压力线与支撑线被突破的有效性；③矩形整理形态还应参照均线理论一起研判，这样可以减少研判的失误；④注意形态形成的位置。如果在涨幅过高或跌幅过大的位置，容易失效。

3. 旗形形态的分类

旗形形态的形成过程及特点：分为上升旗形和下降旗形。上升旗形，股价陡峭飙升后，形成向下倾斜的价格密集区，画出密集区趋势线可以得到两条平行又向下倾斜的直线；下降旗形，当股价出现急速或垂直的下跌后，形成波动狭窄而又紧密、向上倾斜的价格密集区。

成交量在旗形形成过程中，是显著地渐次递减的，旗形的有效形成依然是以有效突破支撑或压力线为主要依据。旗形形态完成后,股价将继续原来的趋势方向移动。

旗形形态可度量出最少涨/跌幅。其度量方法是突破旗形后最少涨/跌幅度,等于整支其干的长度。至于旗杆的长度,是形成旗杆的突破点开始,直到旗形的顶点为止(见图 2-17)。

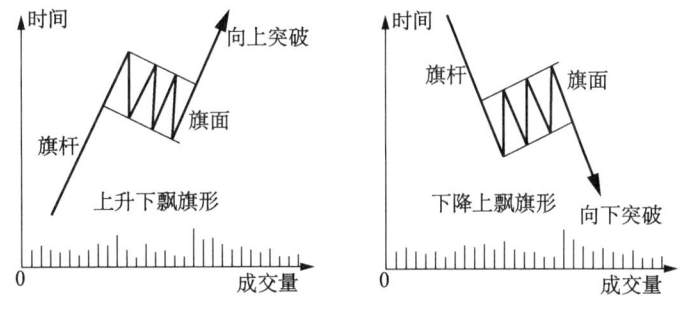

图 2-17 旗形形态

应用旗形整理时的注意事项:①注意成交量的变化,形成旗面的成交量要持续的萎缩;②旗形持续的时间不能过长,股价应在四周内向预定的方向突破,超出三周时,就应该特别小心,注意其变化;③要注意旗杆的起始位置的确定,尽量是急速上升或下降的行情的起点开始,旗杆不能过长;④旗面调整的幅度如果超过旗杆的 1/2,很容易失效。

五、波浪理论

(一)波浪理论简介

1934 年,美国证券分析家拉尔夫·纳尔逊·艾略特(R. N. Elliott)利用道琼斯工业平均指数作为研究工具,发现不断变化的股价结构性形态反映了自然和谐之美,公开发表波浪理论,他指出股市走势有一定的发展模式,股价的升跌,推动力是来自投资大众心态的变化,由悲观变成乐观,由乐观变成悲观,此种变化,周而复始,循环不息,令价格上落成所形成的升浪及跌浪,有规律地重复出现。

(二)波浪理论概念

波浪理论是一套分析走势系统,股价走势呈波浪式循环,即所谓"八浪循环",其中 5 个驱动浪和 3 个调整浪(见图 2-18)。

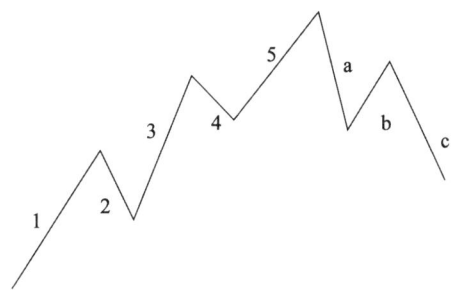

图 2-18 波浪理论示意图

驱动浪：与大市走向一致的波浪，可以再分割成5个子浪，一般用第1子浪、第2子浪、第3子浪、第4子浪、第5子浪来表示，这5个子浪在总体上带有逐波上行的特征。

调整浪：调整浪也可以划分成3个子浪，通常用a、b、c子浪表示，这3个子浪则总体上带有向下调整的特征。

当这8个子浪完成后，一个上升或下跌周期便宣告结束。时间的长短不会改变波浪的形态，因为市场仍会依照其基本形态发展。波浪可以拉长，也可以缩短，但其基本形态永恒不变。下面我们将分别观察5个驱动浪（即上升五浪，见图2-19）和3个调整浪（即下降三浪，见图2-20）。

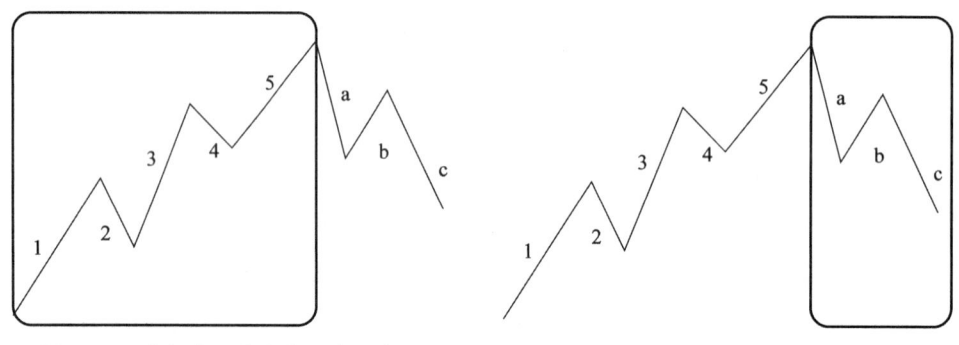

图2-19　方框中即为上升五浪示意图　　图2-20　方框中即为下降三浪示意图

1. 上升五浪的基本结构

第1子浪：通常是五浪中最短的行情。上升期中的第1子浪一般出现在长期跌势或调整的末端。成交量增加，股价开始上扬，但这一子浪上涨幅度往往较小。

第2子浪：投资者误认为熊市尚未结束，导致该浪调整幅度往往较深，但一般不会跌破第1子浪的起点位置。该浪即将结束时，成交量会逐渐萎缩，股价止跌，并在一定价位区间进行盘整。

第3子浪：第2子浪调整结束后，股价止跌，投资者信心增加，意识到市场走势已经开始转强，积极入市，导致一波极强的上升子浪。该子浪往往会出现跳空缺口，并伴随大的成交量，不但会突破第1子浪的最高点，而且会轻易地突破原来看起来难以突破的层层阻力，其升幅在整个上升周期中通常是最大的，势头也最为强劲。

第4子浪：是第3子浪的调整。调整的幅度通常不会太大，是一次有序的获利回吐，市场仍继续多头上升趋势。该子浪的最低点会明显的高于第1子浪的高点。

第5子浪：股价涨势不再强劲，上升趋于缓慢，整个子浪完成的时间也较长。从涨幅看这一子浪一般小于第3子浪（甚至其高点可能低于第3子浪的高点，即形成所谓的失败浪）。

2. 下降三浪的基本结构

a子浪：a子浪的开始实际上是上升趋势的结束。开始时投资者一般将其视作对第

5子浪的调整,并未认识到市场已经转势,因此该子浪的下降幅度不会很大。

b子浪:相对a子浪的反弹。经常成交量不大,一般而言是多头的逃命线。由于a子浪跌幅不大,故b子浪开始后一些投资者会认为是新一轮上升行情的开始,但市场内在条件已不支持股价上涨,上升力度不会很强。

c子浪:最后一个子浪,同时也是跌势最凶,跌幅最大、持续时间最长、从而最具杀伤力的子浪,一般伴随着巨大的成交量,意味着恐慌性抛盘伴随着对行情发展普遍的失望情绪而大规模的涌出。

3. 波浪理论中的两条铁律

铁律一:第3子浪永远不允许是第1子浪至第5子浪中最短的一个浪。在股价的实际走势中,通常第3子浪是最具有爆炸性的一浪,也经常会成为最长的一个浪。

铁律二:如果首次调整浪以五浪形式开展,则永远不是五浪的结束。此句话前提是:一定是首次调整浪;如果以五浪开始展开,则不是调整浪的结束。

(三) 波浪理论内容的基本要点

(1) 一个完整的循环包括8个波浪,五上三落。

(2) 波浪可合并为高一级的浪,亦可以再分割为低一级的子浪。

(3) 跟随主流行走的波浪可以分割为低一级的5个子浪。

(4) 1、3、5三个波浪中,第3子浪不可以是最短的一个波浪。

(5) 假如3个驱动浪中的任何一个浪成为延伸浪,其余两个波浪的运行时间及幅度会趋一致。

(6) 调整浪通常以3个浪的形态运行。

(7) 黄金分割率奇异数字组合是波浪理论的数据基础。

(8) 经常遇见的回吐比率为0.382、0.5及0.618。

(9) 第4子浪的底不可以低于第1子浪的顶。

(10) 波浪理论包括3部分:型态、比率及时间,其重要性以排行先后为序。

(11) 波浪理论主要反映群众心理。越多人参与的市场,其准确性越高。

六、量价关系理论

(一) 量价关系理论概述

成交量和价格相互影响的两种技术分析要素。股票市场是一个由资本推动的市场,资本进入退出市场都会反映在成交量上,因而成交量是反映股票市场供求变动的最直接的指标。而市场对股票的供求变动又会影响股票价格,所以说"量是因,价是果;量在先,价在后"。因而进行证券投资分析时,需要分析量价之间的关系,通过成交量的变化判断股价未来的变动。

(二)量价关系的要点

(1) 成交量是推动股价涨跌的原动力(价涨量升,价跌量缩)。

(2) 量价背离是市场逆转的信号。

(3) 成交密集区对股价运动有阻力作用。成交越密集,阻力作用越大。

(4) 成交放巨量或严重萎缩都是值得关注的重要信号。

(5) 成交量放量是股价向上突破重要压力位的信号。

3. 量价关系的基本特征与交易策略——逆时钟曲线理论的八大循环

量价关系具有 8 种基本特征,按照图 2-21 中逆时钟曲线理论从 1 号边作为起点循环至 8 号边,分别为:①价平量增;②价升量增;③价升量平;④价升量减;⑤价平量减;⑥价跌量减;⑦价跌量平;⑧价跌量增。

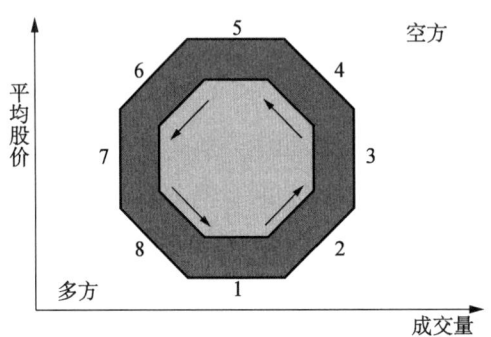

图 2-21 逆时钟曲线理论的八大循环

其具体含义如下:

(1) 价升量增,指的是股价或指数上升时,伴随着成交量的稳步增加。价升量增表示市场中买方人气旺盛,股价的上升得到了成交量的支持,量价配合理想,股价会继续保持上市趋势。

(2) 价升量减,指的是股价或指数上升时,成交量反而相对减少,表明买气已弱,买方力量随时有表现的可能。因此,如果出现此表现,应该加以警惕。但对于高度控盘的个股,往往会出现缩量持续上涨的情形,这种情形不能以上述价升量减的原理来判断,反而在高位出现放量的现象时要保持警惕,以防庄家出货。

(3) 价跌量增,指股价或指数下跌时,成交量明显增加,如果股价或指数处于长期上升的高位或反弹结束后,必须高度警惕股价进一步下跌。如果出现在下降趋势模式,则极可能是卖方力量得到最后的释放,反而有可能是反弹或反转标志。

(4) 价跌量减,指股价或指数下跌时,成交量随之逐渐减少。在下跌趋势中,价跌量减表示市场买方力量减弱,卖方力量不断增强,后市继续看跌,但在一波上升行情之中,如果出现上涨放量,下跌缩量,意味着买方力量依然强劲。如果出现"地量地价",则意味着上升趋势中的调整结束,股价会继续上涨。

(5)价平量减,指股价或指数上涨到一定高位后,价格停止上升,转为横向盘整,成交量逐渐萎缩。这是因为股价上涨,积累了一定的获利盘,买方出现恐高心理,不再追涨买入,买方理论不断减少。这种情况会出现两种可能,一种可能是成交量不能有效增加,股价会向下滑落,形成顶部;另一种可能是买方在盘整一段时间后,重新蓄势,成交量配合股价向上突破,形成新一轮涨势。

(6)价平量增,又称放量滞涨,指股价或指数上升到一定高位后,价格停止上升,但成交量反而大幅增加。在一波上升行情中,一旦出现此类状况,就该引起警惕。出现"天量天价"就意味着可能面临调整,反转下跌。

(三)成交量与股价趋势——葛兰碧九大法则

美国投资专家葛兰碧(Joseph E. Granville)在对成交量与股价趋势关系研究后,总结出下列九大法则:

(1)价格随着成交量的递增而上涨,为市场行情的正常特性,此种量增价升的关系,表示股价将继续上升。

(2)在一个波段的涨势中,股价随着递增的成交量而上涨,突破前一波的高峰,创下新高价,继续上扬。然而,此段股价上涨的整个成交量水准却低于前一个波段上涨的成交量水准。此时股价创出新高,但量却没有突破,则此段股价涨势令人怀疑,同时也是股价趋势潜在反转信号。

(3)股价随着成交量的递减而回升,股价上涨,成交量却逐渐萎缩。成交量是股价上升的原动力,原动力不足显示出股价趋势潜在的反转信号。

(4)有时股价随着缓慢递增的成交量而逐渐上升,渐渐地,走势突然成为垂直上升的喷发行情,成交量急剧增加,股价跃升暴涨;紧随着此波走势,继之而来的是成交量大幅萎缩,同时股价急速下跌。这种现象表明涨势已到末期,上升乏力,显示出趋势有反转的迹象。反转所具有的意义,将视前一波股价上涨幅度的大小及成交量增加的程度而言。

(5)股价走势因成交量的递增而上升,是十分正常的现象,并无特别暗示趋势反转的信号。

(6)在一波段的长期下跌形成谷底后,股价回升,成交量并没有随股价上升而递增,股价上涨欲振乏力,然后再度跌落至原先谷底附近,或高于谷底。当第二谷底的成交量低于第一谷底时,是股价将要上升的信号。

(7)股价往下跌落一段相当长的时间,市场出现恐慌性抛售,此时随着日益放大的成交量,股价大幅度下跌;继恐慌卖出之后,预期股价可能上涨,同时恐慌卖出所创的低价,将不可能在极短的时间内突破。因此,随着恐慌大量卖出之后,往往是(但并非一定是)空头市场的结束。

(8)股价下跌,向下突破股价形态、趋势线或移动平均线,同时出现了大成交量,是股价下跌的信号,明确表示出下跌的趋势。

(9)当市场行情持续上涨数月之后,出现急剧增加的成交量,而股价却上涨无力,在高位整理,无法再向上大幅上升,显示了股价在高位大幅振荡,抛压沉重,上涨遇到了强阻力,此为股价下跌的先兆,但股价并不一定必然会下跌。股价连续下跌之后,在低位区域出现大成交量,而股价却没有进一步下跌,仅出现小幅波动,此即表示进货,通常是上涨的前兆。

任务三　智能投顾的理论基础

AI智能量化正在改变数字金融市场的现在与未来

近年来,随着数字金融市场的不断发展及伴随社会财富增长,资本市场迎来发展黄金期。数字金融衍生品的不断推出、智能AI工具的不断丰富、投资的复杂度日益提高,以及全球经济在经历了大型金融危机和主权债务危机的洗礼后,投资者深刻地认识到控制风险、管理风险的重要性。特别是在数字金融市场逐渐步入人工智能投资时代,如何实现资产的保值增值成为投资者共同关心的焦点问题,而量化投资是目前投资领域较趋近人工智能的一种投资方式。量化交易的优势是在精准分析市场数据的基础上结合了大数据、云计算等数字技术,通过系统化的投资模型严格投资纪律,可以规避投资活动中人的行为偏误,有效的纪律能够帮助投资人获得可以持续的、稳定且高于平均收益的超额回报长期的投资回报。在未来,量化智能投资将会是数字金融交易系统发展的趋势。

数字金融市场的不断进步促使投资者对于多样化、个性化投资理财方式的需求以及对资产增值的要求也不断提高,而投资者要在日益复杂的数字金融投资市场中持续发展,必须洞察趋势变化,要么提升专业技能,要么善用智能科技的力量去提升投资回报,这样才符合市场的良性循环,更好地促进行业发展。随着互联网对数字金融市场的深度渗透,深刻改变了数字金融交易的业态,大大减少了传统数字金融行业信息不对称等问题,通过互联网普通投资者即可使用优秀量化智能资管软件,在这个交易业态的转变下,投资者的角色亦从纯粹的"投资者"向"投资工具使用管理者"转变,重点也从交易本身转换到筛选优秀的量化智能资管工具,实现共享量化智能资管软件的交易方式。

思考:
1. 目前市场上智能投顾软件有哪些?
2. 目前智能投顾业务主要依赖于哪种技术?

一、现代投资组合理论

现代资产组合理论(Modern Portfolio Theory,MPT),又称为现代证券投资组合理论、证券组合理论或投资分散理论。现代资产组合理论是由美国纽约市立大学巴鲁克学院的经济学教授哈里·马柯维茨提出的。1952年3月马柯维茨在《金融杂志》发表了题为《资产组合的选择》的论文,将概率论和线性代数的方法应用于证券投资组合的研究,探讨了不同类别的、运动方向各异的证券之间的内在相关性。马柯维茨于1959年出版了《证券组合选择》一书,详细论述了证券组合的基本原理,从而为现代西方证券投资理论奠定了基础。

马柯维茨提出的模型也被称为"均值－方差"模型。该模型的核心假设为:①投资者都是风险厌恶的;②所有投资者都力图在风险既定的水平上取得最大收益;③影响投资者决策的有期望收益率和方差两个参数。

马柯维茨MPT理论的中心思想是:"给定投资者的风险偏好和相关资产的收益与方差,最优投资组合有唯一解。"马柯维茨利用单个证券收益率的方差衡量单个证券的风险,利用单个证券收益率的方差和与其他证券收益率的协方差来衡量证券组合的风险,并建立最小方差模型,用来确定证券的最优组合,即图2-22中曲线 abc 上的任意一点,这样的组合称为前沿证券组合,所有的前沿证券组合的集合构成的证券组合前沿,即图2-22中曲线 abc。同时满足风险水平一定时收益最高、收益一定时风险最小条件的前沿证券组合为

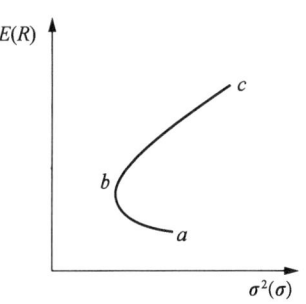

图2-22 证券组合风险收益前沿

有效证券组合,即图2-22中曲线 bc 上任一点。所有有效证券组合的集合构成有效证券前沿。

纵向角度看,它是某一个确定风险上回报最高的资产组合;横向角度看,它是在我们希望得到的回报上风险最小的资产组合。简而言之,就是通过多样化投资分散投资风险,控制稳定回报率,而智能投顾正是利用了其更精准的模型和算法来实现分散风险和获得长期收益的目的。

马柯维茨的贡献不仅在于揭示了在一定条件下投资者的投资组合选择可以简化为平衡期望回报及其方差这两个因素,更在于他给出了最优投资组合问题的实际计算方法,因而其理论被誉为"华尔街的第一次革命"。1989年,马柯维茨被美国运筹学学会和管理科学协会授予"冯·诺依曼奖",并于1990年与他人分享诺贝尔经济学奖。经过数十年的实践,马柯维茨的投资组合理论被证明是行之有效的,被广泛应用于组合选择和资产配置。随着人工智能算法和大数据的普及,现在MPT已经能够在计算机上自动实现,通过海量计算,投顾机器人会告诉投资者怎样配置资产及分散风险是最优的。目前国内外大部分

上智能投顾平台都是基于MPT创建一定条件下风险回报率最高的投资组合。

二、量化投资理论

量化投资(QIT)是指通过数量化方式及计算机程序化方式发出买卖指令,以获取稳定收益为目的的交易方式。量化交易起源于20世纪70年代的股票市场,之后迅速发展和普及,尤其是在期货交易市场,程序化逐渐成为主流。有数据显示,国外成熟市场期货程序化交易已占据总交易量的70%～80%,而在国内则刚刚起步。手工交易中交易者的情绪波动等弊端越来越成为盈利的障碍,而程序化交易的精准性、100%执行率则为它的盈利带来了优势。量化投资因其投资业绩稳定,市场规模和份额不断扩大,得到了越来越多投资者认可。从全球市场的参与主体来看,按照管理资产的规模,全球排名前四以及前六位中的五家资管机构,都是依靠计算机技术来开展投资决策,由量化及程序化交易所管理的资金规模在不断扩大。

量化投资区别于传统的定性投资的鲜明特征就是模型,对于量化投资中模型与人的关系,大家也比较关心。打个比方来说明这种关系,我们先看一看医生治病,中医与西医的诊疗方法不同,中医是望、闻、问、切,最后判断出的结果,很大程度上基于中医的经验,定性程度上大一些;西医就不同了,先要病人去拍片子、化验等,这些都要依托于医学仪器,最后得出结论,对症下药。定性投资和定量投资的具体做法有些差异,这些差异如同中医和西医的差异,定性投资更像中医,更多地依靠经验和感觉判断病在哪里;定量投资更像是西医,依靠模型判断,模型对于定量投资基金经理的作用就像CT机对于医生的作用。在每一天的投资运作之前,投资顾问会先用模型对整个市场进行一次全面的检查和扫描,然后根据检查和扫描结果做出投资决策。

其实,定量投资和传统的定性投资本质上是相同的,二者都是基于市场非有效或是弱有效的理论基础,而投资经理可以通过对个股估值,成长等基本面的分析研究,建立战胜市场,产生超额收益的组合。不同的是,定性投资管理较依赖对上市公司的调研,以及基金经理个人的经验及主观的判断,而定量投资管理则是"定性思想的量化应用",更加强调数据。

量化投资有以下四大特点:

(1) 严格的纪律性。量化交易有着严格的纪律性,这样做可以克服人性的弱点,如贪婪、恐惧、侥幸心理,也可以克服认知偏差。一个好的投资方法应该是一个"透明的盒子"。每一个决策都是有理有据的,特别是有数据支持的。打开量化交易系统,系统会显示出当时被选择的这只股票与其他的股票相比在成长面上、估值上、资金上、买卖时机上的综合评价情况,而且这个评价是非常全面的,比普通投资者拍脑袋或者简单看某一个指标买卖更具有说服力。

(2) 完备的系统性。完备的系统性具体表现为"三多"。首先表现在多层次,包括在大类资产配置、行业选择、精选个股三个层次上都有模型;其次是多角度,量化交易的核心投资思想包括宏观周期、市场结构、估值、成长、盈利质量、分析师盈利预测、市场情绪等多个角度;再者就是多数据,就是海量数据的处理。人脑处理信息的能力是有限的,当一个资本市场只有100只股票,这对定性投资基金经理是有优势的,他可以深刻分析这100家公司。但在一个很大的资本市场,比如有成千上万只股票的时候,强大的定量化交易的信息处理能力能反映它的优势,能捕捉更多的投资机会,拓展更大的投资机会。

（3）妥善运用套利的思想。量化交易正是在找估值洼地,通过全面、系统性的扫描捕捉错误定价、错误估值带来的机会。定性投资大部分时间在琢磨哪一个企业是伟大的企业,哪个股票是可以翻倍的股票;与定性投资不同,量化交易大部分精力花在分析哪里是估值洼地,哪一个品种被低估了,买入低估的,卖出高估的。

（4）靠概率取胜。这表现为两个方面,一是定量投资不断的从历史中挖掘有望在未来重复的历史规律并且加以利用;二是在股票实际操作过程中,运用概率分析,提高买卖成功的概率和仓位控制。

三、程序化交易理论

程序化交易(PTT)主要是应用计算机和现代化网络系统,按照预先设置好的交易模型和规则,在模型条件被触发的时候,由计算机瞬间完成组合交易指令,实现自动下单的一种电子化交易方式。也就是说,程序化交易强调交易模型和计算机程序在交易中的重要性。程序化交易按照步骤可分为交易模型的建立、测评和执行。

程序化交易的好处有:解决心态和执行力的问题;解决同时交易多个品种做资金管理的问题;解决同时执行不同交易策略的问题。

程序化交易系统的特点:

（1）顺势交易。大多数交易系统都是顺势交易系统,也存在一些逆势交易系统。

（2）纯粹技术分析性。系统交易方法完全排除任何基本面分析的影响。

（3）客观性。程序化交易系统以计算机为决策工具,完全排除了决策主体的主观判断,从而有效解决了交易者的情绪对交易的负面影响这个问题。

（4）数量化。完全数量化。

（5）机械化。程序化交易系统的全部规则和参数完全机械化,使得系统交易方法相对于非系统交易方法而言比较容易实施。

（6）资金管理制度化。实现交易系统的资金管理制度。

（7）风险控制制度化。风险控制制度是交易系统的有机组成部分。

（8）系统性。交易系统本身是一个系统,交易小组和交易系统二者又构成一个新的更大的系统。

（9）一致性。采用系统交易方法,使得交易决策活动具有一致性,这对于交易者获得长期的稳定的获利具有根本意义。

（10）反应迅速。程序化交易系统对于市场的波动反应迅速，有利于系统交易者在剧烈波动的行情中抓住瞬息即逝的交易机会。

（11）风险型决策。如果一个交易者采用系统交易方法进行交易决策活动，那么系统发出的每笔交易指令的具有相对稳定的获胜概率和期望收益率，这就使得在系统交易方法指导下的交易决策成为一种风险型决策。风险型决策的系统交易方法有利于交易者运用现代投资组合理论和方法。这一点对于非主力大资金非常有利。

程序化交易系统的设计是一项复杂的系统工程，不是简单的几个指标的应用，理论上来说程序化交易系统就是一种赢利模式，体现的应该是设计者的操作风格和手法，设计者应该是实际操作中的赢家，所做的只是把行之有效的赢利模式程序化、自动化。

延伸阅读：
1. 人工智能炒股 App 排行榜。
2. 盈首 AI 全自动炒股机器人。

链接2-1 人工智能炒股App排行榜　　链接2-2 盈首AI全自动炒股机器人

 **总结回顾**

本项目主要讲述了技术分析的重点理论，从技术分析概述与分析要素入手，介绍了K线的构成及应用；介绍了切线理论，包括趋势线、支撑线与压力线和轨道线理论及应用；介绍了形态理论，包括主要的反转形态和主要的整理形态的图形特征及应用；介绍了波浪理论的构成及应用；介绍了量价关系理论，其中包含量价关系的形态特征和葛兰碧九大法则；介绍了智能投顾基础理论：现代投资组合理论（MPT）、量化投资理论（QIT）、程序化交易理论（PTT）。从而帮助学生能够掌握目前智能投顾的基本理论内容，并能够结合市场实际，达到学以致用，做出自己的技术分析。

 课后实践

一、单选题

1. 进行证券投资技术分析的假设中，从人的心理因素方面考虑的假设是（　　）。

A. 市场行为涵盖一切信息   B. 价格沿趋势移动

C. 历史会重演   D. 投资者都是理性的

2. K线图中十字星的出现表明(　　)。

  A. 多方力量还是略微比空方力量大一点

  B. 空方力量还是略微比多方力量大一点

  C. 多空双方的力量不分上下

  D. 行情将继续维持以前的趋势,不存在大势变盘的意义

3. 关于趋势线,下列说法正确的是(　　)。

  A. 趋势线分为长期趋势线和短期趋势线

  B. 反映价格变动的趋势是一成不变的

  C. 在下降趋势中,将两个高点连成一条直线,就得到下降趋势线

  D. 在上升趋势中,将两个高点连成一条直线,就得到上升趋势线

4. 旗形和楔形是两个最为著名的持续整理形态,休整之后的走势往往是(　　)。

  A. 与原有趋势相反   B. 与原有趋势相同

  C. 寻找突破方向   D. 不能判断

5. 1、3、5三个子浪中,第(　　)子浪不可以是最短的一个波浪。

  A. 1   B. 3   C. 5   D. 1和5

二、判断题

1. 技术分析方法的优点是以市场数据为基础,对市场的反应比较直接。

  对　错

2. 光头光脚阳线,表明多方已经牢固控制盘面,逐浪上攻,步步逼近,涨势强烈。

  对　错

3. 波浪可合并为高一级的浪,亦可以再分割为低一级的子浪。

  对　错

4. 趋势线越长,即第一点与第二点距离越长,就越显得有重要参考意义。

  对　错

5. 在上升趋势中,将两个高点连成一条直线,就得到上升趋势线。在下降趋势中,将两个低点连成一条直线,就得到下降趋势线。

  对　错

6. 股价持续上涨数月之后,成交量急剧增加,股价却上涨无力,为股价下跌征兆。

  对　错

7. 价升量减,上升动力不足,可能反转。

  对　错

三、简答题

1. 请自学3种主要的K线组合形态,以小组为单位展示其图像特征与技术含义。
2. 请自学黄金分割线理论与百分比线理论,并展示自学成果。

四、操作实训

1. 根据股票的开盘价、收盘价、最高价、最低价制作K线图。

根据表2-1股票甲3.21～3.24四个交易日中每个交易日开盘价、收盘价、最高价和最低价的数据,在图2-21上制作相应的4根日K线图。

表2-1 股票甲数据表　　　　　　　　　　　　　　　　　　单位:元

交易日期	开盘	收盘	最高	最低
3.21	6.20	6.30	6.35	6.15
3.22	6.25	6.40	6.40	6.25
3.23	6.30	6.25	6.35	6.25
3.24	6.40	6.20	6.45	6.15

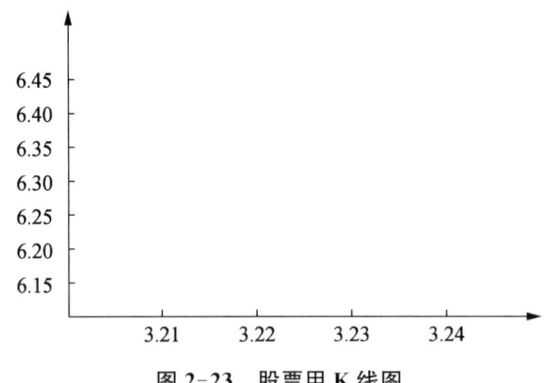

图2-23 股票甲K线图

2. 利用同花顺软件进行股票趋势分析

实训任务

(1) 在同花顺软件上任选一只股票,利用画图工具画上升趋势线,并进行该股票趋势分析。

(2) 在同花顺软件上任选一只股票,利用画图工具画下降趋势线,并进行该股票趋势分析。

项目三 智能投顾主要技术指标

学习目标

掌握智能投顾的主要技术指标,包括含义与特点,指标应用等,技术分析是非常直观的一种证券投资分析方法,重点是利用证券交易所展现出来的基本要素即价格、成交量、走势等来预测证券产品未来价格的变化。

任务一 证券投资技术分析指标简述

案例导入

观察盘面认为:

(1) 周五沪指收长阴线,技术指标 KDJ 和 MACD 共振向下,短期指数仍有下跌的动能,今天大概率将考验下方 30 日均线的支撑位,目前在 3 156 点附近左右,极限调整区间为 3 056~3 136 点,因此对于本周的操作,主要策略就是在两个区域分批加仓:一是 3 181~3 156 点;二是跌入极限调整位 3 136~3 056 点,越跌越买,预计短线在这里会有一次报复性的反弹机会,因此继续维持中长期看好的策略不变,回调即是机会。市场依旧是结构性机会,操作上需踏准节奏,可适当增加仓位,分批低吸,把握板块轮动的操作机会。

(2) 预计短期仍有一定的下跌空间,目标应该在 3 100~3 150 点,时间预计在下周二或周三。当下个股分化严重,未来一段时间大盘也许震荡调整,但个股行情依然会比较精彩,毕竟目前已经步入牛市。本月上旬大盘强劲突破了去年下半年以来在 3 000 点一带形成的强阻力区,成交量持续放大,因此突破是有效的。至此,也进一步确认了去年 1 月 4 日创下的 2 440 低点、与今年 3 月 20 日创下的 2 646 次低点,这个跨度长达近 15 个月的大双底构筑成功。

目前已经聚集的周线均线系统发散形成多头排列,只要未来两个月不跌到 3 050 点之下,已经聚集的月均线系统也将形成多头排列,由此就可以完全确认市场进入牛市主升浪。

近日出现比较大的回调,但相对从3月份2 646点以来的累计涨幅,还不算大,技术上仍属于强势调整。主要还是因为7月以来的上涨太快,短线盘获利将集中回吐。

从型态上看,大盘在3 400点一带形成了小型头部,并且在此过程中成交量一直保持在高水平,因此该头部还是比较重的。之前的上涨过程中持续放出巨量,这一方面表明了这轮突破上涨的有效性,另一方面,短期做多能量消耗过大,再进一步放大的可能性很小,因此短期有效突破3 400点一带比较困难,预计大盘需要至少两三个月的调整整固。

A股市场经常是天量之后才见天价,也就是说,在大盘放量冲出新高之后,当成交量跟不上后就会出现短时间的回落,但之后很快又缩量上涨并再创新的高点,而这个高点才将是这波行情的高点,之后的调整就会很漫长。这意味着,在短期见底后,还会有比较强力度的回升过程,但之后才会展开比较长时间的调整。

当下个股分化严重,未来一段时间大盘也许震荡调整,但个股行情依然会比较精彩,毕竟目前已经步入牛市,成交量也会保持在较高水平,可以继续积极做个股。

(资料节选自东方财富网)

思考:
1. 第(1)点分析的是什么?这个操作建议说明什么?
2. 第(2)点分析的是什么?这个操作建议说明什么?

一、技术指标的概念

链接3-1 技术分析指标简述

通过一定的数学、统计或其他方法对金融市场的原始数据进行处理,得到的具体数值,将这些数值制成图表,就是技术指标。根据技术指标对当前市场的行情进行判断并进而预测未来价格趋势的方法就是技术指标分析。

证券市场的原始数据主要有开盘价、最高价、最低价、收盘价、成交量、成交金额、成交笔数、涨跌家数等,还包括股本结构、财务指标等。

对原始数据可以采取多种处理方法,不同的处理方法会产生不同的技术指标,因而技术指标的种类繁多。

二、技术指标的分类

技术指标从不同的角度有不同的分类。本书以技术指标的功能为划分依据,将常用的技术指标分为趋势型指标、超买超卖型指标、人气型指标和大势型指标4类。

(1) 趋势型指标,如MA、MACD。
(2) 超买、超卖型指标,如WMS、KDJ、RSI、BIAS。

(3) 人气型指标,如 PSY、OBV。

(4) 大势型指标,如 ADL、ADR、OBOS。

三、技术指标的应用

尽管技术指标的种类繁多,但在应用中有许多相通的地方。

(一) 指标的取值范围

以百分比取值的指标一般都有一个极限值,如 KDJ、RSI,取值在 0~100。当指标值靠近极限值时,提醒投资者进行反向操作。其他许多指标虽然没有极限值,但在实际中也往往有一个正常取值范围。这个正常范围因股、因时、因市、因人而异。

(二) 指标的中轴

大多数指标都有一个中间值,一般为 0 或 50。以这个中间值为界将市场分为强势和弱势两部分。

(三) 价格趋势与指标的背离

技术指标曲线的波动方向与价格曲线的波动方向不一致即称为背离,具体分为以下两种:

(1) 顶背离是指价格走势一波高于一波,指标曲线却一波低于一波。

(2) 底背离是指价格走势一波低于一波,指标曲线却一波高于一波。

(四) 指标的交叉

指标的交叉即技术指标图形中的两条曲线发生交叉。具体有两种情况:一种是同一指标不同参数的曲线之间的交叉,另一种是指标曲线与固定的水平直线(如中轴线)之间的交叉。

(五) 指标的形态分析

指标的形态分析就是分析技术指标曲线在波动过程中产生的各种形态,如头肩形、双重形等。

(六) 指标的转折

指标的转折是指技术指标曲线在高位或低位的调头。

(七) 指标的失效

每一种技术指标都是从某个特定的方面对市场进行观察,都有一定的适用条件和范围,不能期待同样的技术指标每天都为我们提供有效的买卖信号。

(八) 指标之间的配合

每一种技术指标的特性和构造原理是不一样的,通常我们会选择若干个不同类的指标构成一个技术指标体系,并根据实际效果不断地进行调整。

任务二　技术分析主要技术指标

 **案例导入**

威廉·江恩:股票技术分析的鼻祖还是洞悉人性的大师

号称"二十世纪最著名投资理论家"、神秘交易员的威廉·德尔伯特·江恩(William Delbert Gann)以其《甘氏理论》(又名《江恩理论》)以及赚取 5 000 万美元闻名。除了交易员身份,他还是一名金融占星家,他的后半生几乎全部以贩卖金融占星课程为生。

1878 年 6 月 6 日,江恩出生在美国德州鲁夫金市郊一个种植棉花的农场。父母是爱尔兰裔移民,生有 11 个小孩,家境贫穷。背负着长子责任的小江恩,从小就有着要将家族兴旺起来的志向。因为要维持家计,江恩小学三年级就休学了,这个勤奋向上的小孩,除了辛劳农场的工作,也在火车上当小贩,那是一段艰苦的岁月,有谁知道这个农场的穷小孩有一天会在美国金融圣地的华尔街发光发亮,成为 20 世纪美国股票、期货交易市场的一个不朽传奇。

靠交易赚取了 5 000 万美元

20 世纪初的世界,是江恩活跃的时代,他经历第一次世界大战、走过 1929 年股灾、见证过经济大萧条,目睹第二次世界大战。在这些动荡失序经济紊乱的漫长岁月里,传说他曾赚取了 5 000 万美元利润。江恩 16 岁开始在火车上工作,后来进入一家棉花交易行担任经纪人。在 24 岁的时候,江恩做了第一笔棉花期货合约的买卖,并从中获利。之后的 53 年,他从金融市场共获取 5 000 万美元的利润,相当于现在的 10 亿美元。有数据统计,1909 年,江恩的交易技巧开始引人注目,在 286 次交易中,他只有 22 次亏损,成功率高达 92.3%。江恩在那个时代赚取了 5 000 万美元的确惊人,然而深究下,江恩似乎在后期将所赚利润如数奉还给了股市,随后通过写书、卖书、授课以维持生计,从而养活妻子和他那"坑爹"的儿子。

去世后仅留下 8 万美元及一套住房

江恩的儿子在 1980 年接受《纽约时报》采访时表示,父亲在年轻时做过股票交易,但后来基本不做交易了,靠写书和讲课养活一家,在去世时留下了 8 万美元和一套普通住房。江恩的儿子是一名波士顿银行的分析师,他说,自己那位著名的父亲根本没有能力靠交易为生,仅能够编写一些教材来养家活口。他父亲 1950 年去世的时候,包括房产在内,所有的资产仅略高于 10 万美元。江恩一生著述颇丰,如《江恩投资哲学》《江恩股市定律》《如何从商品期货交易中获利》等,其中最著名的是《江恩华尔街 45 年》。

华尔街的"金融占星家"

在被问及自己的投资秘诀时,笃信《圣经》的江恩表示,是上帝的"魔法语言"指引自己获得了成功。在上帝的指引下,自己正是凭借着金融占星术才获得了胜利。江恩相信,金融市场上的各种产品都在浩渺的苍穹中拥有一颗对应的星辰,对于天体运转的掌握,将对人间的交易起到有效的指导。在这以后,直至1955年江恩去世,他都不遗余力地宣传着这套自己信以为真的学说。

号称可以完美解释市场走势的"江恩角度线"

江恩认为,对于任一市场的顶点(无论是最高点还是最低点),都可以画出一条倾斜度为45°的对角线。如果既有的市场走势均处于对角线上,则市场走势还将继续上扬。相反,如果既有的走势均处于对角线下,则市场走势将继续下跌(见图3-1)。

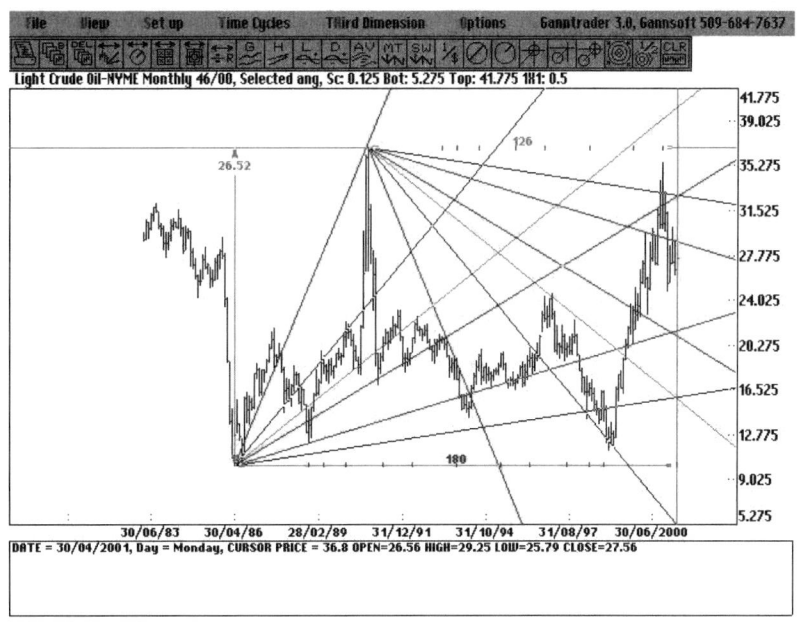

图 3-1　江恩角度线

江恩螺旋图

江恩螺旋图,又名江恩螺旋矩阵,它是一个以1为中心,所有数字连续性逆时针排列的正方形矩阵(见图3-2)。在这副矩阵之中,每一周期依次相差8、16、24、32……

江恩21条买卖法则

(1) 将资金划为十等分,每次交易的风险限制在资金总额的十分之一以内。

(2) 进行交易时,一定要设置止损。

(3) 不要过度或过量买卖,避免违反有关资本量的规则。

(4) 永远不要将所持仓位转盈为亏,所获利润提高时,调整止损价位。

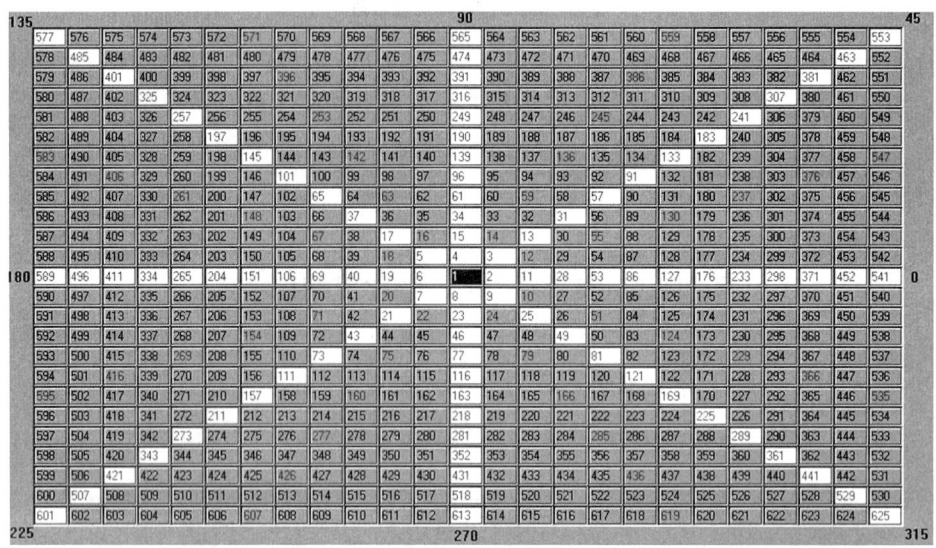

图 3-2 江恩螺旋矩阵

(5) 不要逆市而动。若无法判断行情走势,应在场外观望。

(6) 心存疑问就应平仓离场。不要在犹豫不决时入市。

(7) 仅在活跃的市场中进行交易。买卖清淡时退避三舍。

(8) 只服从市场趋势,顺势而为,不设定目标价位出入市——不希望不幻想。

(9) 若没有适当理由就不平仓,可调整止损位来保护所得利润。

(10) 在连战告捷后,可将部分利润提取或转移至另一账户,以备急需。

(11) 不要仅仅是为了获得分红或赚取利差而买进或卖出。

(12) 在亏损时,切忌赌徒式加码以求平摊亏损,这是交易者可能犯的最大错误。

(13) 不要因为失去耐心而平仓,也不要因为急不可耐而进场。

(14) 不要因贪小利而吃大亏,不要做赔多赚少的买卖。

(15) 入市时设置止损,不宜随意撤销。

(16) 买卖不应太频繁,做多错多,等待机会再入市。

(17) 愿意做多也应愿意做空,买卖要自如。

(18) 不要因为价位太低而买进,也不要因为价位太高而做空。

(19) 永不对冲,若做多时,面临下跌,不要卖出补仓,应离场认赔。

(20) 不要在不适当的时候进行金字塔加码式交易,等冲破或跌破关键位再加码。

(21) 切忌毫无缘由地更改买卖策略,不要在市场出现明确转势前离场。

思考:

1. 对江恩理论,你有什么看法?
2. 占星分析真的有用吗?

一、趋势型指标

(一)股价移动平均线指标

股价移动平均线(Moving average,MA)又叫移动平均线指标,简称均线,是指根据一定的计算方法连续一段时间股价收盘价的平均数并连接成连续的线。趋势分析最基本的方法是葛兰碧于20世纪中期提出的。简单的移动平均线是将某一段时间的收盘价之和除以该周期,如日线MA5指5天内的收盘价除以5。移动的意思是将后面出现的新数据替换最前面的一个再进行计算,这样不断更新后的价格连接成连续的线。移动平均线(MA)具有趋势的特性,它比较平稳,不像日K线会起起落落地震荡。越长期的移动平均线,越能表现稳定的特性。不轻易向上向下,必须等股价趋势的真正明朗。移动平均线说到底是一种趋势追踪工具,便于识别趋势已经终结或者反转,新的趋势是否正在形成。均线理论是当今应用最普遍的技术指标之一。

链接3-2 趋势型指标

1. MA 的计算公式

根据对数据处理方法的不同,移动平均可分为算术移动平均线(SMA)、加权移动平均线(WMA)和指数平滑移动平均线(EMA)3种。在实际应用中常使用的是指数平滑移动平均线。其计算公式为:

$$EMA_t(N) = C_t \times \frac{1}{N} + EMA_{t-1} \times \frac{N-1}{N}$$

式中:C_t——计算期中第t日的收盘价;

EMA_{t-1}——第$t-1$日的移动平均数。

天数N是MA的参数,例如10日的MA简称为10日线,表示为MA(10)。同理,有5日线、15日线等概念。起点的移动平均值可用起点的收盘价代替。

均线按计算周期的不同分为短期、中期与长期均线。这种分法并没有统一的周期值,一般来说,5日、10日、20日等可视为短期,30日、60日可作为中期,半年线和年线一般看作长期。时间周期越长,均线越难改变方向。

2. MA 的功能

(1)追踪趋势的功能。它帮助交易者确认现有趋势、判断将出现的趋势、发现过度延伸即将反转的趋势。

(2)助涨助跌的功能。投资者会比较股票价格移动平均线与股票自身价格的关系。当股价上涨,高于其移动平均线时,则产生购买信号。当股价下跌,低于其移动平均线时,则产生出售信号。

(3) 支撑线和压力线的功能。均线代表了计算期内市场投资者的平均成本,在均线上方,多方占优势,市场认为股价会继续上涨,当股价跌到均线附近,投资者会增加买入量,反之会卖出。

(4) 滞后性。因为计算的是移动平均价格,与实时的市场价格相比,其反应会慢很多,越是周期性长的均线,滞后性越严重。

3. MA 的应用

在 MA 的应用上,最常见的是葛兰碧的移动平均线八大买卖法则。此法则是以证券价格(或指数)与移动平均线之间的偏离关系作为研判的依据。八大法则中有 4 条买进法则和 4 条卖出法则。

买入时机的 4 条法则:

(1) 移动平均线从下降逐渐走平,且有向右上方抬头上行的迹象,而股价从移动平均线的下方向上突破移动平均线时,便是买进时机(见图 3-3"1")。

(2) 股价在移动平均线之上运行,回档时没有移动平均线再度上升,是买进时机(见图 3-3"2")。

(3) 股价跌至移动平均线以下时,移动平均线短期内仍为继续上升的趋势,仍是买进时机(见图 3-3"3")。

(4) 股价在移动平均线以下运行,突然暴跌,距离移动平均线太远,极有可能向移动平均线靠近,亦为买进时机(见图 3-3"4")。

卖出时机相反(见图 3-3"5,6,7,8")。

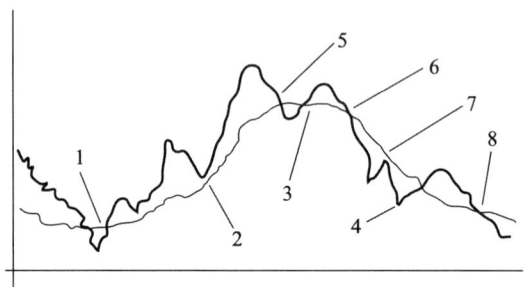

图 3-3 葛兰碧八大买卖法则

4. MA 的组合应用

(1) 死亡交叉点和黄金交叉点。黄金交叉点是较低日的平均线(收盘线)上穿较高日的平均线(平均线)形成的交叉;死亡交叉点是较高日的平均线(平均线)向下刺破较低日的平均线(收盘线)形成的交叉。金叉为较重要的买入信号,死叉为较重要的卖出信号(见图 3-4)。

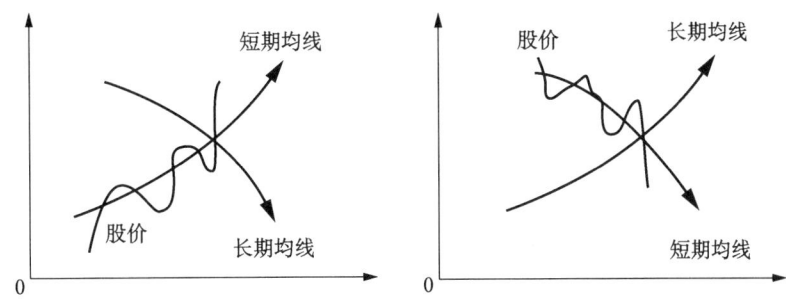

图 3-4 死亡交叉点和黄金交叉点

(2) 多头排列和空头排列。多头排列是指日线在上,以下依次为短期线、中期线、长期线,这说明我们过去买进的成本很低,做短线的、中线的、长线的都有赚头,市场一片向上,这便是典型的牛市了(见图3-5)。空头排列指的是日线在下,以上依次为短期线、中期线、长期线,这说明过去买进的成本都比现在高,做短线、中线、长线的此时抛出都在"割肉",市场一片看空。显然,这是典型的熊市。

在股市中,如果均线在股价底部,出现大部分均线呈多头排列,宜买入做多;反之,在相对高位出现,宜卖出做空。

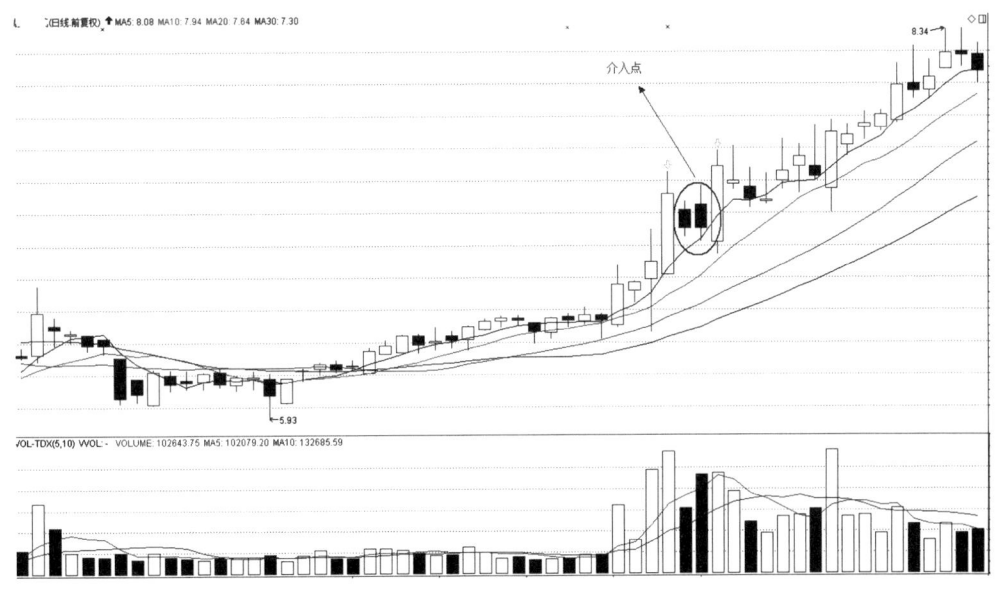

图 3-5 多头排列示意图

运用 MA 应注意的事项:

(1) 利用 MA 买卖的法则:一般说来,做短线的宜用短期移动平均线,中期投资者宜用中期移动平均线,而买了股票放几年的则宜用长期移动平均线,以判断各自不同的买卖进出点。

(2) 均线也有失效的时候,股价在处于横盘整理时,很多买入或卖出的信号容易失效,需结合其他的技术分析方法配合使用。

(3) 在趋势反转时,多看中期指标,以便投资策略做出及时调整。

(二) 指数平滑异同移动平均线指标

指数平滑异同移动平均线(MACD),这一指标由查拉尔·阿佩尔(Geral Appel)于1979年提出,从双移动平均线发展而来,是一项利用短期(常用为12日)移动平均线与长期(常用为26日)移动平均线之间的聚合与分离状况,对买进、卖出时机做出研判的技术指标。

1. MACD 的计算公式

MACD 是由正负差(DIF)和异同平均数(DEA)两部分组成,DIF 是核心,DEA 是辅助。

DIF 是快速平滑移动平均线与慢速平滑移动平均线的差。在实际应用 MACD 时,常以 12 日 EMA 为快速移动平均线,26 日 EMA 为慢速移动平均线,计算出两条移动平均线数值间的离差值(DIF)作为研判行情的基础,然后再求 DIF 的 9 日平滑移动平均线,即 MACD 线,作为买卖时机的判断依据。

$$今日 EMA(12) = \frac{2}{12+1} \times 今日收盘价 + \frac{11}{12+1} \times 昨日 EMA(12)$$

$$今日 EMA(26) = \frac{2}{26+1} \times 今日收盘价 + \frac{25}{26+1} \times 昨日 EMA(26)$$

$$DIF = EMA(12) - EMA(26)$$

$$今日 DEA(MACD) = \frac{2}{10} \times 今日 DIF + \frac{8}{10} \times 昨日 DEA$$

理论上,在持续的涨势中,12 日 EMA 线在 26 日 EMA 线之上,其间的正离差值(+DIF)会愈来愈大。反之,在跌势中,离差值可能变负(-DIF),其绝对值也愈来愈大;而当行情开始回转时,正或负离差值将会缩小。MACD 正是利用正负离差值与离差值的 9 日平均线的交叉信号作为买卖行为的依据。

此外,在分析软件上还有一个指标叫柱状线(BAR),它是 DIF 值减去 DEA 值的差再乘以 2:

$$BAR = (DIF - DEA) \times 2$$

2. MACD 的应用法则

当 MACD 从负数转向正数时,是买入的信号。当 MACD 从正数转向负数时,是卖出的信号。当 MACD 以大角度变化时,表示快的移动平均线和慢的移动平均线的差距非常迅速地拉开,代表了一个市场大趋势的转变(见图 3-6)。

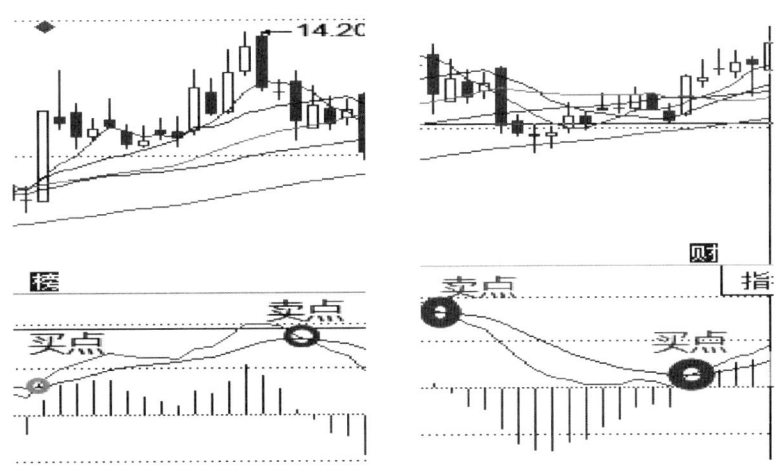

图 3-6 MACD 应用法则

(1) 当 DIF 由下向上突破 DEA,形成黄金交叉,即白色的 DIF 上穿黄色的 DEA 形成的交叉,或者 BAR(绿柱线)缩短,为买入信号(见图 3-7)。

(2) 当 DIF 由上向下突破 DEA,形成死亡交叉,即白色的 DIF 下穿黄色的 DEA 形成的交叉,或者 BAR(红柱线)缩短,为卖出信号(见图 3-8)。

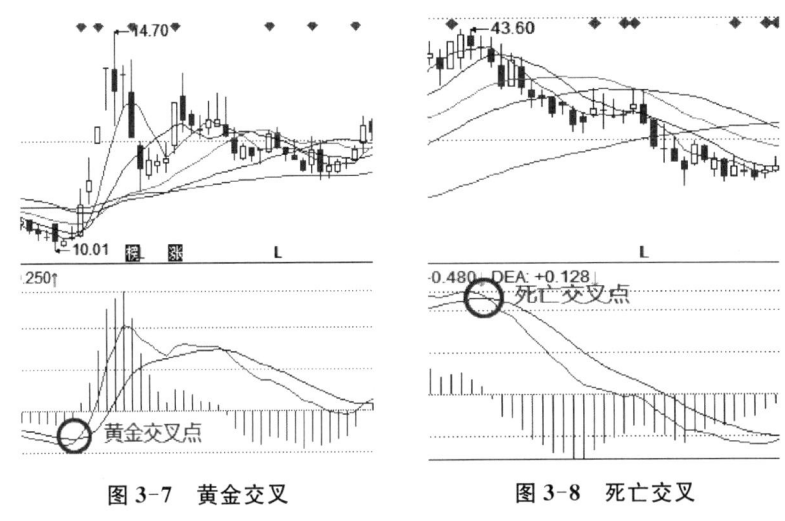

图 3-7 黄金交叉　　　　图 3-8 死亡交叉

(3) 顶背离:当股价指数逐波升高,而 DIF 及 DEA 不是同步上升,而是逐波下降,与股价走势形成顶背离,则预示股价即将下跌。如果此时出现 DIF 两次由上向下穿过 DEA,形成两次死亡交叉,则股价将大幅下跌(见图 3-9)。

(4) 底背离:当股价指数逐波下行,而 DIF 及 DEA 不是同步下降,而是逐波上升,与股价走势形成底背离,则预示股价即将上涨。如果此时出现 DIF 两次由下向上穿过 DEA,形成两次黄金交叉,则股价即将大幅上涨(见图 3-10)。

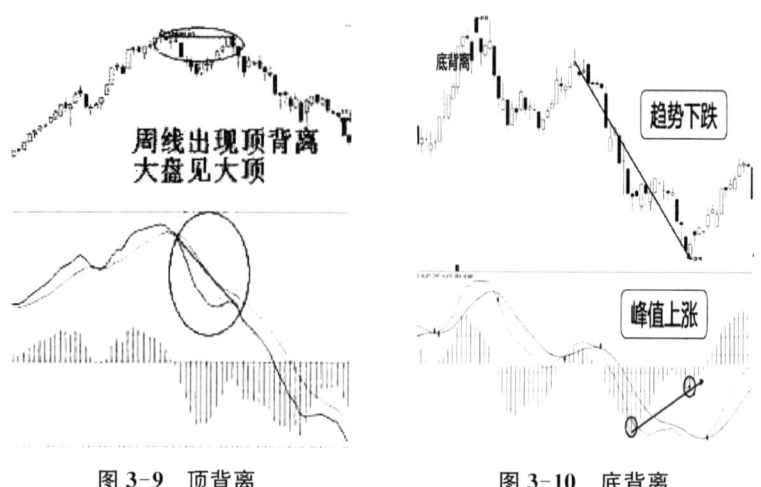

图 3-9 顶背离　　　　图 3-10 底背离

3. 应用 MACD 需注意的事项

(1) 一般来说,当 DIF 和 DEA 处于 0 轴以上时,属于多头市场,DIF 线自下而上穿越 DEA 线时是买入信号。DIF 线自上而下穿越 DEA 线时,如果两线值还处于 0 轴以上运行,仅仅只能视为一次短暂的回落,而不能确定其趋势转折,此时是否卖出还需要借助其他技术分析方法来进行综合判断。反过来,当 DIF 和 DEA 处于 0 轴以下时,同样需要借助其他技术分析方法来综合判断。

(2) 柱状线收缩和放大。一般来说,柱状线的持续收缩表明趋势运行的强度正在逐渐减弱,当柱状线颜色发生改变时,趋势确定转折。但在一些时间周期不长的 MACD 指标使用过程中,这一观点并不能完全成立。

(3) 形态和背离情况。MACD 指标也强调形态,当形态上 MACD 指标的 DIF 线与 MACD 线形成高位看跌形态,如头肩顶、双头等,应当保持警惕;反之应考虑买入。在判断形态时以 DIF 线为主,MACD 线为辅。当 MACD 出现背离情况时,要警惕,结合其他技术分析方法来判断是否应买入,但多次背离的信号会比较强烈,要考虑买进或卖出。

(4) 牛皮市道中指标容易失真。当价格并不是自上而下或自下而上运行,而是保持水平方向的移动时,称之为牛皮市值。此时虚假信号将在 MACD 指标中产生,指标 DIF 线与 MACD 线的交叉将会十分频繁,同时柱状线的收放也将频频出现,颜色也会常常由绿转红或者由红转绿,此时 MACD 指标处于失真状态,使用价值相应降低。

链接 3-3 超买超卖指标

二、超买超卖指标

(一) 威廉指标

威廉指标(WMS)最早起源于期货市场,由拉里·威廉姆斯(Larry Williams)于 1973 年首创。该指标通过分析一段时间内股价高低价位和收盘价之间的关系,来量度股市的超买超卖状态,依此作为短期投资信号的一种技术指标。目前,它已经成为中国股市中被广泛使用的指标之一。

1. WMS 的计算公式

WMS 的计算公式为：

$$WMS(n) = \frac{H_n - C_t}{H_n - L_n} \times 100$$

式中：C_t——当天的收盘价；

H_n、L_n——分别为最近 n 日内(包括当天)出现的最高价和最低价；

N——选定的时间参数,一般为 14 日或 20 日。

WMS 指标的含义是当天的收盘价在过去的一段时日全部价格范围内所处的相对位置。如果 WMS 的值比较小,则当天的价格处在相对较高的位置,要提防回落;如果 WMS 的值较大,则说明当天的价格处在相对较低的位置,要注意反弹。WMS 的取值范围为 0～1 000。

WMS 参数 n 的选择应该至少是循环周期的一半。中国股市的循环周期目前还没有明确的共识,在应用 WMS 时,应该多选择几个参数进行尝试。

2. WMS 的应用法则

WMS 的操作法则也是从两方面考虑：一是 WMS 的数值；二是 WMS 曲线的形状。

从 WMS 的取值方面考虑：

(1) 当 WMS 高于 80 时,处于超卖状态,行情即将见底,应当考虑买进。

(2) 当 WMS 低于 20 时,处于超买状态,行情即将见顶,应当考虑卖出。

这里 80 和 20 只是一个经验数字,并不是绝对的。同时,WMS 在使用过程中应该注意与其他技术指标相配合。在盘整过程中,WMS 的准确性较高；而在上升或下降趋势当中,却不能只以 WMS 超买超卖信号作为行情判断的依据。

从 WMS 的曲线形状考虑：

这里介绍背离原则以及撞顶和撞底次数的原则。

(1) 在 WMS 进入低数值区位后(此时为超买),一般要回头。如果这时股价还继续上升,就会产生背离,是卖出的信号。

(2) 在 WMS 进入高数值区位后(此时为超卖),一般要反弹。如果这时股价还继续下降,就会产生背离,是买进的信号。

(3) WMS 连续几次撞顶(底),局部形成双重或多重顶(底),则是卖出(买进)的信号。

这里需要说明的是,WMS 的顶部数值为 0,底部数值为 100。

(二) 随机指标

随机指标(KDJ),是由乔治·蓝恩(George Lane)首创的。与 WMS 一样,是期货和股票市场上最常用的技术分析工具之一。

1. KDJ 的计算公式

产生 KD 以前,先产生未成熟随机值 RSV(Raw Stochastic Value)。其计算公式为:

$$RSV(n) = \frac{C_t - L_n}{H_n - L_n} \times 100$$

式中,C_t、H_n、L_n 的意义同 WMS 计算公式,但要注意与 WMS 计算的不同之处。

对 RSV 进行 3 日指数平滑移动平均,得到 K 值:

今日 K 值=2/3×昨日 K 值+1/3×今日 RSV

对 K 值进行 3 日指数平滑移动平均,得到 D 值:

今日 D 值=2/3×昨日 D 值+1/3×今日 K 值

式中,1/3 是平滑因子,是可以人为选择的,不过目前已经约定俗成,固定为 1/3 了;初始的 K、D 值,可以用当日的 RSV 值或以 50 代替。

KD 是在 WMS 的基础上发展起来的,所以 KD 有 WMS 的一些特性。在反映股市价格变化时,WMS 最快,K 其次,D 最慢。K 指标反应敏捷,但容易出错;D 指标反应稍慢,但稳重可靠。

J 是 D 加上一个修正值,计算公式为:

$$J = 3D - 2K = D + 2(D - K)$$

2. KDJ 的应用法则

KDJ 指标是 3 条曲线,在应用时主要从 5 个方面进行考虑:KD 的取值的绝对数字、KD 曲线的形态、KD 指标的交叉、KD 指标的背离和 J 指标的取值大小。

(1) 从 KD 的取值方面考虑。KD 的取值范围都是 0~100,将其划分为几个区域:80 以上为超买区,20 以下为超卖区,其余为徘徊区(见图 3-11)。

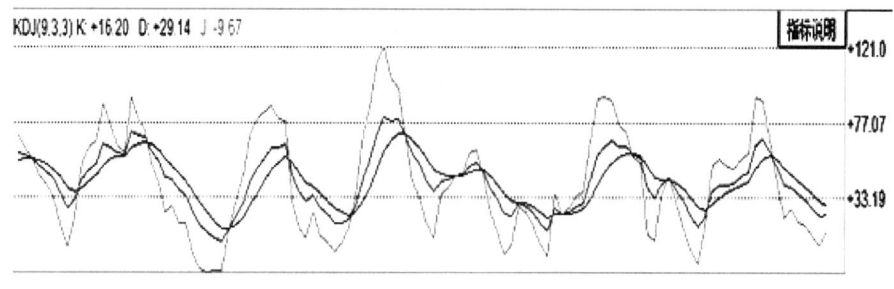

图 3-11 K 值、D 值、J 值取值范围

当 KD 超过 80 时,是卖出信号;低于 20 时,是买入信号。应该说明的是,上述划分只

是 KD 指标应用的初步过程,仅仅是信号,完全按这种方法进行操作很容易招致损失。

(2) 从 KD 指标曲线的形态方面考虑。当 KD 指标在较高或较低的位置形成头肩形和多重顶(底)时,是采取行动的信号。这些形态一定要在较高位置或较低位置出现,位置越高或越低,结论越可靠(见图 3-12)。

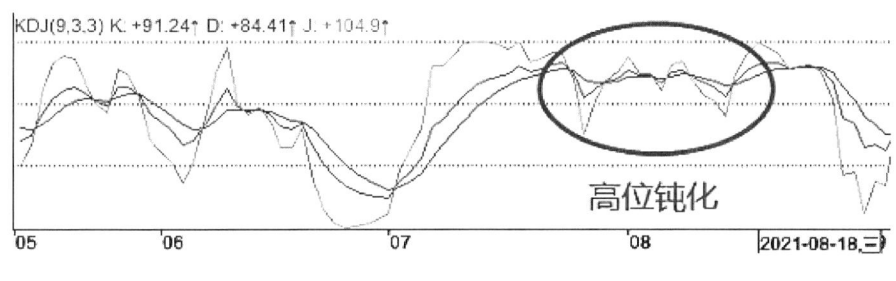

图 3-12 钝化

对于 KD 的曲线,也可以画趋势线,以明确 KD 的趋势。在 KD 的曲线图中仍然可以引进支撑和压力的概念。某一条支撑线和压力线被突破,也是采取行动的信号。

(3) 从 KD 指标的交叉方面考虑。K 线与 D 线的关系就如同股价与 MA 的关系一样,也有死亡交叉和黄金交叉的问题。不过这里交叉的应用较为复杂,还附带很多其他条件(见图 3-13)。

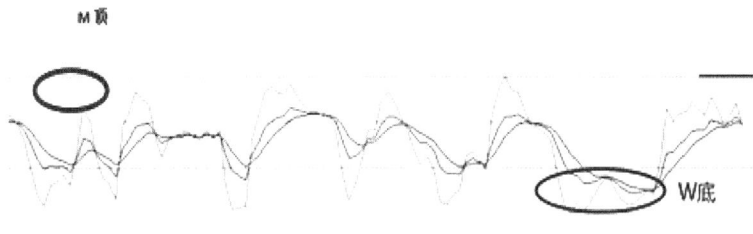

图 3-13 交叉

以 K 线从下向上与 D 线交叉为例:K 线上穿 D 线是金叉,为买入信号。但是出现了金叉是否应该买入,还要看别的条件。第一个条件是金叉的位置应该比较低,是在超卖区的位置,越低越好。第二个条件是与 D 线相交的次数。有时在低位,K 线、D 线要来回交叉好几次。交叉的次数以 2 次为最少,越多越好。第三个条件是交叉点相对于 KD 线低点的位置,这就是常说的"右侧相交"原则。K 线是在 D 线已经抬头向上时才同 D 线相交,比 D 线还在下降时与之相交要可靠得多。

(4) 从 KD 指标的背离方面考虑。当 KD 处在高位或低位,如果出现与股价走向的背离,则是采取行动的信号。当 KD 处在高位,并形成两个依次向下的峰,而此时股价还在一个劲地上涨,这叫顶背离,是卖出的信号;与之相反,KD 处在低位,并形成一底比一底高,而股价还继续下跌,称为底背离,是买入信号(见图 3-14)。

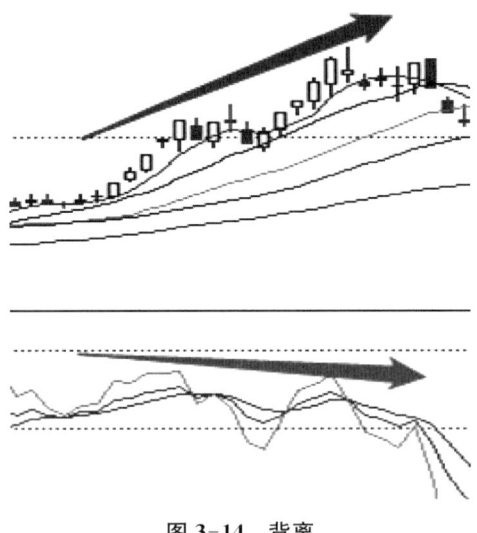

图 3-14 背离

(5) 在实际使用中,常用 J 线指标。J 线指标常领先于 KD 值显示曲线的底部和头部。J 指标的取值超过 100 和低于 0,都属于价格的非正常区域,大于 100 为超买,小于 0 为超卖。

另外,随机指数还有一些理论上的转向讯号:当 K 线和 D 线上升或下跌的速度减弱,出现屈曲,通常表示短期内会转势;K 线在上升或下跌一段时期后,突然急速穿越 D 线,显示市势短期内会转向;K 线跌至 0 时通常会出现反弹至 20～50,短期内应回落至 0 附近,然后市势才开始反弹;如果 K 线升至 100,情况则刚好相反。

(三) 相对强弱指标

相对强弱指标(RSI)是与 KDJ 指标齐名的常用技术指标。RSI 以一特定时期内股价的变动情况推测价格未来的变动方向,并根据股价涨跌幅度显示市场的强弱。

1. RSI 的计算公式

RSI 通常采用某一时期(n 天)内收盘指数的结果作为计算对象,来反映这一时期内多空力量的强弱对比。RSI 将 n 日内每日收盘价或收盘指数涨数(即当日收盘价或指数高于前日收盘价或指数)的总和作为买方总力量 A,而 n 日内每日收盘价或收盘指数跌数(即当日收盘价或指数低于前日收盘价或指数)的总和作为卖方总力量 B。

先找出包括当日在内的连续 $n+1$ 日的收盘价,用每日的收盘价减去上一日的收盘价,可得到 n 个数字。这 n 个数字中有正有负。$A=n$ 个数字中正数之和;$B=n$ 个数字中负数之和$\times(-1)$。其计算公式为:

$$RSI(n)=\frac{A}{A+B}\times 100$$

式中:A——n 日中股价向上波动的大小;

B——n日中股价向下波动的大小；

$A+B$——股价总的波动大小。

RSI实际上是表示股价向上波动的幅度占总波动的百分比。如果比例大就是强市，否则就是弱市。

RSI的参数是天数n，一般取5日、9日、14日等。RSI的取值范围介于0～100。

2. RSI的应用法则

（1）根据RSI取值的大小判断行情。将100分成4个区域，根据RSI的取值落入的区域进行操作。划分区域的方法如表3-1所示。"极强"与"强"的分界线和"极弱"与"弱"的分界线是不明确的，它们实际上是一个区域。例如，也可以取30、70或者15、85。应该说明的是，分界线位置的确定与RSI的参数和选择的股票有关。一般而言，参数越大，分界线离50越近；股票越活跃，RSI所能达到的高度越高，分界线离50应该越远。

表 3-1 区域划分

RSI值	市场特征	投资操作
80～100	极强	卖出
50～80	强	买入
20～50	弱	卖出
0～20	极弱	买入

（2）两条或多条RSI曲线的联合使用。参数小的RSI为短期RSI，参数大的RSI为长期RSI。两条或多条RSI曲线的联合使用法则与两条均线的使用法则相同，即短期RSI＞长期RSI，应属多头市场；短期RSI＜长期RSI，则属空头市场。当然，这两条只是参考，不能完全照此操作。

（3）从RSI的曲线形状判断行情。当RSI在较高或较低的位置形成头肩形和多重顶（底），是采取行动的信号。这些形态一定要出现在较高位置和较低位置，离50越远，结论越可靠。

另外，也可以利用RSI上升和下降的轨迹画趋势线，此时，起支撑线和压力线作用的切线理论同样适用。

（4）从RSI与股价的背离方面判断行情。RSI处于高位，并形成一峰比一峰低的两个峰，而此时，股价却对应的是一峰比一峰高，为顶背离，是比较强烈的卖出信号。与此相反的是底背离；RSI在低位形成两个底部抬高的谷底，而股价还在下降，是可以买入的信号。

（四）乖离率指标

乖离率指标(BIAS)是测算股价与移动平均线偏离程度的指标，其基本原理是：如果股价偏离移动平均线太远，不管是在移动平均线上方或下方，都有向平均线回归的要求。

1. BIAS的计算公式

BIAS的计算公式为：

$$BIAS(n) = \frac{C_t - MA(n)}{MA(n)} \times 100\%$$

式中：C_t——n 日中第 t 日的收盘价；

$MA(n)$——n 日的移动平均数；

n——BIAS 的参数。

分子为收盘价与移动平均的距离，可正可负，除以分母后，就是相对距离。一般说来，参数选得越大，允许股价远离 MA 的程度就越大。换句话说，股价远离 MA 到了一定程度，就认为该回头了。

2. BIAS 的应用法则

(1) 从 BIAS 的取值大小和正负考虑。一般来说，正的乖离率愈大，表示短期多头的获利愈大，获利回吐的可能性愈高；负的乖离率愈大，则空头回补的可能性也愈高。在实际应用中，一般预设一个正数或负数，只要 BIAS 超过这个正数，投资者就应该感到危险而考虑抛出；只要 BIAS 低于这个负数，投资者就感到机会可能来了而考虑买入。问题的关键是找到这个正数或负数，它是采取行动与静观的分界线。这条分解线与 3 个因素有关，即 BIAS 参数、所选择股票的性质以及分析时所处的时期。

一般来说，参数越大，股票越活跃，选择的分界线也越大。但乖离率达到何种程度为正确的买入点或卖出点，目前并无统一的标准，投资者可凭经验和对行情强弱的判断得出综合的结论。

(2) 从 BIAS 的曲线形状方面考虑。形态学和切线理论在 BIAS 上也可以适用，主要是顶背离和底背离的原理。

(3) 从两条 BIAS 线结合方面考虑。当短期 BIAS 在高位下穿长期 BIAS 时，是卖出信号；在低位，短期 BIAS 上穿长期 BIAS 时是买入信号。

三、人气型指标

(一) 心理线指标

心理线指标(PSY)是从投资者的买卖趋向心理方面，将一定时期内投资者看多或看空的心理事实转化为数值，来研判股价未来走势的技术指标。

1. PSY 的计算公式

PSY 的计算公式为：

$$PSY(n) = \frac{A}{n} \times 100$$

式中：N——天数，是 PSY 的参数；

A——n 天之中股价上涨的天数。

在实际应用中，n 一般定为 12 日。

例如，$n=12$，12 天之中有 3 天上涨，9 天下跌，则 $A=3$，$PSY(12)=25$。

这里的上涨和下跌的判断以收盘价为准。

PSY 的取值范围是 0~100，以 50 为中心，50 以上是多方市场，50 以下是空方市场。PSY 参数的选择是人为的，参数选得越大，PSY 的取值范围越集中、越平稳。

2. PSY 的应用法则

（1）PSY 的取值在 25~75，说明多空双方基本处于平衡状态。如果 PSY 的取值超出了这个平衡状态，则是超卖或超买。

（2）PSY 的取值过高或过低，都是行动的信号。一般说来，如果 PSY<10 或 PSY>90 这两种极端情况出现，是强烈的买入和卖出信号。

（3）PSY 的取值第一次进入采取行动的区域时，往往容易出错。一般都要求 PSY 进入高位或低位两次以上才能采取行动。

（4）PSY 的曲线如果在低位或高位出现大的 W 底或 M 头，也是买入或卖出的行动信号。

（5）PSY 线一般可同股价曲线配合使用，这时，前面讲到的背离原则在 PSY 中也同样适用。

心理线指标显示的买卖信号一般为事后现象，事前并不能十分确切地预测。同时，投资者的心理偏好又受诸多随机因素影响，随时调整，不易捉摸。特别是在一个投机气氛浓厚、投资者心态不十分稳定的股市中，心理线的运用有其局限性（见图 3-15）。

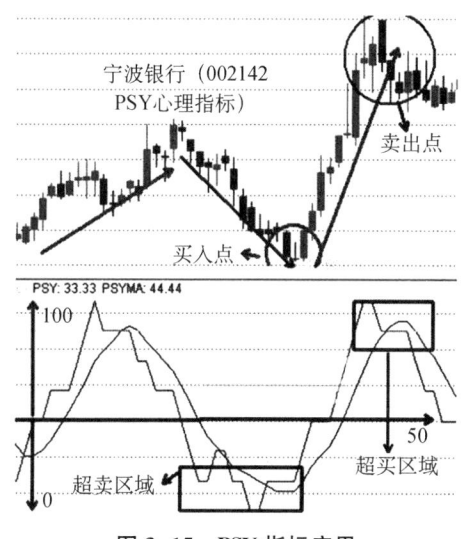

图 3-15　PSY 指标应用

（二）能量潮指标

能量潮指标（OBV），即平衡交易量，人们更多地称其为能量潮，它是葛兰碧在 20 世纪

60年代提出来的。该指标的理论基础是市场价格的有效变动必须有成交量配合,量是价的先行指标。利用OBV可以验证当前股价走势的可靠性,并可以得到趋势可能反转的信号。比起单独使用成交量来,OBV看得更清楚。

1. OBV的计算公式

假设已经知道了上一个交易日的OBV,则:

$$今日OBV = 昨日OBV + \text{sgn} \times 今天的成交量$$

其中,sgn是符号函数,其数值由下式决定:

sgn=+1　　　今日收盘价≥昨日收盘价
sgn=-1　　　今日收盘价≤昨日收盘价

这里的成交量指的是成交股票的手数,不是成交金额。sgn=+1时,其成交量计入多方的能量;sgn=-1时,其成交量计入空方的能量。

计算OBV时的初始值可自行确定,一般用第一日的成交量代替。

2. OBV的应用法则和注意事项

(1) OBV不能单独使用,必须与股价曲线结合使用才能发挥作用。

(2) OBV曲线的变化对当前股价变化趋势的确认。

(3) 当股价上升(下降),而OBV也相应地上升(下降),则可确认当前的上升(下降)趋势。当股价上升(下降),但OBV并未相应地上升(下降),出现背离现象,则对目前上升(下降)趋势的认定程度要大打折扣。OBV可以提前告诉我们趋势的后劲不足,有反转的可能;形态学和切线理论的内容也同样适用于OBV曲线。

(4) 在股价进入盘整区后,OBV曲线会率先显露出脱离盘整的信号,向上或向下突破,且成功率较大。

(5) OBV线是预测股市短期波动的重要判断指标,能帮助投资者确定股市突破盘局后的发展方向;而且OBV的走势,可以局部显示出市场内部主要资金的流向,有利于告知投资者市场内的多空倾向。

四、大势型指标

大多数技术指标都是既可应用于个股,又可应用于大盘指数。大势型指标主要对整个证券市场的多空状况进行描述,它只能用于研判证券市场整体形势,而不能应用于个股。

一般来说,描述股市整体状况的指标是综合指数,如道琼斯指数、上证指数等,但无论哪种指数都不可能面面俱到,总有不尽如人意的地方。以下介绍的ADL、ADR和OBOS 3个指数从某个角度讲,能够弥补综合指数的不足,提前向投资者发出信号。

(一)腾落指数

腾落指数(Advance/Recline Line,ADL),即上升下降曲线的意思。ADL 是以股票每天上涨或下跌的家数作为观察的对象,通过简单算术加减来比较每日上涨股票和下跌股票家数的累积情况,形成升跌曲线,并与综合指数相互对比,对大势的未来进行预测。

1. ADL 的计算公式

假设已经知道了上一个交易日的 ADL 的取值,则今天的 ADL 值为:

$$今日\ ADL = 昨日\ ADL + N_A - N_D$$

式中:N_A——当天所有股票中上涨的家数;

N_D——当天下跌的股票家数。

涨跌的判断标准是以今日收盘价与上一日收盘价相比较(无涨跌者不计)。ADL 的初始值可取为 0。

2. ADL 的应用法则

(1) ADL 的应用重在相对走势,而不看重取值的大小。这与 OBV 相似。

(2) ADL 不能单独使用,要同股价曲线联合使用才能显示出作用:①ADL 与股价同步上升(下降),创新高(低),则可以验证大势的上升(下降)趋势,短期内反转的可能性不大,这是一致的现象;②ADL 连续上涨(下跌)了很长时间(一般是 3 天),而指数却向相反方向下跌(上升)了很长时间,这是买进(卖出)信号,至少有反弹存在。这是背离的一种现象;③在指数进入高位(低位)时,ADL 并没有同步行动,而是开始走平或下降(上升),这是趋势进入尾声的信号。这也是背离现象;④ADL 保持上升(下降)趋势,指数却在中途发生转折,但很快又恢复原有的趋势,并创新高(低),这是买进(卖出)信号,是后市多方(空方)力量强盛的标志。

(3) 形态学和切线理论的内容也可以用于 ADL 曲线。

(4) 经验证明,ADL 对多头市场的应用比对空头市场的应用效果好。

(二)涨跌比指标

涨跌比指标(Advance/Decline Ratio,ADR)是根据股票的上涨家数和下跌家数的比值,推断证券市场多空双方力量的对比,进而判断出证券市场的实际情况。

1. ADR 的计算公式

ADR 的计算公式为:

$$ADR(n) = \frac{P_1}{P_2}$$

式中:$P_1 = \sum N_A$,为 n 日内股票上涨家数之和;

$P_2 = \sum N_D$,为 n 日内股票下跌家数之和;

n——选择的天数,是 ADR 的参数。

目前,n 比较常用的参数为 10。ADR 的取值不小于 0。

ADR 的图形以 1 为中心上下波动,波动幅度取决于参数的选择。参数选择得越小,ADR 波动的空间就越大,曲线的起伏就越剧烈;参数选择得越大,ADR 波动的幅度就越小,曲线上下起伏越平稳。

2. ADR 的应用法则

从 ADR 的取值看大势。ADR 在 0.5~1.5 之间是常态情况,此时多空双方处于均衡状态。在极端特殊的情况下,如出现突发的利多、利空消息引起股市暴涨暴跌时,ADR 常态的上限可修正为 1.9,下限修正为 0.4。超过了 ADR 常态状况的上下限,就是采取行动的信号,表示上涨或下跌的势头过于强烈,股价将有回头的可能。ADR 处于常态时,买进或卖出股票都没有太大的把握。

ADR 可与综合指数配合使用,其应用法则与 ADL 相同,也有一致与背离两种情况。

从 ADR 曲线的形态上看大势。ADR 从低向高超过 0.5,并在 0.5 上下来回移动几次,是空头进入末期的信号。ADR 从高向低下降到 0.75 之下,是短期反弹的信号。ADR 先下降到常态状况的下限,但不久就上升并接近常态状况的上限,则说明多头已具有足够的力量将综合指数拉上一个台阶。

在大势短期回档或反弹方面,ADR 有先行示警作用。若股价指数与 ADR 成背离现象,则大势即将反转。

(三) 超买超卖指标

超买超卖指标(Over Bought Over Sold,OBOS),也是运用上涨和下跌的股票家数的差距对大势进行分析的技术指标。与 ADR 相比,其含义更直观,计算更简便。

1. OBOS 的计算公式

OBOS 是用一段时间内上涨和下跌股票家数的差距来反映当前股市多空双方力量的对比和强弱。

OBOS 的计算公式为:

$$OBOS(n) = \sum N_A - \sum N_D$$

式中,$\sum N_A$、$\sum N_D$ 分别表示 n 日内每日上涨股票家数的总和与每日下跌股票家数的总和;天数 n 为 OBOS 的参数,一般选 $n=10$。

OBOS 的多空平衡位置是 0,也就是 $\sum N_A = \sum N_D$ 的时候。当 $OBDS > 0$ 时,多方占优势;当 $OBOS < 0$ 时,空方占优势。

2. OBOS 的应用法则

根据 OBOS 的数值判断行情。当 OBOS 的取值在 0 附近变化时,市场处于盘整时期;当 OBOS 为正数时,市场处于上涨行情;当 OBOS 为负数时,市场处于下跌行情。当

OBDS达到一定正数值时,大势处于超买阶段,可择机卖出;反之,当OBOS达到一定负数时,大势超卖,可伺机买进。至于OBOS超买超卖的区域划分,受上市股票总的家数、参数的选择的直接影响。其中,参数选择可以确定,参数选择得越大,OBOS一般越平稳;但上市股票的总家数则是不能确定的因素。这是OBOS的不足之处。

当OBOS的走势与指数背离时,是采取行动的信号,大势可能反转。

形态理论和切线理论中的结论也可用于OBOS曲线。

当OBOS曲线第一次进入发出信号的区域时,应该特别注意是否出现错误。

OBOS比ADR的计算简单、直观易懂,所以使用OBOS的时候较多,使用ADR的时候较少,但放弃ADR是不对的。

任务三 智能投顾的技术体系

案例导入

"AI+金融"加速落地 金融科技变革渐入深水区

人工智能与金融业务的深度融合,已经成为推动金融机构转型的新引擎和防范化解金融风险的新利器。2021年世界人工智能大会上,"AI+金融"作为人工智能技术最重要的应用场景,被众多企业作为案例进行展示。业界认为,展望未来,随着人工智能技术在金融业应用的深度与广度推进,智能金融将成为金融业核心竞争力。

智能投顾、车险理赔一体化平台、多模态虚拟数字人……在2021世界人工智能大会展区现场,记者看到,众多"镇馆"AI产品首次亮相,围绕金融便民服务、数字化赋能等方向,金融机构自信展示人工智能上的最新前沿探索。

中国平安旗下的"金融壹账通"带来了"智能认购签约解决方案"及"智能审单解决方案",充分诠释了AI协作在投资领域提升管理效能方面的优势。其中"智能认购签约解决方案"依托多类智能工具,使流程自动化率达90%、标准化率达100%;交通银行展厅则开辟了裸眼3D虚拟主播互动区、沉浸式金融服务体验区等。

"智能金融将成为金融业核心竞争力"。交通银行董事长任德奇指出,金融天生是以数据形式存在的,在人工智能与实体近来融合过程中,金融具有天然的数据优势,从当前时间来看,金融机构集结探索人工智能应用也是大势所趋。

科研能力决定技术实力,近年来,金融业纷纷加码科技研发投入。银保监会数据显示,2020年银行信息科技投入规模达到2 078亿元,同比增速超过25%。

浦发银行行长潘卫东表示,"人工智能正在开启从技术创新到普及再到变革的全新发展循环。在这个时代,打造负责任、可信赖、更普适、广开放的AI,是我们的愿景,更是我们共同的使命。"

业界认为，人工智能技术的广泛应用，已成为商业银行服务实体经济、防控金融风险、深化金融改革的重要驱动力。麦肯锡的报告展望，越来越多银行业领军者开始通过系统性方法部署高级人工智能，并将其整合到贯穿前后台的数字化经营全生命周期之中，预计 AI 技术每年可为全球银行业创造高达 1 万亿美元的增量价值。

思考：
1. 智能投顾的底层技术有哪些？
2. 未来智能投顾还有哪些新技术趋势？

智能投顾运用云计算、大数据、人工智能等技术将资产组合理论等其他金融投资理论应用到模型中，再将投资者风险偏好、财务状况及理财规划等变量输入模型，为用户生成自动化、智能化、个性化的资产配置建议，并对组合实现跟踪和自动调整。目前发展起来的核心技术有用户画像、推荐引擎、大数据挖掘、AI 投资算法。

一、用户画像

用户画像，即将用户信息标签化，通过收集与分析消费者社会属性、生活习惯、行为特征等主要信息的数据之后，抽象分析出用户商业全貌的过程。用户画像依赖于大数据，并且要根据变化的数据不断修正。智能投顾是通过用户画像以各式各样的标签来"理解"用户的特点，然后自动给特定用户提供真正所需的服务。用户画像能给智能投顾带来商业价值。在对用户进行基本信息、财务状况、投资知识、投资经验、风险偏好、风格偏好、策略偏好、行业偏好等维度画像后，智能投顾就可以将不同的投资组合推荐给匹配的用户。

用户画像已经成为智能投顾的刚需。智能投顾用户画像的商业价值如下：

（1）精准营销：推荐用户感兴趣的股票、债券、基金等。
（2）用户研究：指导产品优化，产品功能的私人定制等。
（3）个性服务：智能资讯推荐、个性化资产配置建议等。
（4）活跃用户：提高交易活跃度，提高用户体验和黏性。

二、推荐引擎

推荐引擎，即借助个性化推荐技术，基于用户的基本信息，从用户的行为和偏好中发现规律，进而判断用户是否对此项产品感兴趣，为不同用户提供个性化的内容，以此提升产品的内容吸引力。其实质是利用信息过滤技术向用户推荐其可能感兴趣的产品。根据实际各类推荐算法应用情况看，协同过滤推荐算法（即 CF 算法）比较适合金融机构采用，可尝试应用在智能投顾产品当中。

协同过滤推荐算法基于一个"物以类聚,人以群分"的假设,喜欢相同物品的用户更有可能具有相同的兴趣。基于协同过滤的推荐系统一般应用于有用户评分的系统之中,通过分数去刻画用户对于物品的喜好。协同过滤被视为利用集体智慧的典范,不需要对项目进行特殊处理,而是通过用户建立物品与物品之间的联系。目前,协同过滤推荐系统被分化为两种类型:基于用户(User-based)的推荐和基于产品(Item-based)的推荐。

基于用户的推荐系统具体步骤包括:

1. 收集用户偏好:从行为和交易中寻找用户喜好

用户偏好应从用户的行为和交易中发现规律,并基于此进行推荐。从财富管理产品内部来看,用户的历史交易记录也就是购买的金融产品是最简单有效的偏好分析依据,此外还包括线下咨询、线上(网页或 App)对某项服务的点击流、页面停留时间等,对不同行为产生的用户喜好进行加权,然后求出用户对某项金融产品的总体喜好,以此来表示用户对产品的喜好程度。例如,通过计算得出目标客户 A,与其他客户 B、C、D 情况。

2. 相似性计算:计算与目标客户最相似的 N 个用户

对用户的行为分析得到用户的喜好后,可以根据用户的喜好计算相似用户和产品,然后可以基于相似用户或产品进行推荐。所谓计算相似度,有两个比较经典的算法,Jaccard 算法和余弦距离相似性算法,本质上需要做的还是求两个向量的相似程度,使用哪种算法则需结合实际情况。

以基于用户的相似性推荐为例:为计算与目标客户最相似的 N 个用户,最直接的办法就是把目标用户和数据库中的所有用户进行比较,找出和目标用户最相似的 N 个用户。以前文 A 为例,通过用户的相似性计算,目标客户 A 与 D 相似度高,基于用户的推荐算法将向 A 推荐股票、债券和基金。

但是当数据量巨大的时候,计算 N 个相似用户的时间将会非常长,而数据库中的大部分用户和目标客户 A 在产品偏好方面不存在交集,故无需计算所有用户,只需计算和 A 有交集的用户。这里将用到用户的反查表,即偏好股票的有 A、B、D,偏好基金的有 A、D,通过反查表,与目标 A 有交集的用户只有 B 和 D,而用户 C 被排除。

然后使用相似性公式(Jaccard 算法或余弦距离算法),分别计算目标客户 A 和 B、A 与 D 的相似度,不管使用哪个公式,A 与 D 相似度最高,但如果此时 N 设定为 2,那么就得出了与目标客户最相邻的用户是 D 和 B。

3. 计算并推荐:通过 N 个用户推荐产品

通过相似性计算,根据 D 和 B 的偏好,可推荐给目标 A 的产品有股票、债券、货币、基金、另类资产共 5 种产品,如何确定上述 5 种产品的推荐排序,以提高推荐成功效率。这里要使用到相似度,假如使用算法得出 A 与 D 的相似度为 80%,A 与 B 的相似度为 40%,那么对于上述 5 种产品,推荐度可按以下方法计算:

股票：$1\times0.4+1\times0.8=1.2$

债券：$1\times0.4+1\times0.8=1.2$

基金：$1\times0.8=0.8$

货币：$1\times0.4=0.4$

另类资产：$1\times0.4=0.4$

所以，推荐系统会首先把股票和债券推荐给 A，这个可能是 A 最需要的，其次是基金、货币和另类资产。

三、大数据挖掘

通过网络爬虫等方式获取文本、图片等内容，基于自然语言处理、图像识别等技术，从网络文本、图片中提取关键信息。例如，从公告中提取公司财务数据，从研报中获取一致预期数据，构建网络舆情系统监测行业和概念热点。公司公告（股东大会、重大利好、增发、交易提示、配股、股权股本、重大事项）和财务报表（年报中报季报、业绩预告、业绩快报）、分析师的研究报告、股吧论坛帖子、微博微信社交网络、新闻媒体报道、搜索引擎返回信息呈现给大家的大都是一些非结构化的信息，采用文本挖掘的方法对这些非结构化数据中的金融信息进行挖掘，从而可以在智能投顾中为客户精准推送产品和资讯，辅助客户的投资决策。

文本挖掘是通过分析互联网，从大量文本数据中寻找其规律的技术。互联网数据具有数据量大、数据结构复杂、数据内容分散等特点，呈现出爆炸性增长的趋势。为了从中提取出有效信息，必须选择合适的数据挖掘策略。文本挖掘需要进行大量的数据采集和运算等，其基本挖掘流程划分成内容采集、内容挖掘和行为分析。

1. 内容采集

进行互联网文本数据挖掘的基础是数据的真实性和有效性，内容采集主要包括以下两个方面。

（1）页面内容爬取。这是将网页的内容通过爬虫获取的部分，分析页面代码格式，进行网页代码的编码转换等，尽可能获取自己需要的信息。

（2）页面垃圾过滤。页面中不可避免地会存在大量的垃圾信息，这些信息严重干扰到对后期信息挖掘的准确性，页面垃圾过滤机制会找出包括广告在内的段落以及其他对内容挖掘无效的部分，并将其清除，不进入内容挖掘部分。

2. 内容挖掘

主要是对需要的特定信息进行提取，该阶段处理后的文本数据是后期进行分词、情感分析的基础。

3. 行为分析

整个文本挖掘过程的重点和难点是分词和情感分析，对于海量文本信息而言，程序的处理速度也是至关重要的一点。

四、AI 投资算法

AI 投资策略这块主要采用机器学习算法,整合市场数据,构建性能更好的预测模型,判断资产在未来一段时间的走势;通过优化决策,构建更好的交易信号。

以机器学习预测模型为例,完整的机器学习步骤包含预处理、学习、验证、预测。

机器学习主要分为 3 种类型,监督学习(Supervised Learning)、无监督学习(Unsupervised Learning)和强化学习(Reinforcement Learning)。这里用主流分类方法来介绍机器学习在量化投资中的应用,实际上,各种方法的应用模式可以互相交叉。

1. 监督学习

监督学习的主要目的是使用有类标的训练数据构建模型,可以使用经训练得到的模型对未来数据进行预测。监督是指训练数据集中的每个样本均有一个已知的输出项。如使用回归预测连续输出值,回归的方法有 OLS 回归、岭回归、LASSO 回归等;利用分类对类标进行预测,分类的方法有 Logit 回归、SVM、决策树、随机森林、KNN、神经网络、深度学习等。

2. 无监督学习

将无类标数据或者总体分布趋势不明朗的数据,通过无监督学习,可以在没有已知输出变量和反馈函数指导的情况下提取有效信息来探索数据的整体结构,从而发现数据的潜在规律。如通过聚类对无类标数据的潜在模式进行挖掘,聚类的方法有 K-means、层次聚类等;对数据实现压缩降维,降维的方法有主成分分析(PCA)、线性判别分析(LDA)等。

3. 强化学习

强化学习的目标是构建一个系统,在与环境交互的过程中提高系统的性能。通过与环境的交互,系统可以通过强化学习来得到一系列行为,通过探索性的试错或者借助精心设计的激励系统使得正向反馈最大化。强化学习有 4 个基本组件,包括输入:环境(States)、动作(Actions)、回报(Rewards)以及输出:方案(Policy)。和监督学习不同,强化学习没有确定的标签,需要机器自己摸索,每一个动作对应一个奖赏,最后对得到一个奖赏最大的方式进行数据处理。AlphaGo 就是一个强化学习的实例。强化学习的主要算法有:Sarsa、Q 学习、策略梯度、Actor-Critic 学习、深度 Q 网络等。

 **总结回顾**

本项目主要讲述了技术分析的指标特点和分类;介绍了四大类指标的应用,趋势型指

标:如 MA、MACD;超买、超卖型指标,如 WMS、KDJ、RSI、BIAS;人气型指标,如 PSY、OBV;大势型指标,如 ADL、ADR、OBOS。介绍了目前智能投顾发展起来的技术,包括目前发展起来的核心技术有用户画像、推荐引擎、大数据挖掘、AI 投资算法。使学生能够掌握目前智能投顾的基本技术指标及技术防范,并能够结合市场实际,达到学以致用,做出自己的技术分析。

 **课后实践**

一、单选题

1. 以股票每天上涨或下跌的数量作为计算与观察的对象,以了解股市人气状况,探测股市内在的资金动能是强势还是弱势,用以研判股市未来动向的技术性指标是(　　)。
   A. ADL 指标　　　　B. ADR 指标　　　　C. OBOS 指标　　　　D. 涨跌比率

2. 关于趋势线,下列说法正确的是(　　)。
   A. 趋势线分为长期趋势线与短期趋势线两种
   B. 反映价格变动的趋势线是一成不变的
   C. 价格不论是上升还是下跌,在任一发展方向上的趋势线都只有一条
   D. 在上升趋势中,将两个高点连成一条直线,就得到上升趋势线;在下降趋势中,将两个低点连成一条直线,就得到下降趋势线

3. 表示市场处于超买或超卖状态的技术指标是(　　)。
   A. PSY　　　　　B. BIAS　　　　　C. MACD　　　　　D. WMS

4. 如果遇到由于突发的利多或利空消息而产生股价暴涨暴跌的情况,下列属于数据分界线特性的是(　　)。
   A. 对于综合指数,BIAS(10)>35% 为抛出时机
   B. 对于综合指数,BIAS(10)<20% 为买入时机
   C. 对于个股,BIAS(10)>30% 为抛出时机
   D. 对于个股,BIAS(10)<-15% 为买入时机

二、多选题

1. 形态类技术分析方法中,价格图表中主要的轨迹形态有(　　)。
   A. M 头　　　　　B. W 底　　　　　C. 头肩顶　　　　　D. 头肩底

2. 出现了金叉是否应该买入,还要判断以下(　　)条件。
   A. 金叉的位置应该比较低,是在超卖区的位置,越低越好
   B. 交叉的次数以 2 次为最少,越多越好

C. 右侧相交

D. KD处在高位,并形成两个依次向下的峰

3. 利用MACD进行行情预测,主要是从（　　）方面进行。

A. 切线理论 B. 指标背离原则

C. DIF和DEA的取值 D. DIF和DEA的相对取值

三、判断题

1. 支撑线和压力线的作用是在较长的时间内阻止股价向一个方向继续运动。

　　对　　错

2. 一条支撑线如果被跌破,那么这一支撑线将成为压力线。

　　对　　错

3. OBV和ADL都不能单独使用,要同股价曲线联合使用才能显示出作用。

　　对　　错

4. K、D指标是在WMS的基础上发展起来的,所以KD有WMS的一些特性。

　　对　　错

5. K线上穿D线的右侧相交是指K线在D线已经抬头向上时才同D线相交,比D线还在下降时与之相交,信号要可靠得多。

　　对　　错

四、简答题

1. 技术分析有哪几类分析指标？

2. 智能投顾的新技术有哪些？

五、操作实训

1. 找一段个股最近的行情,说明在这段行情中MA、MACD、RSI、KDJ及布林通道的特点,预测股票价格的未来走势,说明理由,并追踪判断的准确性,以积累经验。

2. 在实盘中观察DMI指标的运行规律,掌握其应用法则。

项目四 智能投顾宏观经济分析

学习目标

了解宏观经济运行对证券市场的影响;掌握宏观经济政策对证券市场的影响;理解国际金融市场环境对证券市场的影响。

能够通过各种渠道查找宏观经济的各种数据,分析评价宏观经济的整体状况,并随时关注与跟进。

学会查找国家经济政策措施及理解国家实施该政策的理由,并综合各种经济评论,可以自主判断国家经济政策实施的整体效果及对证券市场影响的预测;关注国际金融市场的动态,能根据相关经济评论理解其与我国证券市场的联动性因素,为个人的投资决策服务。

任务一 宏观经济分析概述

2021年中国宏观经济预测:货币政策持续稳健 财政支出可能收紧

2021年7月23日,国民经济"生存力、竞争力、发展力、持续力"——2021年二季度经济形势分析报告发布与研讨会在北京举行。活动期间,东北财经大学国民经济工程实验室"中国宏观经济形势分析与预测"课题组发布了《中国宏观经济分析与预测报告2021Q2》。

报告指出,2021年是《国民经济和社会发展第十四个五年规划和2035年远景目标纲要》实施的第一年,也是开启全面建设社会主义现代化国家新征程的开局之年。课题组利用国际最流行的宏观经济预测方法——即时预报(Nowcasting),根据中国2011年7月~2021年6月的24个主要宏观经济指标月度和季度混频数据,得到GDP季度增速和其他宏观经济指标的月度增速预测结果。

模型预测结果显示,2021年二季度的名义GDP同比增速达到11.07%,但随后的三季度至四季度的名义GDP同比增速逐渐回落至10%左右,分别为10.12%、9.79%,全年名义GDP同比增速为12.68%。扣除价格因素的影响,我国2021年下半年两个季度的实际GDP同比增速分别为:6.81%和5.62%,全年实际GDP同比增长9.27%。扣除2020年低基数因素的影响,我国2021年下半年两个季度的实际GDP平均增速可能分别为:5.85%和6.06%,全年同比增长5.63%。

报告特别指出,在二季度经济增长数据出来前,课题组对二季度实际经济增长速度的预测值为7.83%,扣除疫情因素的影响,两年平均增速为5.49%,而二季度实际增速为7.9%,两年平均增速为5.5%,也就是说,二季度的实际经济增长好于课题组的预期。

此外,模型预测结果显示,下半年CPI增长率呈现震荡趋势,且不会超过3%,PPI增长率在高位运行;PMI始终处于50以上的景气区间;货币指标的增长速度与GDP增长基本同步,以M2增长为例,一直维持在9%左右的水平,货币政策持续稳健;财政收入增速呈现不稳定的波动态势,而财政支出则可能会收紧;2021年下半年,外贸仍会较快增长。

(资料节选自新浪财经)

思考:
1. 宏观经济对股市的影响是怎样的?
2. 案例中提到哪些宏观经济指标对投资分析有影响?

一、宏观经济分析的意义与方法

(一) 宏观经济分析的意义

1. 把握证券市场的总体变动趋势

在证券投资中,宏观经济分析是一个重要环节,只有把握住宏观经济发展的大方向,才能把握证券市场的总体变动趋势,做出正确的投资决策;只有密切关注宏观经济因素的变化,尤其是货币政策和财政政策因素的变化,才能抓住证券投资的市场时机。

链接4-1 宏观经济分析概述

2. 判断整个证券市场的投资价值

证券市场的投资价值与国民经济整体素质及其结构变动密切相关。这里证券市场的投资价值是指整个市场的平均投资价值。从一定意义上说,整个证券市场的投资价值就是整个国民经济增长质量与速度的反映,因为不同部门、不同行业与成千上万的不同企业相互影响、相互制约,共同影响国民经济发展的速度和质量。宏观经济是个体经济的总和,企业的投资价值必然在宏观经济的总体中综合反映出来,所以宏观经济分析是判断整个证券市场投资价值的关键。

3. 掌握宏观经济政策对证券市场的影响力度与方向

证券市场与国家宏观经济政策息息相关。在市场经济条件下,国家通过财政政策和货币政策来调控经济,或挤出泡沫,或促进经济增长。这些政策将会影响到经济增长速度和企业经济效益,并进一步对证券市场产生影响。因此,证券分析师必须认真分析宏观经济政策,掌握其对证券市场的影响力度与方向,才能准确把握整个证券市场的运动趋势和不同证券品种的投资价值变动。

4. 了解转型背景下宏观经济对股市的影响不同于成熟市场经济,了解中国股市表现和宏观经济相背离的原因

中国证券市场是新兴加转轨的市场,具有一定的特殊性,比如国有成分比重较大、行政干预相对较多、阶段性波动较大、投机性偏高、机构投资者力量不够强大等,由此导致证券市场对宏观经济的反应存在特殊的不确定性。证券分析师在分析的时候应该既看到中国证券市场与海外成熟市场的共性,又要看到国内股市的特性,才能更加准确地把握证券市场的国民经济晴雨表特征。简单化地用成熟市场的标尺来衡量我国证券市场,可能容易产生偏差。

(二) 宏观经济分析的基本方法及资料搜集

1. 总量分析法

总量分析法是指对影响宏观经济运行总量指标的因素及其变动规律进行分析,如对国民生产总值、消费额、投资额、银行贷款总额及物价水平的变动规律的分析等,进而说明整个经济的状态和全貌。总量分析主要是一种动态分析,因为它主要研究总量指标的变动规律。同时包括静态分析,因为总量分析包括考察同一时间内各总量指标的相互关系,如投资额、消费额和国民生产总值的关系等。

总量是反映整个社会经济活动状态的经济变量,包括两个方面:一是个量的总和。例如,国民收入是构成整个经济各单位新创造价值的总和,总投资是全社会私人投资和政府投资的总和,总消费是参与经济活动各单位消费的总和。二是平均量或比例量。例如,价格水平是各种商品与劳务相对于基期而言的平均价格水平。

2. 结构分析法

结构分析法是指对经济系统中各组成部分及其对比关系变动规律的分析,如国民生产总值中三次产业的结构分析、消费和投资的结构分析、经济增长中各因素作用的结构分析等。结构分析主要是一种静态分析,即对一定时间内经济系统中各组成部分变动规律的分析。如果对不同时期内经济结构变动进行分析,则属于动态分析。

总量分析和结构分析是相互联系的。总量分析侧重于总量指标速度的考察,侧重分析经济运行的动态过程;结构分析侧重于对一定时期经济整体中各组成部分相互关系的研究,侧重分析经济现象的相对静止状态。总量分析非常重要,但它需要结构分析来深化和补充,而结构分析要服从于总量分析的目标。为使经济正常运行,需要对经济运行进行全面把握,将总量分析方法和结构分析方法结合起来使用。

3. 宏观分析资料的搜集与处理

宏观分析所需的有效资料一般包括政府的重点经济政策与措施、一般生产统计资料、

金融物价统计资料、贸易统计资料、每年国民收入统计与景气动向、突发性非经济因素等。这些资料来源主要有：①从电视、广播、报纸、杂志等了解世界经济动态与国内经济大事；②政府部门与经济管理部门，省、自治区、直辖市公布的各种经济政策、计划、统计资料和经济报告，各种统计年鉴，如《中国统计年鉴》《中国经济年鉴》《经济白皮书》等；③各主管公司、行业管理部门搜集和编制的统计资料；④部门与企业内部的原始记录；⑤各预测、情报和咨询机构公布的数据资料；⑥国家领导人和有关部门、省市领导报告或讲话中的统计数字和信息等。

其中，数据资料是宏观分析与预测，尤其是定量分析预测的基础，无论是对历史与现状的总结，还是对未来的预测，都必须以它为依据。因此，对数据资料有一定的质量要求，如准确性、系统性、时间性、可比性、适用性等。需要注意的是，有时资料可能因口径不一致而不可比，或是存在不反映变量变化规律的异常值，此时还需对数据资料进行处理。

二、评价宏观经济形势的基本指标

(一) 国民经济总体指标

1. 国内生产总值

国内生产总值（GDP）是指一个国家（或地区）所有常住居民在一定时期内（一般按年统计）生产活动的最终成果。

区分国内生产和国外生产一般以常住居民为标准，只有常住居民在1年内生产的产品和提供劳务所得到的收入才计算在本国的国内生产总值之内。常住居民是指居住在本国的公民、暂居外国的本国公民和长期居住在本国但未加入本国国籍的居民。与以国民原则为核算标准的国民生产总值（GNP）相比，以国土原则为核算标准的国内生产总值（GDP）不包含本国公民在国外取得的收入，但包含外国居民在国内取得的收入；相反，国民生产总值包含本国公民在国外取得的收入，但不包含外国居民在国内取得的收入。

$$GDP = GNP - 本国居民在国外的收入 + 外国居民在本国的收入$$
$$= GNP - (本国生产要素国外取得的收入 - 本国付给外国生产要素的收入)$$
$$= GNP - 国外要素收入净额$$

在实践中，随着对外交往的增加，越来越多的国家（包括我国）在国民经济核算中选择使用 GDP 指标。

国内生产总值有3种表现形态，即价值形态、收入形态和产品形态。从价值形态看，它是所有常住居民在一定时期内生产的全部货物和服务价值超过同期中间投入的全部非固定资产货物和服务价值的差额；从收入形态看，它是所有常住居民在一定时期内创造并分配给常住居民和非常住居民的初次收入分配之和；从产品形态看，它是所有常住居民在一定时期内最终使用的货物和服务价值与货物和服务净出口价值之和。

对应这 3 种表现形态，在实际核算中，国内生产总值有 3 种计算方法，即生产法、收入法和支出法。这 3 种方法分别从不同的方面反映国内生产总值及其构成。以常用的支出法为例，统计 GDP 时要将出口计算在内，但不计算进口。其公式为：

$$GDP = C + I + G + (X - M)$$

其中，C 代表消费（即常住居民的个人消费。其中，所有房屋，包括居民购买，住房都属于固定资本形成，而不属于消费性支出）；I 代表投资（包括净投资与折旧）；G 代表政府支出（包括政府购买，但不包括政府转移支付，以避免重复计算）；X 代表出口，M 代表进口，则 $(X-M)$ 表示净出口。

国内生产总值的增长速度一般用来衡量经济增长率（也称经济增长速度），是反映一定时期经济发展水平变化程度的动态指标，也是反映一个国家经济是否具有活力的基本指标。对于发达国家来说，其经济发展总水平已经达到相当的高度，经济发展速度的提高相对来说比较困难；对经济尚处于较低水平的发展中国家而言，由于发展潜力大，其经济发展速度可能达到高速甚至超高速增长。这时就要警惕由此可能带来的诸如通货膨胀、泡沫经济等问题，以避免造成宏观经济的过热。

要深入掌握经济运行的内在规律，还必须对经济运行的变动特点进行分析。对经济运行变动特点进行分析主要包括以下 3 个方面：一是经济增长的历史动态比较，说明增长波动的特征，即所处经济周期的阶段特征；二是经济结构的动态比较，说明经济结构的变化过程和趋势；三是物价变动的动态比较，说明物价总水平的波动与通货膨胀状况，并联系经济增长、经济结构的发展变化等，说明物价变化的特点及其对经济运行主要方面的影响。

2. 工业增加值

工业增加值是指工业行业在报告期内以货币表现的工业生产活动的最终成果，是衡量国民经济的重要统计指标之一。

工业增加值有两种计算方法：一是生产法，即工业总产出减去工业中间投入；二是收入法，即从收入的角度出发，根据生产要素在生产过程中应得到的收入份额计算，具体构成项目有固定资产折旧、劳动者报酬、生产税净额、营业盈余。这种方法也称"要素分配法"。

以常用的支出法为例，工业增加值等于工业总产值与中间消耗的差额。工业增加值率则是指一定时期内工业增加值占工业总产值的比重，反映降低中间消耗的经济效益。

测算工业增加值的基础来源于工业总产值，即以货币表现的工业企业在一定时期内生产的已出售或可供出售的工业产品总量，反映一定时间内工业生产的总规模和总水平。工业总产值采用"工厂法"计算，即以工业企业作为一个整体，按企业工业生产活动的最终成果来计算，企业内部不允许重复计算，不能把企业内部各个车间（分厂）生产的成果相加,但在企业之间、行业之间、地区之间存在重复计算。

3. 失业率

失业率是指劳动力人口中失业人数所占的百分比。劳动力人口是指年龄在16岁以上具有劳动能力的人的全体。

目前,我国统计部门公布的失业率为城镇登记失业率,即城镇登记失业人数占城镇从业人数与城镇登记失业人数之和的百分比。城镇登记失业人数是指拥有非农业户口,在一定的劳动年龄内,有劳动能力,无业而要求就业,并在当地就业服务机构进行求职登记的人员数。

失业率上升与下降是以GDP相对于潜在GDP的变动为背景的,而其本身则是现代社会的一个主要问题。当失业率很高时,资源被浪费,人们收入减少,此时,经济问题还可能影响人们的情绪和家庭生活,进而引发一系列的社会问题。

但值得注意的是,通常所说的充分就业是指对劳动力的充分利用,但不是完全利用,因为在实际的经济生活中不可能达到失业率为零的状态。在充分就业情况下也会存在一部分正常的失业,如由于劳动力的结构不能适应经济发展对劳动力的需求变动所引起的结构性失业。

4. 通货膨胀

通货膨胀是指一般物价水平持续、普遍、明显的上涨。

对通货膨胀的衡量可以通过对一般物价水平上涨幅度的衡量来进行。一般说来,常用的指标有3种:零售物价指数、批发物价指数、国民生产总值物价平减指数。零售物价指数又称消费物价指数或生活费用指数,反映消费者为购买消费品而付出的价格的变动情况;批发物价指数反映一国商品批发价格上升或下降的幅度;国民生产总值物价平减指数则是按当年不变价格计算的国民生产总值与按基年不变价格计算的国民生产总值的比率。由于以上3种指标在衡量通货膨胀时各有优缺点,且所涉及商品和劳务的范围不同,计算口径不同,即使在同一国家的同一时期,各种指数所反映的通货膨胀程度也不尽相同,所以,在衡量通货膨胀时需要选择适当的指数。一般说来,在衡量通货膨胀时,零售物价指数使用得最多、最普遍。

通货膨胀一般以两种方式影响经济:通过收入和财产的再分配以及通过改变产品产量与类型影响经济。具体来说,通货膨胀对社会经济产生的影响主要有:引起收入和财富的再分配,扭曲商品相对价格,降低资源配置效率,引发泡沫经济乃至损害一国的经济基础和政权基础。

通货膨胀有被预期和未被预期之分,从程度上则有温和的、严重的和恶性的3种。温和的通货膨胀是指年通货膨胀率低于10%的通货膨胀;严重的通货膨胀是指两位数级别的通货膨胀;恶性通货膨胀则是指三位数以上的通货膨胀。各个国家往往不会长期容忍过高的通货膨胀率,但为抑制通货膨胀而采取的货币政策和财政政策通常会导致高失业和 GDP 的低增长，由此而损失的产量和就业数量本身作为抑制通货膨胀的代价是很大的。

正因为通货膨胀对经济运行有这样大的影响，投资者要进行投资就必须对通货膨胀产生的可能及其程度有一个大约的预测。对于通货膨胀产生的原因，传统的理论解释主要有3种：需求拉上的通货膨胀、成本推进的通货膨胀、结构性通货膨胀。而在实践中，要正确把握通货膨胀可能的发展变化，还必须把它与经济增长的动态比较结合起来考虑，并考虑各种对通货膨胀产生影响的重要冲击因素，如政治经济体制改革、经济结构转变、战争、国际收支状况以及一些突发的不确定性事件等。

5. 国际收支

国际收支一般是一国居民在一定时期内与非本国居民在政治、经济、军事、文化及其他往来中所产生的全部交易的系统记录。这里的居民是指在国内居住1年以上的自然人和法人。国际收支主要反映：一国与他国之间的商品、劳务和收益等交易行为；该国持有的货币、黄金、特别提款权的变化以及与他国债权、债务关系的变化；凡不需要偿还的单方转移项目和相应的科目，由于会计上必须用来平衡的尚未抵消的交易。

国际收支包括经常项目和资本项目。经常项目主要反映一国的贸易和劳务往来状况，包括贸易收支（也就是通常的进出口）、劳务收支（如运输、港口、通讯和旅游等）和单方面转移（如侨民汇款、无偿援助和捐赠、国际组织收支等），是最具综合性的对外贸易的指标。资本项目则集中反映一国同国外资金往来的情况，反映着一国利用外资和偿还本金的执行情况。资本项目一般分为长期资本和短期资本。长期资本是指合同规定偿还期超过1年的资本或未定偿还期的资本（如公司股本），其主要形式有直接投资、政府和银行的长期借款及企业信贷等。短期资本指即期付款的资本和合同规定借款期为1年或短于1年的资本。

实现国际收支平衡需要避免国际收支的过度逆差或顺差，可以维持适当的国际储备水平和相对稳定的汇率水平。

6. 固定资产投资规模

固定资产投资规模是指国民经济各部门，各行业在一定时期（如1年或5年）内投入固定资产再生产的资金总额。反映该时期的建设总量。由于固定资产投资的结果表现为生产能力（或工程效益）的形成或改进。因此，固定资产投资规模的大小，对未来生产的增长，对国民经济和社会的发展具有决定性的作用。社会在一定时期内，究竟能够承受多大的投资规模，而不致影响现有生产和人民生活，客观上是有一个界限的。我国全民所有制固定资产投资规模，由基本建设投资规模和更新改造投资规模所组成。两者组成的固定资产投资总规模通过国家的投资计划加以规定。

固定资产投资规模，受到以下几方面条件的限制：

（1）资金能力。资金能力是确定固定资产投资规模的主要条件。固定资产投资，必须有足够的资金做保障。资金能力由折旧、积累、贷款等因素构成。

（2）物资能力。固定资产投资必须具有相应的物质保证，如所需的建筑材料、施工机具、运输条件、动力供应、机械设备等的供给。缺乏必要的物质条件，即使有再多的资金能力，也不可能完成固定资产投资。物资能力的大小，与资源的拥有量和社会生产发展水平有关。固定资产投资和全社会物资总供给能力密切相关，投资规模要于此保持合理的比例结构。

（3）人力条件。完成固定资产投资，起决定作用的是人的因素。在一定的劳动生产率水平条件下，固定资产投资与建筑业从业人员数量之间保持一定的比例关系。如果二者的比例严重失调，就要影响投资的实现或从业人员作用的发挥。除了从数量上满足固定资产投资的人力条件外，建筑业从业人员内部各类人员还应形成合理的比例关系，并不断提高技术构成。建筑业从业人员的素质，对固定资产投资的质量起到了重要作用。

7. 采购经理指数

采购经理指数（PMI）是通过对采购经理的月度调查汇总出来的指数，能够反映经济的变化趋势。PMI 是一套月度发布的、综合性的经济监测指标体系，分为制造业 PMI、服务业 PMI，也有一些国家建立了建筑业 PMI。PMI 指数 50% 为荣枯分水线。

PMI 每项指标均反映了商业活动的现实情况，综合指数则反映制造业或服务业的整体增长或衰退。调查采用非定量的问卷形式，被调查者对每个问题只需做出定性的判断，在（比上月）上升、不变或下降 3 种答案中选择 1 种。进行综合汇总就是统计各类答案的百分比，通过各指标的动态变化来反映经济活动所处的周期状态。制造业及非制造业 PMI 商业报告分别于每月 1 日和 3 日发布，时间上大大超前于政府其他部门的统计报告，所选的指标又具有先导性，所以 PMI 已成为监测经济运行的及时、可靠的先行指标。

采购经理指数的特点包括以下 5 个方面。

（1）及时性与先导性。PMI 是经济监测的先行指标。由于采取快速、简便的调查方法，每月发布一次，在时间上大大早于其他官方数据。在 PMI 基础之上发布的商务报告，是所有宏观经济序列数据中滞后期最短的报告之一。

（2）综合性与指导性。PMI 是一个综合的指数体系，尽管指标不多，但涵盖了经济活动的多个方面，如新订单、新出口订单、进口、生产、供应商配送、库存、雇员、价格等，其综合指数反映了经济总体情况和总的变化趋势，而各项指标又反映了企业供应与采购活动的各个侧面，尤其是 PMI 中一些特有的指标是其他统计指标中所缺少的，如订货提前期与供应商配送时间等，有助于详细分析行业发展走势的成因，为国家宏观经济调控和指导企业经营提供了重要依据。

（3）真实性与可靠性。PMI 问卷调查直接针对采购与供应经理，取得的原始数据不做任何修改，直接汇总并采用科学方法统计、计算，保证了数据来源的真实性。同时进行季节性调整，减少季节性波动、法规制度和法定假日等因素变化所造成的影响，因此具有很高的可靠性。

（4）科学性与合理性。首先，样本选择涵盖了不同行业，按照各行业对GDP贡献大小选取一定数量企业，贡献大的行业样本多，反之，则少；其次，考虑地理分布，作为样本的企业要具有足够的地域代表性；再次，还考虑企业规模，不同规模的企业均有代表。这样，减少了随机波动带来的误差。在首次抽样选择之后，样本基本确定下来，但每年度或每半年要对样本进行抽查，根据企业、采购经理发生的变化，予以及时调整。

（5）简单易行。PMI问卷调查是非定量调查，数据采集和加工的简单易行，保证了它作为预测工具的连续性、及时性和可靠性。问卷对每个指标都有明确解释。问卷还列出了几个开放性问题，包括采购策略、价格升高与降低的原材料与短缺品种等，为研究应用提供了更为具体的信息。

PMI体系无论对于政府部门、金融机构、投资公司，还是企业来说，在经济预测和商业分析方面都有重要的意义。至2013年6月，全球已有20多个国家建立了PMI体系，有关机构已开始建立全球指数和欧元区指数，PMI及其商业报告已成为世界经济运行活动的重要评价指标和世界经济变化的晴雨表。

（二）投资规模指标

投资规模是指一定时期在国民经济各部门、各行业再生产中投入资金的数量。投资规模是否适度是影响经济稳定与增长的一个决定因素。投资规模过小，不利于为经济的进一步发展奠定物质技术基础；投资规模安排过大，超出了一定时期人力、物力和财力的可能，又会造成国民经济比例的失调，导致经济大起大落。

全社会固定资产投资是衡量投资规模的主要变量。按经济类型划分，全社会固定资产投资包括国有经济单位投资、城乡集体经济单位投资、其他各种经济类型的单位投资和城乡居民个人投资；按我国现行管理体制划分，全社会固定资产投资包括基本建设、更新改造、房地产开发投资和其他固定资产投资。固定资产投资是社会固定资产再生产的主要手段。固定资产投资额是以货币表现的建造和购置固定资产活动的工作量，是反映固定资产投资规模、速度、比例关系和使用方向的综合性指标。

随着我国改革开放的不断深入，投资主体呈现出多元化的趋势，主要包括政府投资、企业投资和外商投资3个方面。

1. 政府投资

政府投资是政府以财政资金投资于经济建设，其目的是改变长期失衡的经济结构，完成私人部门不能或不愿从事但对国民经济发展却至关重要的投资项目，如大型水利设施、公路建设和生态保护等。同时，政府投资也是扩大投资需求、促进经济增长的重要手段。

2. 企业投资

随着我国现代企业制度的建立，企业逐渐成为投资主体之一，企业投融资的权力不断扩大。随着我国市场化改革的不断深入，企业投资需求将成为国内投资需求的主要部分，企业投资的规模和方向影响着一国经济未来的走向。

3. 外商投资

外商投资包括外商直接投资和外商间接投资。外商直接投资是指外国企业和经济组织或个人(包括华侨、港澳台胞以及我国在境外注册的企业)按我国有关政策、法规,用现汇、实物、技术等在我国境内开办外商独资企业,与我国境内的企业或经济组织共同举办中外合资经营企业、合作经营企业或合作开发资源的投资(包括外商投资收益的再投资)以及经政府有关部门批准的项目投资总额内企业从境外借入的资金等。

外商间接投资是指除对外借款(外国政府贷款、国际金融组织贷款、商业银行商业贷款、出口信贷以及对外发行债券等)和外商直接投资以外的各种利用外资的形式,包括企业在境内外股票市场公开发行的以外币计价的股票(目前主要是在香港证券市场发行的H股和在境内证券市场发行的B股)发行总额,国际租赁进口设备的应付款,补偿贸易中外商提供的进口设备、技术、物料的价款,加工装配贸易中外商提供的进口设备、物料的价款。

(三) 消费指标

1. 社会消费品零售总额

社会消费品零售总额是指国民经济各行业通过多种商品流通渠道向城乡居民和社会集团供应的消费品总额。根据我国国家统计局的统计标准,社会消费品零售总额包括十大项内容。简而言之,社会消费品零售总额包括各种经济类型的批发零售贸易业、餐饮业、制造业和其他行业售给城乡居民和社会集团的消费品零售额以及农民售给非农业居民和社会集团的消费品零售额。

社会消费品零售总额按销售对象划分为两大部分,即对居民的消费品零售额和对社会集团的消费品零售额。对居民的消费品零售额针对售给城乡居民用于生活消费的商品;对社会集团的消费品零售额针对企业、事业和行政等各种类型单位用公款购买的用作非生产、非经营用的消费品。其中,居民的消费品零售额与国民经济核算中的居民消费之间具有密切的联系,前者中的大部分直接构成居民消费,是计算后者的主要资料来源之一。

社会消费品零售总额是研究国内零售市场变动情况、反映经济景气程度的重要指标。社会消费品零售总额的大小和增长速度也反映了城乡居民与社会集团消费水平的高低、居民消费意愿的强弱。社会消费品需求是国内需求的重要组成部分,对一国经济增长具有巨大促进作用。

2. 城乡居民储蓄存款余额

城乡居民储蓄存款余额是指某一时点城乡居民存入银行及农村信用社的储蓄金额,包括城镇居民储蓄存款和农民个人储蓄存款,不包括居民的手持现金和工矿企业、部队、机关、团体等单位存款。

居民储蓄存款是居民可支配收入扣除消费支出以后形成的。居民储蓄量的大小首先决定于可支配收入的多少，同时又受可支配收入中消费支出比例的限制。在可支配收入一定时，消费支出多了，储蓄就会减少，是此多彼少的关系。当市场上人们的消费意愿增强时，储蓄相应缩小；市场消费意愿减弱时，储蓄相应增加。

居民储蓄增加以后，银行的资金来源扩大了，如果存贷比率不变，银行贷款投放也会相应增加，这就扩大了企业的资金使用，正常情况下就会扩大国内投资需求。所以，储蓄扩大的直接效果就是投资需求扩大和消费需求减少。

(四) 金融指标

1. 总量指标

1) 货币供应量

货币供应量是单位和居民个人在银行的各项存款和手持现金之和，其变化反映着中央银行货币政策的变化，对企业生产经营、金融市场尤其是证券市场的运行和居民个人的投资行为有着重大的影响。

中央银行一般根据宏观监测和宏观调控的需要，根据流动性的大小将货币供应量划分为不同的层次。我国现行货币统计制度将货币供应量划分为 3 个层次：①流通中现金（M0），指单位库存现金和居民手持现金之和，其中"单位"指银行体系以外的企业、机关、团体、部队、学校等单位；②狭义货币供应量（M1），指 M0 加上单位在银行的可开支票进行支付的活期存款；③广义货币供应量（M2），指 M1 加上单位在银行的定期存款和城乡居民个人在银行的各项储蓄存款以及证券公司的客户保证金。其中，中国人民银行从 2001 年 7 月起，将证券公司客户保证金计入广义货币供应量 M2。

M2 与 M1 的差额，通常称为准货币。

中央银行可以通过增加或减少货币供应量调节货币市场，实现对经济的干预。货币供应量的变动会影响利率。中央银行可以通过对货币供应量的管理来调节信贷供给和利率，从而影响货币需求并使其与货币供给相一致，对宏观经济施加影响。

2) 金融机构各项存贷款余额

金融机构各项存贷款余额是指某一时点金融机构存款金额（包括企业存款、财政存款、机关团体存款、城乡储蓄存款、农业存款、信托及其他类存款）与金融机构贷款金额（包括工业贷款、农业贷款、商业贷款、建筑业贷款、私营及个体贷款、乡镇企业贷款、固定资产贷款、信托及其他类贷款）。其中，金融机构主要包括商业银行、政策性银行、非银行信贷机构和保险公司。

3) 金融资产总量

金融资产总量是指手持现金、银行存款、有价证券、保险等其他资产的总和。

私人家庭的金融资产包括现款、储蓄存款、股票、债券、投资基金和人寿保险权利等在内。我国居民的金融资产中，银行储蓄存款占绝大部分，而有价证券和其他金融资产所占的比例很小。

金融资产的多样化是社会融资方式变化发展的标志。改革开放以来,中国金融资产由单一的银行资产向市场化、多元化的方向发展。非银行金融机构提供的其他各种类型的金融资产比重相对上升,同时银行贷款形式的金融资产比重相对下降,被证券化的金融资产开始不断涌现。

2. 利率

利率(或称利息率)是指在借贷期内所形成的利息额与本金的比率。利率直接反映的是信用关系中债务人使用资金的代价,也是债权人出让资金使用权的报酬。

从宏观经济分析的角度看,利率的波动反映出市场资金供求的变动状况。在经济发展的不同阶段,市场利率有不同的表现。在经济持续繁荣增长时期,资金供不应求,利率上升;当经济萧条市场疲软时,利率会随着资金需求的减少而下降。除了与整体经济状况密切相关之外,利率影响着人们的储蓄、投资和消费行为;利率结构也影响着居民金融资产的选择,影响着证券的持有结构。

利率有存款利率、贷款利率、国债利率、回购利率、同业拆借利率之分。再贴现率和同业拆借利率是基准利率。随着市场经济的不断发展和政府宏观调控能力的不断加强,利率特别是基准利率已经成为中央银行一项行之有效的货币政策工具。

1) 贴现率与再贴现率

贴现是指银行应客户的要求,买进其未到付款日期的票据。或者说,购买票据的业务叫贴现。办理贴现业务时,银行向客户收取一定的利息,称为贴现利息或折扣,其对应的比率即贴现率。再贴现率是商业银行由于资金周转的需要,以未到期的合格票据再向中央银行贴现时所适用的利率。对中央银行而言,再贴现是买进票据,让渡资金;对商业银行而言,再贴现是卖出票据,获得资金。

再贴现是中央银行的一项主要的货币政策工具。中央银行根据市场资金供求状况调整再贴现率,能够影响商业银行资金借入的成本,进而影响商业银行对社会的信用量,从而调节货币供给总量。如果中央银行提高再贴现率,就意味着商业银行向中央银行再融资的成本提高了,因此它们必然要调高对客户的贴现率或提高放款利率,从而带动整个市场利率上涨,这样借款人就会减少,起到紧缩信用的作用,市场货币供应量减少;反之,如果中央银行降低再贴现率,就可以起到扩大信用的作用。所以,再贴现率的变动对货币供应量起直接作用,进而对国内总需求产生影响。当再贴现率提高时,就会降低总需求;当再贴现率降低时,则会扩大总需求。

2) 同业拆借利率

同业拆借利率是指银行同业之间的短期资金借贷利率。同业拆借有两个利率,即拆进利率与拆出利率。拆进利率表示银行愿意借款的利率;拆出利率表示银行愿意贷款的利率。一家银行的拆进(借款)实际上也是另一家银行的拆出(贷款)。同一家银行的拆进和拆出利率相比较,拆进利率永远小于拆出利率,其差额就是银行的收益。

同业拆借中大量使用的利率是伦敦同业拆借利率(LIBOR)。LIBOR 是指在伦敦的第一流银行借款给伦敦的另一家第一流银行资金的利率。现在 LIBOR 已经作为国际金融市场中大多数浮动利率的基础利率,并作为银行从市场上筹集资金进行转贷的融资成本。贷款协议中议定的 LIBOR 通常是由几家指定的参考银行在规定的时间(一般是伦敦时间上午 11:00)报价的平均利率。使用最多的是 3 个月和 6 个月的 LIBOR。我国对外筹资成本即是在 LIBOR 基础上加一定百分点。从 LIBOR 变化出来的,还有新加坡同业拆借利率、纽约同业拆借利率、香港同业拆借利率等等。

3) 回购利率

回购是交易双方在全国统一同业拆借中心进行的以债券(包括国债、政策性金融债和中央银行融资券)为权利质押的一种短期资金融通业务,是指资金融入方(正回购方)在将债券出质给资金融出方(逆回购方)融入资金的同时,双方约定在将来某一日期由正回购方按某一约定利率计算的资金额向逆回购方返还资金,逆回购方向正回购方返还原出质债券的融资行为。该约定的利率即回购利率。

全国银行间债券市场的回购交易是以国家主权级的债券作为质押品的交易。其回购利率可以说是一种无风险利率,可以准确反映市场资金成本和短期收益水平,比较真实地反映中国金融市场的资金供求情况,已成为中央银行制定货币政策、财政部和其他债券发行人制定发行策略、市场参与者进行资产管理的重要参考指标。

4) 各项存贷款利率

各项存贷款利率包括金融机构对客户存贷款利率,即城乡居民和企事业单位存贷款利率、中国人民银行对金融机构存贷款利率、优惠贷款利率。国务院批准和授权中国人民银行制定的各项利率为法定利率,具有法律效力,其他任何单位和个人无权变动,且法定利率的公布、实施由中国人民银行负责。

银行利率的变动不仅对银行存贷款有直接影响,对债券利率也会产生影响,其他货币的市场价格也会随利率的变动而发生变动。所以,利率是对市场反应非常灵敏的一个经济变量。在对利率与总供需关系的研究中,应该对存款利率和贷款利率加以区别。存款利率主要调节存款,贷款利率主要调节贷款。一般情况下,两者之间的变动方向是一致的,但是有时候在变动幅度上可以不同,因而,存贷款利率之间的差额也可以成为调节供需关系的一种工具。在其他条件不变时,由于利率水平上浮引起存款增加和贷款下降,使居民的消费支出减少,使企业生产成本增加,会同时抑制供给和需求;利率水平的降低则会引起需求和供给的双向扩大。

3. 汇率

汇率是外汇市场上一国货币与他国货币相互交换的比率。一般来说,国际金融市场上的外汇汇率是由一国货币所代表的实际社会购买力平价和自由市场对外汇的供求关系决定的。

汇率变动是国际市场商品和货币供求关系的综合反映。以外币为基准,当汇率上升时,本币贬值,国外的本币持有人就会抛出本币,或者加快从国内市场购买商品的速度。对于国内来说,一方面是流回国内的本币增多;另一方面是从国内流出的商品增多,出口量扩大,这就形成了国内需求的扩大和供给的减少。当汇率下降时,本币升值,国外对本币的需求增大以及流出增加,对国内的进口增加,这就使国内需求减少,使国内供给增加。总体效应就是:提高汇率会扩大国内总需求,降低汇率会缩减国内总需求。

一国的汇率会因该国的国际收支状况、通货膨胀率、利率、经济增长率等的变化而波动;同样,汇率波动又会影响一国的进出口额和资本流动,并影响一国的经济发展。特别是在当前国际分工异常发达、各国间经济联系十分密切的情况下,汇率的变动对一国的国内经济、对外经济以及国际的经济联系都产生着重大影响。中国人民银行于2005年7月21日颁布了《中国人民银行关于完善人民币汇率形成机制改革的公告》,以此确立了人民币"以市场供求为基础的、参考一篮子调节的、有管理的"浮动汇率制度。这有利于抑制投机和减少汇率的过度波动,进而有助于宏观经济的健康平稳发展。

4. 外汇储备

外汇储备是一国对外债权的总和,用于偿还外债和支付进口,是国际储备的一种。一国当前持有的外汇储备是以前各时期一直到现期为止的国际收支顺差的累计结果。

一国的国际储备除了外汇储备外,还包括黄金储备、特别提款权和在国际货币基金组织(IMF)的储备头寸。我国后两者所占比例较低,国际储备主要由黄金和外汇储备构成。在一个时期内,国际储备中可能发生较大变动的主要是外汇储备。外汇储备的变动是由国际收支发生差额引起的。在国际收支账户中,经常账户和资本账户都会发生差额,但如果两者方向不同,就会相互抵消。只有在国际收支账户上的所有项目综合起来发生综合差额,才会引起国际储备变动特别是外汇储备变动。

当国际收支发生顺差时,流入国内的外汇量大于流出的外汇量,外汇储备就会增加;当发生逆差时,外汇储备减少。当外汇流入国内的时候,拥有外汇的企业或其他单位可能会把它兑换成本币,比如用来在国内市场购买原材料等,这样就形成了对国内市场的需求。因而,扩大外汇储备会相应增加国内需求。

需要强调的是,一个国家除了储备外汇外,还有一部分非储备外汇,即通过国际货币市场单纯进行货币交易而增加或减少的外汇。它和储备外汇的不同之处就是它不是通过国际收支账户实现的。很多时候,人们可能需要进行货币兑换,当一个国家在国际市场卖出持有的外汇时,外汇流向国外,本币流向国内;当买进外汇时,本币流出,外币流入。所以,非储备外汇减少就意味着国内需求增加,非储备外汇增加就意味着国内需求减少。它和储备外汇在方向上是不同的。

(五) 财政指标

1. 财政收入

财政收入指国家财政参与社会产品分配所取得的收入,是实现国家职能的财力保证。财政收入的内容几经变化,目前主要包括:

(1) 各项税收,包括增值税、消费税、土地增值税、城市维护建设税、资源税、城市土地使用税、印花税、个人所得税、企业所得税、关税、农牧业税和耕地占用税等。

(2) 专项收入,包括征收排污费收入、征收城市水资源费收入、教育费附加收入等。

(3) 其他收入,包括基本建设贷款归还收入、基本建设收入、捐赠收入等。

(4) 国有企业计划亏损补贴,这项为负收入,冲减财政收入。

2. 财政支出

财政支出是指国家财政将筹集起来的资金进行分配使用,以满足经济建设和各项事业的需要,主要包括基本建设支出、企业挖潜改造资金、地质勘探费用、科技三项费用(新产品试制费、中间试验费、重要科学研究补助费)、支援农村生产支出、农林水利气象等部门的事业费用、工业交通商业等部门的事业费、文教科学卫生事业费、抚恤和社会福利救济费、国防支出、行政管理费和价格补贴支出。上述财政支出可归类为两部分:一部分是经常性支出,包括政府的日常性支出、公共消费产品的购买、经常性转移等;另一部分是资本性支出,就是政府的公共性投资支出,包括政府在基础设施上的投资、环境改善方面的投资以及政府储备物资的购买等。这两部分支出的变化对国内总供需的影响是不同的。

在财政收支平衡条件下,财政支出的总量并不能扩大和缩小总需求。但财政支出的结构会改变消费需求和投资需求的结构。经常性支出的扩大可以扩大消费需求,其中既有个人消费需求,也有公共物品的消费需求。资本性支出的扩大则扩大投资需求。在总量不变的条件下,两者是此多彼少的关系。扩大了投资,消费就必须减少;扩大了消费,投资就必须减少。所以在需求结构调整时,适当调整财政的支出结构就能很显著地产生效应。

3. 赤字或结余

财政收入与财政支出的差额即为赤字(差值为负时)或结余(差值为正时)。核算财政收支总额主要是为了进行财政收支状况的对比。财政收入大于支出表现为结余,财政收入不抵支出则出现赤字。如果财政赤字过大,就会引起社会总需求的膨胀和社会总供求的失衡。

同时,财政赤字或结余也是宏观调控中应用最普遍的一个经济变量。财政发生赤字的时候有两种弥补方式:一是通过举债即发行国债来弥补;二是通过向银行借款来弥补。

发行国债对国内需求总量是不会产生影响的。财政向银行借款弥补赤字,如果银行不因此增发货币,只是把本来应该增加贷款的数量借给财政使用,那么财政赤字同样不会使需求总量增加。这是由债务本身的性质所决定的。只有在银行因为财政的借款而增加货币发行量时,财政赤字才会扩大国内需求。

值得注意的是,为了更好地发挥财政政策的作用,财政政策应当和货币政策相互结合使用。

任务二 宏观经济分析与证券市场

 **案例导入**

国家发展改革委举行7月份新闻发布会 介绍宏观经济运行情况并回应热点问题

2021年7月19日上午,国家发展改革委举行7月份新闻发布会。国家发展改革委政研室主任、委新闻发言人金贤东,综合司司长、委新闻发言人袁达,价格司司长万劲松出席发布会。金贤东介绍了上半年经济运行情况、《乡村振兴战略规划(2018~2022年)》中期评估、中欧班列运行、知识产权质押信息平台等工作进展情况。3位发布人就媒体关注的经济运行态势和宏观调控政策、迎峰度夏电力保供、大宗商品价格走势、有色金属储备投放、生猪价格走势、长三角地区轨道交通建设、基础设施REITs、中资企业境外发债、医疗卫生服务体系建设、应对人口老龄化工程和托育建设等问题,共同回答了记者提问。70余家境内外新闻媒体80多名记者通过线上线下相结合的方式参加了本场发布会。

综合司司长、委新闻发言人袁达提出,今年以来,面对严峻复杂的外部环境以及国内经济恢复中的矛盾问题,各地区各部门按照党中央、国务院决策部署,统筹疫情防控和经济社会发展,扎实做好"六稳"工作,全面落实"六保"任务,抗疫重大战略成果得到巩固,经济恢复成效明显,经济运行呈稳中加固、稳中向好态势。主要表现为:

一是经济恢复基础继续巩固。上半年国内生产总值同比增长12.7%,其中二季度同比增长7.9%,两年平均增长5.5%,比一季度提高0.5个百分点;环比增长1.3%,比一季度加快0.9个百分点。从实物量指标看,上半年全社会用电量、货运量同比分别增长16.2%和24.6%,两年平均增长7.6%和7.2%,与经济增长匹配度较好。就业物价总体稳定,城镇新增就业698万人,居民消费价格同比上涨0.5%。

二是内生增长动力稳步增强。内需潜力不断释放,上半年固定资产投资、社会消费品零售总额同比分别增长12.6%、23%,两年平均增速均为4.4%,分别比一季度提高1.5个、0.2个百分点。改革开放深入推进,发展活力进一步激发,上半年新设市场主体保持较快增长,以人民币计价的货物进出口增长27.1%。

三是发展质量效益持续改善。科技创新能力不断提升,传统产业转型升级加快,产业结构继续调整优化。夏粮再获丰收,农业生产基础进一步夯实。上半年装备制造业、高技术制造业同比分别增长22.8%、22.6%,比整体规上工业高6.9个、6.7个百分点。同时,企业效益较快增长,前5个月规上工业企业利润同比增长83.4%,两年平均增长21.7%。

四是市场信心预期稳定向好。6月份制造业采购经理指数(PMI)、非制造业商务活动指数分别为50.9%、53.5%,已连续16个月保持在荣枯线以上。同时,境外投资者对中国经济的信心继续增强,上半年以人民币计价的实际使用外资同比增长28.7%,比2019年同期增长27.1%。

五是人民生活水平不断提高。居民收入稳步增加,上半年全国居民人均可支配收入同比实际增长12%,两年平均增长5.2%,比一季度提高0.7个百分点。社会保障和公共服务水平进一步提升,继续调整退休人员基本养老金,加大企业职工基本养老保险基金中央调剂力度,建立健全职工基本医保门诊共济保障机制,推进实施全民健身设施补短板、社会服务设施兜底线等六大公共服务工程。

同时,我们也看到经济恢复进程仍面临困难和挑战,特别是一些不确定、不稳定、不均衡问题仍较突出。从国际看,全球疫情仍在持续演变,世界经济复苏进程中的风险还在积累,不同经济体之间经济走势、宏观政策出现分化,全球通胀明显升温;从国内看,部分中下游行业和中小微企业生产经营仍然较为困难,旅游、住宿等生活性服务消费恢复相对滞后,一些领域风险隐患不同程度存在。

(资料节选自国家发展改革委员会网站)

思考:
近年来影响宏观经济的事件有哪些?

链接4-2 宏观经济政策分析

证券投资的宏观经济分析主要有两个方面的内容,即宏观经济运行和宏观经济政策对证券市场的影响分析。

一、宏观经济运行分析

(一)宏观经济运行对证券市场的影响

证券市场素有经济晴雨表之称,这既表明证券市场是宏观经济的先行指标,也表明宏观经济的走向决定了证券市场的长期趋势。可以说,宏观经济因素是影响证券市场长期走势的唯一因素,其他因素可以暂时改变证券市场的中期和短期走势,但改变不了证券市场的长期走势。宏观经济环境对整个证券市场的影响,既包括经济周期波动这种纯粹的经济因素,也包括政府经济政策及特定的财政金融行为等混合因素。宏观经济运行对证券市场的影响主要表现在以下4个方面。

1. 企业经济效益

无论从长期看还是从短期看,宏观经济环境是影响公司生存、发展的最基本因素。公司的经济效益会随着宏观经济运行周期、宏观经济政策、利率水平和物价水平等宏观经济因素的变动而变动。

如果宏观经济运行趋好,企业总体盈利水平提高,证券市场的市值自然上涨;如果政府采取强有力的宏观调控政策,紧缩银根,企业的投资和经营会受到影响,盈利下降,证券市场市值就可能缩水。

2. 居民收入水平

在经济周期处于上升阶段或在提高居民收入政策的作用下,居民收入水平提高将会在一定程度上拉动消费需求,从而增加相关企业的经济效益。另外,居民收入水平的提高也会直接促进证券市场投资需求。

3. 投资者对股价的预期

投资者对股价的预期,也就是投资者的信心,是宏观经济影响证券市场走势的重要途径。当宏观经济趋好时,投资者预期公司效益和自身的收入水平会上升,证券市场自然人气旺盛,从而推动市场平均价格走高;反之,则会令投资者对证券市场信心下降。

4. 资金成本

当国家经济政策发生变化,如采取调整利率水平、实施消费信贷政策、征收利息税等政策,居民、单位的资金持有成本将随之变化,如利率水平的降低和征收利息税的政策,将会促使部分资金由银行储蓄变为投资,从而影响证券市场的走向。

(二)宏观经济变动与证券市场波动的关系

1. 国内生产总值变动

国内生产总值(GDP)是一国经济成就的根本反映。从长期看,在上市公司的行业结构与该国产业结构基本一致的情况下,股票平均价格的变动与GDP的变化趋势是相吻合的。但不能简单地认为GDP增长,证券市场就必将伴之以上升的走势,实际走势有时恰恰相反。我们必须将GDP与经济形势结合起来进行考察。

在持续、稳定、高速的GDP增长的情况下,社会总需求与总供给协调增长,经济结构逐步合理,趋于平衡,经济增长来源于需求刺激并使得闲置的或利用率不高的资源得以更充分利用,从而表明经济发展势头良好。

高通货膨胀下的GDP增长。当经济处于严重失衡下的高速增长时,总需求大大超过总供给,这将表现为高的通货膨胀率。这是经济形势恶化的征兆,如不采取调控措施,必将导致未来的滞胀(通货膨胀与经济停滞并存)。这时经济中的各种矛盾会突出地表现出来,企业经营将面临困境,居民实际收入也将降低,因而失衡的经济增长必将导致证券市场行情下跌。

宏观调控下的GDP减速增长。当GDP呈失衡的高速增长时,政府可能采取宏观调控措施以维持经济的稳定增长,这样必然减缓GDP的增长速度。如果调控目标得以顺利实现,GDP仍以适当的速度增长而未导致GDP的负增长或低增长,说明宏观调控措施十分有效,经济矛盾逐步得以缓解,并为进一步增长创造了有利条件。这时证券市场亦将反映这种好的形势而呈平稳渐升的态势。

转折性的 GDP 变动。如果 GDP 一定时期以来呈负增长,当负增长速度逐渐减缓并呈现向正增长转变的趋势时,表明恶化的经济环境逐步得到改善,证券市场走势也将由下跌转为上升。

当 GDP 由低速增长转向高速增长时,表明低速增长中,经济结构得到调整,经济的瓶颈制约得以改善,新一轮经济高速增长已经来临,证券市场亦将伴之以快速上涨之势。

证券市场一般提前对 GDP 的变动做出反应。也就是说,证券市场是反映预期的 GDP 变动,而 GDP 的实际变动被公布时,证券市场只反映实际变动与预期变动的差别,因而对 GDP 变动进行分析时必须着眼于未来,这是最基本的原则。另外,我们还必须强调指出,以上有关 GDP 与证券市场关系的陈述对分析一国在相当长的时间内的情况比较有价值。

由于影响证券市场走势的因素很多,有时一国证券市场与本国 GDP 走势在 2~5 年内都有可能出现背离。从图 4-1 可以看出,1990~2018 年我国证券市场指数(以上证指数年度收盘价与 GDP 年增长率为统计对象)趋势与 GDP 趋势基本一致,总体呈上涨趋势。但具体来看,在我国证券市场发展的部分年份里,股价指数与 GDP 走势也出现了多次背离的现象。在 1990~2018 年的 29 年中,我国 GDP 年增长均在 7% 以上,宏观经济发展总体呈现高速增长态势,但股指走势却是高低互现,波动运行。上证指数在 29 年间,有 12 年是下跌的,其中 8 年(1994 年、1995 年、2001 年、2002 年、2004 年、2010 年、2011 年、2018 年)的跌幅超过 14%;有 17 年是上涨的,其中 6 年(1991 年、1992 年、1996 年、1997 年、2000 年、2006 年、2007 年、2008 年、2009 年、2014 年)的涨幅超过 30%,尤其是 2006 年,上证指数涨幅超过 100%。

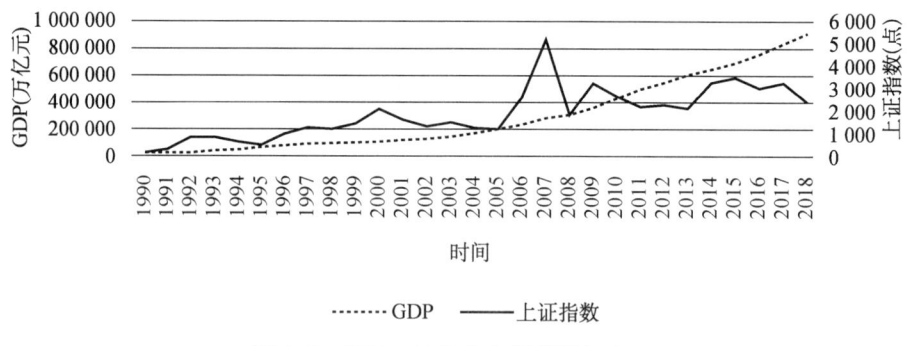

图 4-1　1990~2018 年上证指数与 GDP

经济增长能够反映出实体经济部门的总体经营状况,经济增速的高低也综合体现出上市公司经营业绩的优劣情况,并通过股票市场反映出其内在价值的变化。同时,经济增长影响投资者的收入水平。通常情况下,经济持续稳定增长反映出实体经济部门良好的发展和经营,实体经济部门释放出利润向好的信号;同时经济增长也促进居民可支配收入水平的增加,更有能力参与股票市场投资,从而促使其调整资产配置,提升股票市场的交易活跃度。上市公司将根据当前的经济增长态势预期未来的经济情况,并据此调整其生产经营策略,投资者根据上市公司的相关信息挖掘到公司的经营状况和盈利能力等内在价值信息,并结合自己对经济增长情况的分析和预期,预期未来股票收益水平。

如果当前的经济增长率上升,释放出公司利润和可支配收入水平向好的信号,在正面消息的冲击下,市场参与者投资情绪积极向好。由于股票市场的动量效应,投资者虽然无法预期股票准确的收益,但只要投资者认为公司的股价在合理的上涨区间内,便会追求更高更多的收益率而频繁改变预期并执行交易,导致对未来股票收益的预期变动脱离了其内在的真实价值,即收益率的预期变动与股利增长率的预期变动产生差异,致使长期内的收益预期变动脱离了股利增长率的合理预期,导致股票收益的波动率增加。

如果当前的稳定经济增长率下降,释放出公司的利润和可支配收入水平向坏的信号,在这一负面信息的冲击下,市场参与者的投资情绪较为悲观,便不会再激进追求更高更多的收益,而偏向于获得合理的收益。所以股票市场的动量效应减小,投资者调整未来收益预期(市场买卖收益)至与预期股利增长率(即股权投资收益)相一致的水平,使得股票收益的预期变动与股利增长率的预期变动趋同,因此收益波动率下降。

2. 经济周期变动

经济周期是一个连续不断的过程,表现为扩张和收缩的交替出现。某个时期产出、价格、利率、就业不断上升直至某个高峰——繁荣,之后可能是经济的衰退,产出、产品销售、利率、就业率开始下降,直至某个低谷——萧条。萧条阶段的明显特征是需求严重不足,生产相对严重过剩,销售量下降,价格低落,企业盈利水平极低,生产萎缩,出现大量破产倒闭,失业率增大。接下来则是经济重新复苏,进入一个新的经济周期。

证券市场综合了人们对于经济形势的预期,这种预期较全面地反映了人们对经济发展过程中表现出的有关信息的切身感受。这种预期又必然反映到投资者的投资行为中,从而影响证券市场的价格。既然股价反映的是对经济形势的预期,因而其表现必定领先于经济的实际表现(除非预期出现偏差,经济形势本身才对股价产生纠错反应)。当经济持续衰退至尾声即萧条时期,百业不振,投资者已远离证券市场,每日成交稀少。此时,那些有眼光而且在不停搜集和分析有关经济形势并做出合理判断的投资者已在默默吸纳股票,股价已缓缓上升。当各种媒介开始传播萧条已去、经济日渐复苏时,股价实际上已经升至一定水平。部分有识之士在综合分析经济形势的基础上,认为经济将不会再创热潮时,就悄然抛出股票,股价虽然还在上涨,但供需力量逐渐发生转变。当经济形势逐渐被更多的投资者所认识,供求趋于平衡直至供大于求时,股价便开始下跌。当经济形势发展按照人们的预期走向衰退时,与上述相反的情况便会发生。

3. 通货变动

通货是指一个国家的法定货币。它的国内购买力水平是以可比物价变动情况来衡量的。一般在没有价格管制、价格基本由市场调节的情况下,通货变动与物价总水平是同义语。通货变动包括通货膨胀和通货紧缩。

通货膨胀对证券市场的影响：通货膨胀对证券市场特别是个股的影响，没有一成不变的规律可循，完全可能产生反方向影响，所以应具体情况具体分析，以下是分析的几个一般性原则：

(1) 温和的、稳定的通货膨胀对股价的影响较小。通货膨胀提高了债券的必要收益率，从而引起债券价格下跌。

(2) 如果通货膨胀在一定的可容忍范围内持续，而经济处于景气(扩张)阶段，产量和就业都持续增长，那么股价也将持续上升。

(3) 严重的通货膨胀是很危险的，经济将被严重扭曲，货币加速贬值，这时人们将会囤积商品、购买房屋等进行保值。这可能从两个方面影响证券价格：①资金流出证券市场，引起股价和债券价格下跌；②经济扭曲和失去效率，企业筹集不到必需的生产资金，同时原材料、劳务成本等价格飞涨，使企业经营严重受挫，盈利水平下降，甚至倒闭。

(4) 政府往往不会长期容忍通货膨胀存在，因而必然会使用某些宏观经济政策工具来抑制通货膨胀，这些政策必然对经济运行造成影响。

(5) 通货膨胀时期，并不是所有价格和工资都按同一比率变动，而是相对价格发生变化。这种相对价格变化引致财富和收入的再分配，因而某些公司可能从中获利，而另一些公司可能蒙受损失。

(6) 通货膨胀不仅产生经济影响，还可能产生社会影响，并影响投资者的心理和预期，从而对股价产生影响。

(7) 通货膨胀使得各种商品价格具有更大的不确定性，也使得企业未来经营状况具有更大的不确定性，从而增加证券投资的风险。

(8) 通货膨胀对企业的微观影响表现为：通货膨胀之初，税收效应、负债效应、存货效应和波纹效应等都有可能刺激股价上涨；长期严重的通货膨胀必然恶化经济环境、社会环境，股价将受大环境影响而下跌。

通货紧缩对证券市场的影响：通货紧缩将损害消费者和投资者的积极性，造成经济衰退和经济萧条，与通货膨胀一样不利于币值稳定和经济增长。通货紧缩甚至被认为是导致经济衰退的"杀手"。从消费者的角度来说，通货紧缩持续下去，使消费者对物价的预期值下降，而更多地推迟购买。对投资者来说，通货紧缩将使投资产出的产品未来价格低于当前预期，这会促使投资者更加谨慎，或推迟原有投资计划。消费和投资的下降减少了总需求，使物价继续下降，从而步入恶性循环。

从利率角度分析，通货紧缩形成了利率下调的稳定预期，由于真实利率等于名义利率减去通货膨胀率，下调名义利率降低了社会的投资预期收益率，导致有效需求和投资支出进一步减少，工资降低，失业增多，企业的效益下滑，居民收入减少，引致物价更大幅度的下降。可见，因通货紧缩带来的经济负增长，使得股票、债券及房地产等资产价格大幅下降，银行资产状况严重恶化。经济危机与金融萧条的出现反过来又大大影响了投资者对证券市场走势的信心。

二、宏观经济政策分析

(一) 财政政策

财政政策是政府依据客观经济规律制定的指导财政工作和处理财政关系的一系列方针、准则和措施的总称。财政政策是当代市场经济条件下国家干预经济、与货币政策并重的一项手段。

1. 财政政策手段

财政政策手段主要包括国家预算、税收、国债、财政补贴、财政管理体制、转移支付制度等。这些手段可以单独使用，也可以配合协调使用。

(1) 国家预算。国家预算是财政政策的主要手段。作为政府的基本财政收支计划，国家预算能够全面反映国家财力规模和平衡状态，并且是各种财政政策手段综合运用结果的反映，因而在宏观调控中具有重要的作用。国家预算收支的规模和收支平衡状态可以对社会供求的总量平衡发生影响。在一定时期内，当其他社会需求总量不变时，财政赤字具有扩张社会总需求的功能，财政采用结余政策和压缩财政支出具有缩小社会总需求的功能。国家预算的支出方向可以调节社会总供求的结构平衡。财政投资主要运用于能源、交通及重要的基础产业、基础设施的建设，财政投资的多少和投资方向直接影响和制约国民经济的部门结构，因而具有造就未来经济结构框架的功能，也有矫正当期结构失衡状态的功能。

(2) 税收。税收是国家凭借政治权力参与社会产品分配的重要形式。税收具有强制性、无偿性和固定性的特征，它既是筹集财政收入的主要工具，又是调节宏观经济的重要手段。税制的设置可以调节和制约企业间的税负水平。税收还可以根据消费需求和投资需求的不同对象设置税种或在同一税种中实行差别税率，以控制需求数量和调节供求结构。进口关税政策和出口退税政策对于国际收支平衡具有重要的调节功能。

(3) 国债。国债是国家按照有偿信用原则筹集财政资金的一种形式，同时也是实现政府财政政策、进行宏观调控的重要工具。国债可以调节国民收入的使用结构和产业结构，用于农业、能源、交通和基础设施等国民经济的薄弱部门和瓶颈产业的发展，调整固定资产投资结构，促进经济结构的合理化。政府还可以通过发行国债调节资金供求和货币流通量。另外，国债的发行对证券市场资金的流向格局也有较大影响。如果一段时间内，国债发行量较大且具有一定的吸引力，将会分流证券市场的资金。

(4) 财政补贴。财政补贴是国家为了某种特定需要，将一部分财政资金无偿补助给企业和居民的一种再分配形式。我国财政补贴主要包括价格补贴、企业亏损补贴、财政贴息、房租补贴、职工生活补贴和外贸补贴等。

(5) 财政管理体制。财政管理体制是中央与地方、地方各级政府之间以及国家与企事业单位之间资金管理权限和财力划分的一种根本制度,其主要功能是调节各地区、各部门之间的财力分配。

(6) 转移支付制度。转移支付制度是中央财政将集中的一部分财政资金,按一定的标准拨付给地方财政的一项制度。其主要功能是调整中央政府与地方政府之间的财力纵向不平衡,调整地区间财力横向不平衡。

2. 财政政策分类

财政政策分为扩张性财政政策、紧缩性财政政策和中性财政政策。实施紧缩财政政策时,政府财政在保证各种行政与国防开支外,并不从事大规模的投资。而实施扩张性财政政策时,政府积极投资于能源、交通、住宅等建设,从而刺激相关产业,如水泥、钢材、机械等行业的发展。如果政府以发行公债方式增加投资的话,对景气的影响就更为深远。总的来说,紧缩财政政策将使得过热的经济受到控制,证券市场也将走弱,因为这预示着未来经济将减速增长或走向衰退;而扩张性财政政策将刺激经济发展,证券市场则将走强,因为这预示着未来经济将加速增长或进入繁荣阶段。

实施积极财政政策对证券市场的影响有:

(1) 减少税收,降低税率,扩大减免税范围。其政策的经济效应是:增加微观经济主体的收入,以刺激经济主体的投资需求,从而扩大社会供给,进而增加人们的收入,并同时增加了他们的投资需求和消费支出。减少税收对证券市场的影响为:增加收入直接引起证券市场价格上涨,增加投资需求和消费支出又会拉动社会总需求;而总需求增加又反过来刺激投资需求,从而使企业扩大生产规模,增加企业利润;利润增加,又将刺激企业扩大生产规模的积极性,进一步增加利润总额,从而促进股票价格上涨。因市场需求活跃,企业经营环境改善,盈利能力增强,进而降低了还本付息风险,债券价格也将上扬。

(2) 扩大财政支出,加大财政赤字。其政策效应是:扩大社会总需求,从而刺激投资,扩大就业。政府通过购买和公共支出增加对商品和劳务的需求,激励企业增加投入,提高产出水平,于是企业利润增加,经营风险降低,将使得股票价格和债券价格上升。同时,居民在经济复苏中增加了收入,持有货币增加,景气的趋势更增加了投资者的信心,买气增强,证券市场和债券市场趋于活跃,价格自然上扬。特别是与政府购买和支出相关的企业将最先、最直接从财政政策中获益,有关企业的股票价格和债券价格将率先上涨。但过度使用此项政策,财政收支出现巨额赤字时,虽然进一步扩大了需求,但却进而增加了经济的不稳定因素。通货膨胀加剧,物价上涨,有可能使投资者对经济的预期不乐观,反而造成股价下跌。

(3) 减少国债发行(或回购部分短期国债)。国债是证券市场上重要的交易券种,国债发行规模的缩减使市场供给量减少,从而对证券市场原有的供求平衡发生影响,导致更多的资金转向股票,推动证券市场上扬。

(4) 增加财政补贴。财政补贴往往使财政支出扩大。其政策效应是扩大社会总需求和刺激供给增加,从而使整个证券市场的总体水平趋于上涨。紧缩财政政策的经济效应及其对证券市场的影响与上述情况相反。

(二) 货币政策

货币政策是指政府为实现一定的宏观经济目标所制定的关于货币供应和货币流通组织管理的基本方针和基本准则。

1. 货币政策的调控作用

货币政策对宏观经济进行全方位的调控,其调控作用突出表现在以下4点。

(1) 通过调控货币供应总量保持社会总供给与总需求的平衡。货币政策可通过调控货币供应量达到对社会总需求和总供给两方面的调节,使经济达到均衡。当总需求膨胀导致供求失衡时,可通过控制货币量达到对总需求的抑制;当总需求不足时,可通过增加货币供应量提高社会总需求,使经济继续发展。同时,货币供给的增加有利于贷款利率的降低,可减少投资成本,刺激投资增长和生产扩大,从而增加社会总供给。反之,货币供给的减少将促使贷款利率上升,从而抑制社会总供给的增加。

(2) 通过调控利率和货币总量控制通货膨胀,保持物价总水平的稳定。无论通货膨胀的形成原因多么复杂,从总量上看,都表现为流通中的货币超过社会在不变价格下所能提供的商品和劳务总量。提高利率可使现有货币购买力推迟,减少即期社会需求,同时也使银行贷款需求减少;降低利率的作用则相反。中央银行还可以通过金融市场直接调控货币供应量。

(3) 调节国民收入中消费与储蓄的比例。货币政策通过对利率的调节能够影响人们的消费倾向和储蓄倾向。低利率鼓励消费,高利率则有利于吸收储蓄。

(4) 引导储蓄向投资的转化并实现资源的合理配置。储蓄是投资的来源,但储蓄不能自动转化为投资,储蓄向投资的转化依赖于一定的市场条件。货币政策可以通过利率的变化影响投资成本和投资的边际效率,提高储蓄转化的比重,并通过金融市场有效运作实现资源的合理配置。

2. 货币政策工具

货币政策工具是指中央银行为实现货币政策目标所采用的政策手段。货币政策工具可分为一般性政策工具(法定存款准备金率、再贴现政策、公开市场业务)和选择性政策工具(直接信用控制、间接信用指导)。

1) 一般性政策工具

一般性政策工具是指中央银行经常采用的三大政策工具。

(1) 法定存款准备金率。法定存款准备率是指中央银行规定的金融机构为保证客户提取存款和资金清算需要而准备的在中央银行的存款占其存款总额的比例。当中央银行提高法定存款准备金率时,商业银行可运用的资金减少,贷款能力下降,货币乘数变小,市场货币流通量便会相应减少。所以,在通货膨胀时,中央银行可提高法定准备金率;反之,则降低法定准备金率。由于货币乘数的作用,法定存款准备金率的作用效果十分明显。人们通常认为这一政策工具效果过于猛烈,它的调整会在很大程度上影响整个经济和社会心理预期,因此,一般对法定存款准备金率的调整都持谨慎态度。

(2) 再贴现政策。再贴现政策是指中央银行对商业银行用持有的未到期票据向中央银行融资所做的政策规定。再贴现政策一般包括再贴现率的确定和再贴现的资格条件。再贴现率主要着眼于短期政策效应。中央银行根据市场资金供求状况调整再贴现率,以影响商业银行借入资金成本,进而影响商业银行对社会的信用量,从而调整货币供给总量。在传导机制上,若商业银行需要以较高的代价才能获得中央银行的贷款,便会提高对客户的贴现率或提高放款利率,其结果就会使信用量收缩,市场货币供应量减少;反之,则相反。中央银行对再贴现资格条件的规定则着眼于长期的政策效用,以发挥抑制或扶持作用,并改变资金流向。

(3) 公开市场业务。公开市场业务是指中央银行在金融市场上公开买卖有价证券,以此来调节市场货币供应量的政策行为。当中央银行认为应该增加货币供应量时,就在金融市场上买进有价证券(主要是政府债券);反之,就出售所持有的有价证券。

2) 选择性政策工具

随着中央银行宏观调控作用重要性的加强,货币政策工具也趋向多元化,因而出现了一些供选择使用的新措施,这些措施被称为选择性货币政策工具。选择性货币政策工具主要有两类:直接信用控制和间接信用指导。

(1) 直接信用控制。直接信用控制是指以行政命令或其他方式,直接对金融机构尤其是商业银行的信用活动进行控制。其具体手段包括:规定利率限额与信用配额、信用条件限制、规定金融机构流动性比率和直接干预等。

(2) 间接信用指导。间接信用指导是指中央银行通过道义劝告、窗口指导等办法来间接影响商业银行等金融机构行为的做法。

3. 货币政策的运作

货币政策的运作主要是指中央银行根据客观经济形势采取适当的政策措施调控货币供应量和信用规模,使之达到预定的货币政策目标,并以此影响整体经济的运行。通常将货币政策的运作分为紧的货币政策和松的货币政策。

(1) 紧的货币政策。紧的货币政策的主要政策手段是:减少货币供应量,提高利率,加强信贷控制。如果市场物价上涨,需求过度,经济过度繁荣,被认为是社会总需求大于总供给,中央银行就会采取紧缩货币的政策以减少需求。

(2) 松的货币政策。松的货币政策的主要政策手段是:增加货币供应量,降低利率,放松信贷控制。如果市场产品销售不畅,经济运转困难,资金短缺,设备闲置,被认为是社会总需求小于总供给,中央银行则会采取扩大货币供应的办法增加总需求。

总的来说,在经济衰退时,总需求不足,采取松的货币政策;在经济扩张时,总需求过大,采取紧的货币政策。但这只是一个方面的问题,政府还必须根据现实情况对松紧程度做科学合理的把握,必须根据政策工具本身的利弊及实施条件和效果选择适当的政策工具。

(三) 收入政策

收入政策是国家为实现宏观调控总目标和总任务,针对居民收入水平高低、收入差距大小在分配方面制定的原则和方针。与财政政策、货币政策相比,收入政策具有更高一层次的调节功能,它制约着财政政策和货币政策的作用方向和作用力度,而且收入政策最终也要通过财政政策和货币政策来实现。

收入政策目标包括收入总量目标和收入结构目标。收入总量目标着眼于近期的宏观经济总量平衡,着重处理积累和消费、人们近期生活水平改善和国家长远经济发展的关系以及失业和通货膨胀的问题。收入结构目标则着眼于处理各种收入的比例,以解决公共消费和私人消费、收入差距等问题。

收入总量调控政策主要通过财政、货币机制来实施,还可以通过行政干预和法律调整等机制来实施。财政机制通过预算控制、税收控制、补贴调控和国债调控等手段贯彻收入政策。货币机制通过调控货币供应量、调控货币流通量、调控信贷方向和数量、调控利息率等贯彻收入政策。因而,收入总量调控通过财政政策和货币政策的传导对证券市场产生影响。

我国个人收入分配实行以按劳分配为主体、多种分配方式并存的收入分配政策。在以劳动收入为主体的前提下,国家依法保护法人和居民的一切合法收入和财产,鼓励城乡居民储蓄和投资,允许属于个人的资本等生产要素参与分配。按要素贡献分配的收入,同样可分为劳动收入和非劳动收入。狭义的劳动指的是一般工人的劳动。广义的劳动,还包括科技人员和管理人员的劳动。作为非劳动生产要素的资本贡献收入,则是非劳动收入。技术作为生产要素的收入可分为3个层次:一是技术劳动收入;二是技术专利转让收入;三是技术入股收入。党的十七大报告首次提出了"创造条件让更多群众拥有财产性收入",明确了通过增加群众的财产性收入来分享改革开放成果的方向。通俗地讲,财产性收入就是指家庭拥有的动产(银行存款、有价证券等)、不动产(房屋、车辆、土地、收藏品等)所获得的收入。它包括出让财产使用权所获得的利息、租金、专利收入等,财产营运所获得的红利收入、财产增值收益等。财产性收入的增加必然会涉及各种投资,除了实业投资等,还包括投资金融产品,涵盖了储蓄、债券、保险和股票等。

总之,随着社会主义市场经济体制的建立和完善,我国收入分配格局发生了根本性的变化,从而导致了我国民间金融资产大幅度增加,并具有相当规模。这些资产必然要寻找出路,或者储蓄,或者投资。由于资金分散,直接的实业投资很难普遍进行,大部分投资须借助于金融市场来实现。民间金融资产的增大、社会总积累向社会分配的趋向,将导致储蓄增加,同时增加证券市场需求,促进证券市场规模的扩大和价格水平的逐步提高。着眼于短期供求总量均衡的收入总量调控通过财政、货币政策来进行,因而收入总量调控通过财政政策和货币政策的传导对证券市场产生影响。

三、国际金融市场环境分析

国际金融市场按经营业务的种类划分,可以分为货币市场、证券市场、外汇市场、黄金市场和期权期货市场。随着经济全球化和金融市场一体化进程的加快,一国经济形势和金融市场的动荡都会对相关国家产生直接或间接影响。中国自加入WTO之后,资本市场逐步开放,尽管目前人民币还没有实现完全自由兑换,证券市场相对独立,但由于经济全球化的发展,我国经济与世界经济的联系日趋紧密。自2007年开始的美国次贷危机引发的金融危机,对全球经济和金融市场产生了巨大的冲击,而国际金融市场的剧烈动荡会通过各种途径影响我国的证券市场。

(一)国际金融市场动荡通过人民币汇率预期影响证券市场

汇率对证券市场的影响是多方面的。一般来讲,一国的经济越开放,证券市场的国际化程度越高,证券市场受汇率的影响越大。这里汇率用单位外币的本币标值来表示。一般而言,以外币为基准,汇率上升,本币贬值,本国产品竞争力强,出口型企业将增加收益,因而企业的股票和债券价格将上涨;相反,依赖于进口的企业成本增加,利润受损,股票和债券的价格将下跌。同时,汇率上升,本币贬值,将导致资本流出本国,资本的流失将使得本国证券市场需求减少,从而市场价格下跌。

另外,汇率上升时,本币表示的进口商品价格提高,进而带动国内物价水平上涨,引起通货膨胀。通货膨胀对证券市场的影响需根据当时的经济形势和具体企业以及政策行为进行分析。为维持汇率稳定,政府可能动用外汇储备,抛售外汇,从而减少本币的供应量,使得证券市场价格下跌,直到汇率回落恢复均衡,反面效应可能使证券价格回升。如果政府利用债市与汇市联动操作达到既控制汇率的升势又不减少货币供应量,即抛售外汇的同时回购国债,则将使国债市场价格上扬。

我国于2005年7月21日宣布,自即日起,开始实行以市场供求为基础的、参考一篮子调节的、有管理的浮动汇率制度。人民币汇率不再单一盯住美元,而是形成更富弹性的人民币汇率机制。

从趋势上看,由于中国经济的持续高速发展,人民币渐进升值对股票市场的影响主要体现在两个层面:①将全面提升人民币资产升值,对内外资投资于中国资本市场都将产生极大的吸引力,特别是伴随金融业的全面开放、QFII投资额度放宽、市场扩容和金融衍生工具的增加等,我国资本市场正在迎来一个加速发展的时期;②拥有人民币资本类的行业或企业将特别受到投资人的青睐,如零售商业、房地产、金融业等,这类行业在2006年和2007年伴随人民币升值,成为股指上扬的龙头。人民币升值不仅对A股产生影响,对B股也会产生影响。由于上海与深圳两个B股市场分别是以美元和港元标价,出于对人民币升值的预期,2002 年以来,这两个市场在走势上出现一定的分化(见图 4-2)。

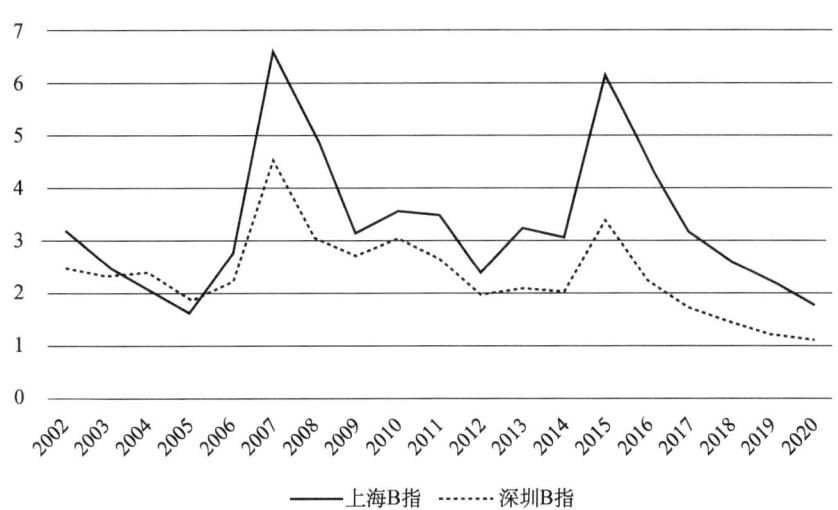

图 4-2　2002～2020 年上海、深圳 B 股 PB(平均市净率)市场走势差异

(二) 国际金融市场动荡通过宏观面间接影响我国证券市场

改革开放以来,我国国民经济的对外依存度大大提高,国际金融市场动荡会导致出口增幅下降、外商直接投资下降,从而影响经济增长率。宏观经济环境的恶化导致上市公司业绩下降和投资者信心下降,最终使证券市场行情下跌。其中,国际金融市场的动荡对外向型上市公司和外贸行业上市公司的业绩影响最大,对其股价的冲击也最大。2008 年全球金融危机直接影响到全球实体经济,美国、欧洲和日本三大经济体经济进入衰退状态。中国经济在 2008 年第 4 季度出现大幅度下滑,其中出口出现零增长,A 股市场也受到国际金融市场的影响。

应当说国际金融市场的动荡对我国的影响并不是单向的。2007 年 2 月 27 日,A 股指数出现有史以来最大的单日下跌,跌幅超过 8%。股指大跌次日波及全球各国(地区)股市,几乎无一幸免,美股大跌逾 400 点。在全球金融市场上,这都可以说是一次不小的股灾,称为"黑色星期二"。德国媒体以"中国打喷嚏,全世界感冒"来形容当今中国的经济影响力。中国股市这次大跌是否是全球股市全面下跌的真正原因,目前有许多不同的看法,但中国经济目前在世界的影响力很大已是不争的事实。因此,随着中国资产证券化率的不断提高,中国股市对世界金融市场的影响将会越来越大。

(三) 国际金融市场动荡通过微观面直接影响我国证券市场

随着中国经济实力的不断壮大,国内企业的国际竞争能力也在不断增强。一些大型企业最近几年来通过跨国兼并参与国际竞争。国内主要上市公司通过购买境外企业的股份,以达到参股或控股的目的。另外一些大型上市公司通过购买境外企业债券进行组合投资套期保值,国际金融市场的动荡造成境外企业的股票和债券价格大幅度缩水,严重影响了上述公司的业绩。

自 2005 年股权分置改革以来,陆续有包括中国石油在内的许多大型国有企业在我国 A 股市场上市。该类公司目前在国际上具备较强的竞争力和资本扩张能力,它们在境外的投资直接受到国际市场的影响。2007 年年底至 2008 年年底,该类公司境外投资受国际金融市场的影响,股价下跌,已直接对 A 股产生巨大影响。这一新现象表明,国际金融市场动荡已经从原有的通过宏观层面的间接影响深入到从微观层面直接影响到我国 A 股市场。因此,证券分析师对境外市场的研究比以往显得更为重要。

随着改革开放的进一步深入,尤其是加入 WTO 以来,我国内地与香港在经济发展上关系日益密切,反映在证券市场就是 A 股和 H 股关联性不断加强。从历史上看,A 股和 H 股的相关性系数在 0.6~0.7,但 2006 年以来,两者的相关性却不断上升,一度超过了 0.9,尤其是中国银行先后在 H 股和 A 股市场上市后,两者走势几乎重合,连价格也几乎保持一致。考虑到香港作为一座国际化的金融中心以及与国际金融市场的紧密相连性,国际金融市场动荡会通过 H 股不断地影响 A 股市场。随着证券市场日益开放,A 股与 H 股的关联性还将进一步加强。

当然,在讨论 A 股与 H 股的关联性中,对于谁有价格主导权的问题不能一概而论,主要取决于行业市值集中在哪个市场,如银行、通讯、能源、有色等行业上市公司的主要市值目前集中在 H 股市场,因此价格的主导权在 H 股;机械、生物医药、农林牧渔等行业的主要市值集中在 A 股市场,因此可能由 A 股决定价格走向。当然,随着 A 股市场新的大盘股不断发行,结构也会随之改变。

在国际金融市场相互影响和日益动荡的今天,我国政府部门将吸取国际金融市场动荡的教训,采取降低证券市场风险、加强监管、提高上市公司的素质等积极措施,促使证券市场的稳健发展。

任务三　证券市场的供求关系

案例导入

中国上市公司 500 强

2021 年 7 月 5 日,21 数据新闻实验室公布《2021 上半年中国上市公司市值 500 强》。榜单显示,到 6 月 30 日时,中国上市企业已高达 7 974 家。其中有 13 家达万亿元市值,腾讯控股以 46 626 亿元的市值,位列榜首;而最后一名则被 492 亿元市值的知乎拿下。由此不难看出,如今中国经济之强大。那么从省份来看,中国市值 500 强企业又是怎样分布的呢?

浙江 38 家

浙江是我国东部发达地区的代表省份,其拥有500强上榜企业38家,数量在全国排名第六位,表现优异。其中,阿里巴巴是浙江市值最高,同时也是中国市值第二的上市企业,其拥有39 703亿元市值,优势地位明显。海康威视、农夫山泉等,则是浙江第二、第三大市值企业,表现也优异。

广东 72 家

作为中国经济龙头的广东,共有72家上市企业榜上有名,数量超过一众省份。而且,广东上市企业不仅数量多,质量也高。在中国13家万亿元市值企业中,广东独占3家,分别为腾讯、招商银行与中国平安。比亚迪、美的、立讯精密等科技巨头,也都聚集在广东。虽然没有上市,但实力与体量同样巨大的华为,也将总部设立在了广东。

北京排名第一

北京有万亿元市值企业4家、千亿元市值企业59家。同民营经济发达的浙江、广东不同,北京之所以实力如此强悍,一大关键原因便是,北京是我国政治中心。在北京聚集了众多大型国企、银行等,这些企业的市值大多不低。

因此,北京上市企业市值前十名中,银行业便独占四席,分别为工商银行、建设银行、农业银行与中国银行;而剩下的位置中,中国石油与中国移动两大国企又占据了两席。在上市企业数量与质量上,北京都呈现出碾压的态势,是令人瞩目的存在。不只是上市企业数量,在全球500强企业数量、中国500强企业数量等等榜单中,北京优势地位同样难以撼动。

思考:
1. 上市公司的规模与数量会对证券市场产生影响吗?
2. 股票的供求关系影响因素有哪些?

证券价格由其内在价值决定,但就中、短期的价格而言,证券的市场交易价格由供求关系决定。无论是成熟市场还是新兴市场,都可以用供给曲线和需求曲线的变化来确定证券价格的变化轨迹。但不同的是,成熟市场的供求关系是由资本收益率引导的供求关系,即资本收益率水平对证券价格有决定性的影响。像我国这样的新兴市场,证券价格在很大程度上由证券的供求关系决定,即由一定时期内证券的总量和资金总量的对比力量决定。由于我国目前的证券市场主要交易品种为股票,所以本节的证券市场供求关系主要是指股票的供求关系。

一、证券市场的供给方和需求方

(一) 供给方

证券市场的供给主体是公司(企业)、政府与政府机构以及金融机构。公司(企业)通过向市场发行股票、公司(企业)债和权证等产品进行融资。政府与政府机构包括中央政府、地方政府以及中央政府直属机构,其为债券产品的主要供给方。金融机构作为证券市场的发行供给主体,既发行债券,也发行股票。欧美等西方国家能够发行证券的金融机构一般都是股份公司,所以将金融机构发行的证券归入公司证券。我国和日本将金融机构发行的债券定义为金融债券,以突出金融机构作为证券发行的主体地位。股份制的金融机构发行的股票没有被定义为金融证券,而归类为一般的公司股票。就股票市场而言,我国自1990年设立证券交易所以来,上市公司的数量逐年增加。与1990年相比,2016年我国沪、深证券交易所上市公司的数量超过3 000家,2020年9月达到4 002家(见表4-1)。

表4-1 沪、深证券交易所上市公司数量变化表　　　　　　　　　　单位:家

年份	1990	1991	1992	1993	1994	1995	1996	1997	1998	1999
数量	10	13	53	183	291	323	530	745	851	949
年份	2000	2001	2002	2003	2004	2005	2006	2007	2008	2009
数量	1 088	1 154	1 224	1 287	1 377	1 378	1 421	1 550	1 625	1 718
年份	2010	2011	2012	2013	2014	2015	2016	2017	2018	2019
数量	2 063	2 342	2 494	2 489	2 613	2 827	3 052	3 485	3 584	3 777
年份	2020									
数量	4 002									

在沪、深证券交易所上市公司增加的同时,我国企业在国内外资本市场的筹资额也保持持续增长的趋势。截止2020年9月,沪深两市上市公司总市值已经达到81.97万亿元,相比1990年12月23.82亿元的总市值增长了约3.4万倍。这期间证券市场也有处于低迷状态的时候,尤其是2005年,为解决股权分置这个影响证券市场发展的根本性问题,上市公司融资处于停顿状态,总筹资额只有60.25亿元人民币。2006年以来,在众多因素尤其是股权分置改革的积极影响下,证券市场逐步走出低迷状态,并转入由熊市进入牛市的上升通道。2007年,随着特大型企业,如中国石油、中国神华和中国中铁等顺利发行上市,上市公司融资出现爆发性增长,证券市场总融资额达到7 791.56亿元人民币(见图4-3),是2006年2 335.23亿元人民币的3.3倍,再创历史新高。2008年由于证券市场的急剧走低,融资数再度走低,两市全年筹资额为3 471.81亿元。到了2020年市值上,沪市总市值达到43.24万亿元,其中主板40.35万亿元,科创板2.89万亿元。深市上市公司总计2 285家,总市值32.71万亿元。深市主板、中小板和创业板分别有上市公司469家、964家和852家,对应总市值分别为9.34万亿元、13.45万亿元和9.92万亿元。

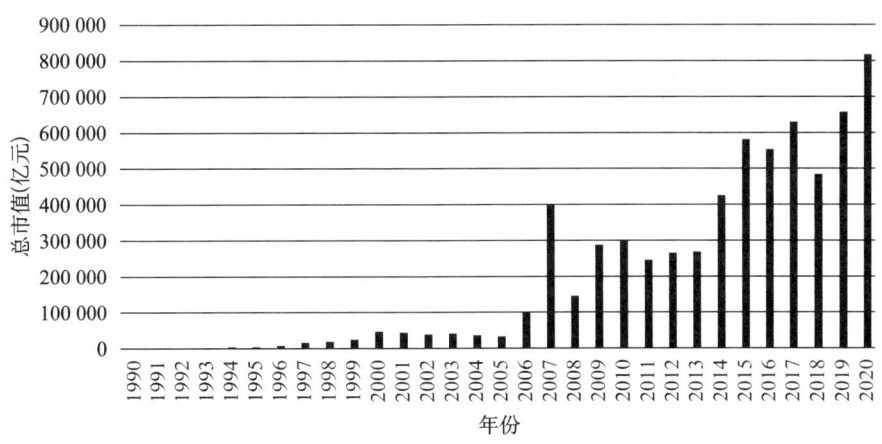

图 4-3 证券市场总融资额

(二) 需求方

证券投资者是证券市场的需求主体,也是市场资金的供给者。投资者的存在使得各种证券的发行有了保证,直接融资渠道得以建立,市场的正常交易得以维持。证券投资者之间的交易保证了证券市场资金和证券转换的连续性,是证券市场实现资源配置最重要的前提。在证券市场的构成要素中,投资者与上市公司一起,构成了证券市场的重要基础。

根据投资者的行为主体不同,可以把投资者分为个人投资者和机构投资者。

1. 个人投资者

个人投资者为自然人,指从事证券买卖的居民。居民个人买卖证券是对其剩余、闲置的货币加以运用的一种方式。在发达证券市场上,个人投资者多数不直接参加证券市场的买卖。他们有的通过证券经纪人买卖证券,有的通过购买投资基金的方法来间接地参与证券市场。我国绝大部分个人投资者是直接参与证券的买卖,或是通过购买基金的方法间接地投资证券市场。

2. 机构投资者

机构投资者是相对于个人投资者而言的。从广义的角度来看,一切参与证券市场投资的法人机构都可以称作机构投资者。它既包括开放式基金、封闭式基金、社保基金,也包括参与证券投资的保险公司、证券公司、合格境外机构投资者,还包括一些投资公司和企业法人。与资金量小、信息不足、缺乏技巧的个人投资者相比,机构投资者具有资金与人才实力雄厚、投资理念成熟、抗风险能力强等特征,因而其发育程度被视为评价市场稳定性的重要指标。在外国成熟的证券市场上,机构投资者是市场的主要参与者,具有举足轻重的作用,这也被视为市场成熟的一个标志(见表 4-2)。

表 4-2 历年投资者期末账户数　　　　　　单位:万户

年份	全国						
	总数	A股账户数		B股账户数		基金账户数	
		个人	机构	个人	机构	个人	机构
2000	6 123.23	5 851.76	25.66	25.73	1.49	218.57	0.01
2001	6 898.67	6 500.98	30.45	146.26	1.58	219.38	0.02
2002	6 841.34	6 638.31	30.83	152.37	1.58	19.72	0.02
2003	6 981.24	6 771.35	32.18	155.89	1.6	20.21	0.02
2004	7 215.74	6 912.65	33.22	158.55	1.69	109.03	0.58
2005	7 336.07	6 994.12	34.01	159.6	1.71	145.61	1.02
2006	7 853.99	7 281.29	36.26	162.67	1.87	370.32	1.58
2007	13 886.18	11 005.22	46.9	232.19	2.12	2 597.58	2.17
2008	15 198.01	12 074.33	48.61	238.02	2.33	2 831.67	2.45
2009	17 149.68	13 727.72	54.06	243.72	2.38	3 118.79	3.01
2010	18 858.26	15 146.04	58.02	247.44	2.52	3 400.57	3.67
2011	20 259.2	16 233.42	61.32	249.46	2.70	3 707.80	4.50
2012	21 083.16	16 748.51	62.91	250.23	2.82	4 012.98	5.71
2013	21 963.04	17 197.84	65.53	251.34	2.92	4 437.38	8.03
2014	23 587.4	18 075.64	69.98	252.50	3.05	5 175.90	10.33
2015	77 996.27	9 838.2		240.2		6 791.78	
2016	106 285.6	11 741.09		240.88		9 430.37	
2017	148 474.7	13 329.66		241.11		13 490.40	
2018	227 462.3	14 582.73		241.10		212 63.85	

根据投资证券市场投资者目的的不同,可以把投资者分为长期投资者和短期投资者。长期投资者的目的是获得公司的分红,而短期投资者的目的是获得短期资本差价。有时也把短期投资者称为投机者。可以从以下3个方面对二者进行区分:

(1) 时间区分:投机者主要进行的是短期行为,持有某证券的时间不会太长;投资者主要进行的是长期行为,如不发生基本面的变化,不会轻易卖出证券。

(2) 范围区分:投机者投机的范围较小,主要集中在市场上比较热点的行业和板块;投资者投资的领域相当广泛,可以是与国民经济相关的各个行业,由于预期获得长期收益,投资者对市场上的暂时投资热点并不太热情。

(3) 风险和收益区分:投机者的行为往往追求高风险、高收益;投资者的行为比较稳妥,风险小,收益相对小。

二者的区分也不是绝对的,从投资理论上讲投机可以看作是投资的一部分,投资包含投机,二者是密不可分的。

二、证券市场供给的决定因素与变动特点

证券市场供给的主体是上市公司,上市公司的数量和质量是证券市场供给方的主要影响因素。

(一) 上市公司质量

上市公司的质量状况影响到证券市场的前景、投资者的收益及投资热情、个股价格及大盘指数变动,这些因素将直接或间接影响证券市场的供给。质量高的上市公司易于为证券市场所接受,因而有利于股票供给的增加;反之,质量低的上市公司,其股票很难被市场接受,对股票的供给增加不利。上市公司的质量和业绩情况也影响到公司本身的再筹资功能和筹资规模,从而影响股票的供给。因此,上市公司质量与经济效益状况是影响证券市场供给的最根本因素。

(二) 上市公司数量

与上市公司质量相比,上市公司数量直接决定证券市场供给。影响公司数量的主要因素包括以下 3 点。

1. 宏观经济环境

如果宏观经济运行良好,投资扩张的企业必然增多,融资的需求必然增加,这时将有更多的企业申请公开发行股票;同时,投资者良好的预期会促使其积极参与认购,上市公司数量也随之增加。这样,上市流通股份的数量就会增加,市场的供给相应会增加。

2. 制度因素

影响证券市场供给的制度因素主要有发行上市制度、市场设立制度和股权流通制度三大因素。从发行上市制度来看,1999 年前,我国的股票发行制度主要采取的是额度控制和地方政府推荐企业的股票发行制度。随着 1999 年 7 月 1 日《中华人民共和国证券法》(以下简称《证券法》)的颁布实施,股票发行制度逐步走向市场化。2001 年 3 月 17 日正式取消额度制,改而采取股票发行核准制。这一制度的变化有利于提高上市公司的质量。从市场设立制度来看,市场的增加或减少会影响市场证券的供给,如中小板与代办股份转让系统设立使股票市场的供给得以增加,股权分置改革等股权流通制度的变化也会使得股票市场的供给产生改变。

3. 市场因素

证券市场是广大投资者交易包括上市公司股票在内的各类证券的场所,也是上市公司进行直接融资的主要场所。当证券市场处于牛市的情况下,大量的场外资金流入股市,为上市公司的增发、配股提供了资金支持,也为非上市公司的首次公开募股(IPO)营造了良好的市场氛围,进而能够增加市场上的股票供给量。反之,当证券市场处于熊市的时

候,市场的资金面压力增大,从而不利于股票有效供给的增加。

总的来看,上市公司的数量和质量将随国家宏观经济的变化、证券市场监管部门对证券市场监管效率的提高以及上市公司的整体质量等因素的变化而变化。由于我国证券市场规模还小,企业上市筹资的需求仍然很大,证券市场的供给增加将是必然趋势。在今后相当长的一段时期内,我国证券市场的供给量仍然会比较大。

三、证券市场需求的决定因素与变动特点

证券市场需求,即证券市场资金量的供给,主要是指能够进入证券市场的资金总量。我国证券市场需求的决定因素与变动特点主要有以下5点。

（一）宏观经济环境

如果宏观经济运行良好,银根较松,整个社会的资金供给就会呈现出比较充裕的局面。同时,由于宏观经济向好,作为微观主体的上市公司业绩的预期会得到相应改善,将会吸引投资者进一步进入证券市场,从而增加对股票的需求,有效增加证券市场资金的供给量。反之,如果宏观经济的前景堪忧,整个社会的资金供给可能会呈现出比较紧张的局面,而且投资者会调低对上市公司业绩的预期,减少对证券市场的投资,证券市场的资金供应量会减少。

（二）政策因素

由于中国证券市场还处于不太成熟的发展阶段,有关部门为了防范证券市场的风险,对进入证券市场的投资主体有着严格的规定,一些不符合规定的资金不能进入证券市场。但是,随着中国证券市场的不断成熟,有关部门会逐步开放证券市场,使进入证券市场的投资主体越来越多,为证券市场提供新的增量资金,扩大证券市场的资金供应量。包括市场准入政策、融资融券政策、金融监管政策甚至货币与财政政策在内的一系列政策,将对证券市场的需求产生影响。

（三）居民金融资产结构的调整

居民的金融资产主要由银行存款、证券投资基金、股票、债券及信托资产等构成。中国居民以前金融资产的绝大部分是银行储蓄,证券投资尤其股票和证券投资基金投资占金融资产的比例相当小。但是,随着人民生活水平的不断提高、金融投资意识的加强,不断有居民将原先的银行储蓄转化为股票和基金投资。股票与基金投资占个人金融资产的比例会不断提高,而且这种变化趋势是长期的。

（四）机构投资者的培育和壮大

我国证券市场机构投资者的发展大致可以分为以下3个阶段：

第一阶段是1991~1997年。该阶段的机构投资者为证券公司、信托公司、养老基金和非专业证券投资的企业法人。由于当时国家对机构投资者投资范围没有明确限制,部分机构投资者的资金并没有全部用于股票投资,如不少证券公司和养老基金投资房地产

和上市公司法人股。

第二阶段是1998~2000年。该阶段的特点是管理层开始有计划、有步骤地推出一系列旨在培育机构投资者的政策措施。1998年,证券投资基金(封闭式)的出现开创了我国机构投资时代的新篇章。1997年11月,经国务院批准,中国证监会颁布了《证券投资基金管理暂行办法》。1998年3月,首批两家基金管理公司获准成立。1999年下半年,允许三类企业作为战略投资者入市、允许保险资金入市、银行资金可以通过质押贷款进入证券市场等举措,使得机构投资者入市步伐明显加快。

第三阶段是2001年至今,开放式基金的出现是该阶段的特点。2001年9月22日,第一只华安创新开放式基金宣告成立,从而使基金的发展跨入新的历史时期,同时也标志着我国证券市场真正开始步入机构投资者时代。作为2001年的新生品种,开放式基金无论在数量上还是在品种上都得到了长足的发展。截至2007年底,市场上共有310只开放式基金,份额总计3 755.35亿份,资产净值合计达3.04万亿元,是2006年的3.38倍。如果算上封闭式基金、ETF和LOF,2007年底市场上各类基金总数达到345只。2002年10月16日,首家中外合资基金管理公司获准筹建,标志着中国基金业的对外开放正式拉开序幕。2002年11月15日,中国证监会和中国人民银行联合发布《合格境外机构投资者境内证券投资管理暂行办法》,打开了合格境外机构投资者(Qualified Foreign Institutional Investor,QFII)直接投资A股的大门。目前,我国证券市场机构投资者已经形成了以证券投资基金、券商、保险公司、社会保障基金、QFII、信托公司、财务公司和企业法人等为主体的多元化格局。

(五) 资本市场的逐步对外开放

资本市场开放包含两方面的含义,即服务性开放和投资性开放。

资本市场服务性开放是金融服务业开放的主要内容之一。它包括允许投资银行、可以经营证券的商业银行、资产管理公司、各种基金(如养老基金、对冲基金、保险基金等)及基金管理公司、律师事务所、投资咨询公司等外国资本市场中介机构在本国资本市场上为证券投融资提供各种服务;允许本国资本市场中介机构在其他国家的资本市场上为证券投融资提供各种服务。

资本市场的投资性开放属于资本流动范畴,是与资本账户自由化相关的一个概念,是指资金在国内与国际资本市场之间的自由流动。资本市场的投资性开放包括两方面的含义:融资的开放,即允许本国居民在国际资本市场上融资和外国居民在本国资本市场上融资;投资的开放,即允许外国居民投资于本国的资本市场和允许本国居民投资于国际资本市场。投资性开放的结果是资本可在全球范围内充分配置,使全球任何地方的资本资产的价格趋于一致。

2001年11月我国正式加入WTO。我国政府在入世谈判中对资本市场的逐步开放做出了实质性的承诺。这些承诺包括:①B股业务。我国承诺在加入WTO时开放B股业务。②合资证券经营机构。在中国加入 WTO 3 年后,外国证券商、投资银行可与中国证券经营机构合资成立外资股份不超过 33% 的证券经营机构,从事 A 股、B 股和 H 股以及政府债券的承销服务。合资证券公司可承销、自营和代理外币债券和股票,可承销本币证券。③资产管理服务。中国加入 WTO 后,外资证券经营机构可与中国证券经营机构成立合资资产管理公司,外资股份不超过 33%。3 年后外资股份上限提高到 49%。

随着资本市场开放程度不断加深,证券行业还超出了 WTO 承诺,主动实施部分开放措施。例如,2006 年 2 月 1 日《外国投资者对上市公司战略投资管理办法》正式实施,外国投资者被允许对已完成股改的上市公司进行战略性投资。在 QFII 制度实施 3 年后,我国于 2006 年 8 月 24 日,将 2002 年 11 月 15 日颁布实施的《合格境外机构投资者境内证券投资管理暂行办法》修改为《合格境外机构投资者境内证券投资管理办法》。新办法放宽了对 QFII 的资格要求和资金进出锁定期,增加了 QFII 开户和投资等方面的便利。

在"引进来"的同时,中国证监会还逐步推动境内证券期货机构和投资者"走出去"。到 2007 年年底,已经有 7 家境内证券公司、6 家期货公司获准到香港设立分支机构。2006 年 4 月 13 日,中国人民银行发布第五号文件公告调整 6 项外汇管理政策,允许符合条件的银行、基金管理公司等证券经营机构和保险机构在一定额度内集合境内机构和个人自有外汇,用于在境外进行的包含股票在内的组合证券投资。合格境内机构投资者(Qualified Domestic Institutional Investor,QDII)制度开始启动。2006 年 8 月,我国批准基金管理公司启动合格境内机构投资者制度的试点。

四、影响我国证券市场供求关系的基本制度变革

(一) 股权分置改革

由于特殊历史原因,我国 A 股上市公司内部普遍形成了两种不同性质的股票,即非流通股和社会流通股。这两类股票表现出不同股、不同价、不同权的特征,这一特殊的市场制度与结构被称为股权分置。股权分置问题的由来和发展可以分为三个阶段。

第一阶段,股权分置问题的形成。我国证券市场在设立之初,对国有股流通问题总体上采取搁置的办法,在事实上形成了股权分置的格局。

第二阶段,通过国有股变现解决国企改革和发展资金需求的尝试,开始触动股权分置问题。1998 年下半年到 1999 年上半年,为了推进国有企业改革发展的资金需求和完善社会保障机制,开始国有股减持的探索性尝试。但由于实施方案与市场预期存在差距,试点很快被停止。2001 年 6 月 12 日,国务院颁布《减持国有股筹集社会保障资金管理暂行办法》也是该思路的延续。但同样由于市场效果不理想,于当年 10 月 22 日宣布暂停。

第三阶段,作为准进资本市场改革开放和稳定发展的一项制度性变革,股权分置问题正式被提上日程。2004 年 1 月 31 日,国务院发布《国务院关于推进资本市场改革开放和稳定发展的若干意见》,明确提出"积极稳妥解决股权分置问题"。

作为历史遗留的制度性缺陷,股权分置在诸多方面制约中国资本市场的规范发展和国有资产管理体制的根本性变革。为此,依据《国务院关于推进资本市场改革开放和稳定发展的若干意见》,中国证监会于 2005 年 4 月 29 日发布了《关于上市公司股权分置改革试点有关问题的通知》,标志着股权分置改革正式启动。三一重工、紫江企业、清华同方和金牛能源 4 家上市公司成为首批股权分置改革的试点公司。除清华同方外,其他 3 家上市公司顺利通过股权分置改革,实现全流通。2005 年 9 月 4 日,中国证监会颁布了《上市公司股权分置改革管理办法》。这一法律文件的正式出台,意味着股权分置改革从试点阶段开始转入积极稳妥地全面铺开的新阶段。截至 2006 年 12 月 31 日,累计完成或进入股改程序的公司数已达到 1 303 家,总市值约为 60 504.47 亿元,约占沪、深 A 股总市值的 98.55%,股权分置改革已取得决定性胜利。

股权分置改革的完成表明国有资产管理体制改革、历史遗留的制度性缺陷、被扭曲的证券市场定价机制、公司治理缺乏共同利益基础等一系列问题逐步得到解决,也是推进我国资本市场国际化进程的一个重要步骤,必将对沪、深证券市场产生极其深刻、积极的影响。

(二)法律、法规的重新修订

2005 年 10 月 27 日,十届全国人大常委会第十八次会议审议通过了新修订的《中华人民共和国证券法》(以下简称《证券法》)和《中华人民共和国公司法》(以下简称《公司法》)(以下合称两法)。修订后的两法于 2006 年 1 月 1 日开始施行。两部法律的修订出台,标志着中国证券市场法制建设迈入一个新的历史阶段。

本次两法的修订,涉及证券发行、证券上市、证券交易、证券登记结算、公司治理、投资者保护、市场监督等各方面,调整幅度大,内容非常丰富。新《证券法》共 12 章 240 条,新《公司法》共 13 章 219 条。此外,在结构上,新《证券法》与新《公司法》做了衔接安排,将原《公司法》中有关股票公开发行、上市、暂停上市、终止上市的相关内容移至新《证券法》中。

两法修订的主要内容和基本精神包括以下 5 点。

(1) 积极稳妥推进市场创新。本着稳妥的原则,新《证券法》拓宽了证券市场创新的法律空间:①将证券衍生品的发行、交易纳入新《证券法》的调整范围,丰富了市场产品;②在坚持分业管理的前提下,为证券业和银行业、信托业、保险业的相互融合放宽了限制;③开展融资融券交易,开发证券期货、期权等交易品种得到法律的确认;④明确规定"依法拓宽资金入市渠道",将国有企业和国有资产控股的企业不得炒作股票的规定修改为"国有企业和国有资产控股的企业买卖上市交易的股票的,必须遵守国家有关规定",为各类合规资金投资证券市场提供了法律依据;⑤规定公开发行的证券可申请在国务院批准的其他交易场所转让,肯定了多层次的市场体系。

(2) 切实加大对投资者的保护力度。本次两法修订突出强调了对投资者尤其是中小投资者合法权益的保护,补充完善了相应的制度,如建立证券投资者保护基金制度,强化了对投资者证券和资金安全的保护措施,完善股东对公司事务的知情权,具体规定了上市公司股东、董事、监事、高级管理人员的诚信义务及民事责任,补充和完善了内幕交易、操纵市场、欺诈客户的违法行为的民事赔偿制度。

(3) 完善上市公司治理和监管。针对上市公司治理存在的突出问题,新《证券法》引入了上市公司董事、高级管理人员对公司定期报告签署书面确认意见的制度,要求上市公司董事、监事、高级管理人员应当保证上市公司所披露的信息真实、准确、完整,并加重其在虚假陈述中的赔偿责任;完善了上市公司收购制度,将收购方的实际控制人纳入监管范围;取消了全面要约收购的限制性规定,增加了收购制度的弹性,提升了市场资源配置效率。

新《公司法》突出了对公司治理结构的要求,健全了董事会制度,强化了监事会职权,并专节设立"上市公司组织机构的特别规定",就上市公司购买、出售重大资产或者重大担保,独立董事、董事会秘书、关联董事回避等制度做出了明确规定。大幅度增加上市公司治理的规定是此次两法修订的重点之一。

(4) 促进证券公司的规范和发展。新《证券法》对"证券公司"一章做了全面的调整,制定了详细和具体的规定:①完善证券公司设立制度,提高证券公司设立门槛,对证券公司股东特别是大股东的资格做出严格要求;②对证券公司实行按业务分类监管,通过牌照管理控制证券公司风险的积累;③建立以净资本为核心的监管指标体系和证券公司高级管理人员任职资格的监管措施,明确规定了他们各自的法律责任。同时,新《证券法》对拓宽证券公司的业务创新空间,如开办融资融券、资产管理业务,到境外设立分支机构等,在法律上给予肯定。

(5) 完善证券发行、上市制度。为规范公开发行秩序,完善统一监管,明确了公开发行和非公开发行的界限;为进一步提高发行审核透明度,规定了证券发行前公开披露信息的制度,强化了社会公众的监督;肯定了证券发行、上市保荐制度,进一步发挥中介机构的市场服务职能;将证券上市核准权赋予证券交易所,强化了交易所的监管职能。

此外,新《证券法》调整了证券登记结算制度,充实了证券监督机构的执法权限和手段,细化了对证券违法行为的处罚等。

(三) 融资融券业务

融资融券业务是指向客户出借资金供其买入上市证券或者出借上市证券供其卖出,并收取担保物的经营活动。融资融券交易包括券商对投资者的融资、融券和金融机构对券商的融资、融券4种形式。市场通常说的融资融券一般是指券商为投资者提供的融资和融券交易。

2006年6月30日,中国证监会发布的《证券公司融资融券试点管理办法》是融资融券业务的基础性指导文件。同时,为了指导融资融券业务的具体实施,中国证监会、上海证券交易所、深圳证券交易所、中国证券登记结算有限责任公司、中国证券业协会先后分别发布了《证券公司融资融券业务试点内部控制指引》《融资融券交易试点实施细则》《中国证券登记结算有限责任公司融资融券试点登记结算业务实施细则》《融资融券合同必备条款》和《融资融券交易风险揭示书必备条款》等一系列配套规章制度。上述各项规章制度的发布,无疑为我国开展融资融券业务奠定了制度基础。

融资融券制度的推出是继股权分置改革全面实施之后,又一个对中国资本市场发展具有根本性影响的制度安排。其积极影响主要表现在以下几个方面:

(1) 作为一种新的交易工具,融资融券业务特别是融券的推出将在我国证券市场形成做空机制,改变目前证券市场只能做多不能做空的单边市现状。

(2) 融资融券业务将增加资金和证券的供给,增强证券市场的流动性和连续性,活跃交易,大大提高证券市场的效率。

(3) 融资融券业务的推出将连通资本市场和货币市场,有利于促进资本市场和货币市场之间资源的合理有效配置,增加资本市场资金供给。

(4) 融券的推出有利于投资者利用衍生工具的交易进行避险和套利,进而提高市场效率。尤其是在股指期货推出后,融券将有利于股指期货的套利。

(5) 融资融券有利于提高监管的有效性。做空机制的引入,监管部门既可以摆脱政策博弈的拖累,实现空方与多方的市场博弈,也可以通过对融资融券业务的管理实现对股票市场的间接调控。融资融券为监管部门提供了一个市场化的调控手段,投资者也将从监管部门对融资融券的管理中获知有效信息。

然而,融资融券又是一把双刃剑。它在促进市场完善、提高市场有效性的同时,也带来一定的风险,主要表现为融资融券业务对标的证券具有助涨助跌的作用;融资融券业务的推出使得证券交易更容易被操纵;融资融券业务可能会对金融体系的稳定性带来一定威胁。

总之,融资融券业务的推出是加深我国证券市场基本制度建设的一项重要举措,其利大于弊。它将改变我国证券市场单边市的状况,改善证券市场中资金和证券的供给和需求关系,对于提高证券市场的效率具有重要意义。

总结回顾

本项目主要讲述宏观经济形势分析可以判断整个证券市场的投资价值,即证券市场运行的大趋势。引导学生解读各类经济指标数据,如国内生产总值(GDP)、失业率、通货膨胀率、利事、汇率、国际收支等,由此对宏观经济形势做出分析评价,并对未来经济的运行趋势做出初步预测。宏观经济政策是指国家或政府有意识、有计划地运用一定的政策工具,调节控制宏观经济的运行,以达到一定的政策目标。它包括财政政策和货币政策。不同的经济周期,或者不同的宏观经济形势背景,决定了实施何种类型的财政政策和货币政策。证券市场的运行趋势,不可避免地受到财政政策和货币政策调整的影响。在全球经济一体化过程中,国际经济形势对中国经济运行将产生越来越深刻的影响,国际经济、金融重大事件,会从不同层面影响着国内的证券市场。因此,我们要密切关注、分析与评估国际经济形势变化和国际金融重大事件对我国证券市场的影响程度。

课后实践

一、单选题

1. 在宏观经济分析中,总量分析法是( )。
   A. 动态分析
   B. 静态分析
   C. 主要是动态分析,也包括静态分析
   D. 主要是静态分析,也包括动态分析

2. 下列各项中,属于总量分析法和结构分析法特点的是( )。
   A. 总量分析和结构分析是互不相干的
   B. 总量分析侧重于对一定时期经济整体中各组成部分相互关系的研究
   C. 结构分析侧重于总量指标速度的考察.
   D. 结构分析要服从于总量分析的目标

3. 国内生产总值(GDP)是指一个国家(或地区)所有( )在一定时期内生产活动的最终成果。
   A. 本国居民
   B. 国内居民
   C. 常住居民
   D. 常住居民但不包括外国人

4. 下列各项中,不属于通货膨胀特性的是( )。
   A. 通货膨胀有被预期和未被预期之分
   B. 温和的通货膨胀是指年通货膨胀率低于50%的通货膨胀
   C. 严重的通货膨胀是指两位数级别的通货膨胀
   D. 恶性通货膨胀则是指三位数以上的通货膨胀

5. 核心CPI的含义代表消费价格( )。
   A. 短期趋势
   B. 长期趋势
   C. 波动趋势
   D. 波动幅度

二、简答题

1. 什么是财政政策?
2. 财政政策的实施与宏观经济形势之间有何关系?
3. 你所知道的货币政策的工具有哪些?

三、案例分析

1. 欧债危机。

   2010~2012年,一场源于希腊、进而波及欧元区多个国家的欧洲主权债务危机(人们习惯称为"欧债危机"),一波三折地演绎着,其对世界经济产生的影响,远超出了人们的预期。2007年金融危机刚爆发时的种种糟糕表现,在各地金融市场不断重现。这段时期,尽管中国股市的持续下跌有其内因所致,但外国股市的暴跌,也成为当时A股市场进一步深幅下跌的重要推手。世界经济动荡不安,中国经济又岂能独善其身?在证券市场上就可见一斑。

自2010年"欧债危机"爆发以来,上证指数从前期反弹的高点3 186.72点一路振荡下行,至2012年底最低下探1 949.46点,形成了二次探底的走势。

(1) 什么是"欧债危机"?

(2) "欧债危机"将从哪些方面影响中国的宏观经济运行?与证券市场又有何关联?

2. 美联储加息对中国股市的影响。

美联储加息会导致国际逐利资本从新兴市场撤出回流美国,这样新兴市场的股票由于缺乏资金支持或会下跌。

中国股市经历的3次美联储加息分别是:1994年、1999年、2004年,其中前两次加息后中国股市经历了一段时间下跌,但最后一次加息中国股市经历了大幅度的上涨。更为有趣的是,由于前两次加息都对应中国股市连续大涨之后,本身也有调整要求,而第三次加息对应中国股市长期下跌后,本身也有大涨的要求,所以综合分析,美联储加息对于中国股市来讲主要看位置,只是起到导火索的作用,真正涨跌主因还在中国股市自身。

(1) 国内利率面临被动抬升。人民币汇率形成机制迈进"市场化",会导致境内外利率平价关系逐渐建立,在美欧等国利率上行的情况下,中国国内利率也面临被动抬升的风险,国内股市、债券等资产价格面临重估。

(2) 流动性收缩。在美联储加息背景下,人民币贬值预期一旦形成,将导致热钱流出,国内的流动性面临收缩,不利于A股的走强。

(3) 冲击国内资产价格。人民币贬值将冲击国内资产价格,从而导致金融、地产等相关权重板块走弱,拖累整体大盘。

(资料节选自第一白银网相关文章)

关于"美联储加息"这一国际重大金融事件对我国证券市场的影响,请总结一下文章从哪些方面做了分析?此外,还将对我国的经济和金融市场可能产生什么影响?

项目五 智能投顾行业分析

 **学习目标**

掌握行业的生命周期各阶段的特点;掌握行业对经济周期的敏感性及不同时期的行业选择;理解产业政策与市场热点的关联性。

学会对任一行业通过查询、收集市场资料展开分析,定义其行业类型,评估投资价值;学会通过证券分析软件的使用,了解、分析并确定产业政策带来的投资热点,做出投资决策;学会分析行业分类及行业经济结构与上下游关系。

任务一 行业分析概述

 **案例导入**

数字货币对金融行业的影响正在发生 数字货币板块再度拉升

2021年3月25日,受金融服务形态或将发生改变消息影响,A股数字货币板块异动拉升,截至发稿,数字认证(300579)涨近15%;众应互联(002464)、御银股份(002177)直线拉升涨停;广电运通(002152)、四方精创(300468)、飞天诚信(300386)等股跟涨。

中国国际金融研报指出央行数字货币推出后,金融服务形态可能发生改变,而金融机构的数字化能力可能是未来市场竞争的重要因素,既包括金融机构对基础设施和服务渠道形态的改造,也包括对支付、存贷、理财、风控等业务流程的重塑。除了渠道、场景、数据运用、产品研发、基础设施建设等竞争力驱动因素之外,数字化能力在未来市场竞争中的重要性明显提升。

(资料节选自智通财经)

思考:

什么是行业?我国证券市场对上市公司是如何划分行业的?

一、行业的含义和行业分析的意义

(一) 行业的含义

行业是指从事国民经济中同性质的生产或其他经济社会活动的经营单位和个体等构成的组织结构体系,如林业、汽车业、银行业、房地产业等。

从严格意义上讲,行业与产业有差别,主要是适用范围不一样。产业作为经济学的专门术语,有更严格的使用条件。构成产业一般具有3个特点:①规模性,即产业的企业数量、产品或服务的产出量达到一定的规模;②职业化,即形成了专门从事这一产业活动的职业人员;③社会功能性,即这一产业在社会经济活动中承担一定的角色,而且是不可缺少的。行业虽然也拥有职业人员,也具有特定的社会功能,但一般没有规模上的约定。例如,国家机关和党政机关行业就不构成一个产业。证券分析师关注的往往都是具有相当规模的行业,特别是含有上市公司的行业,所以业内一直约定俗成地把行业分析与产业分析视为同义语。

(二) 行业分析的意义

行业分析的主要任务包括解释行业本身所处的发展阶段及其在国民经济中的地位、分析影响行业发展的各种因素以及判断对行业影响的力度、预测并引导行业的未来发展趋势、判断行业投资价值、揭示行业投资风险,从而为政府部门、投资者及其他机构提供决策依据或投资依据。

行业经济是宏观经济的构成部分,宏观经济活动是行业经济活动的总和。行业经济活动是介于宏观经济活动和微观经济活动中的经济层面,是中观经济分析的主要对象之一。宏观经济分析主要分析了社会经济的总体状况,但没有对总体经济的各组成部分进行具体分析。宏观经济的发展水平和增长速度反映了各组成部分的平均水平和速度,但各个组成部分的发展却有很大的差别,并非都和总体水平相一致。实际上,总是有些行业的增长快于宏观经济的增长,而有些行业的增长慢于宏观经济的增长。

从证券投资分析的角度看,宏观经济分析是为了掌握证券投资的宏观环境,把握证券市场的总体趋势,但宏观经济分析并不能提供具体的投资领域和投资对象的建议。面对只能投资于国内上市的证券的投资者,分析师们除了提供宏观经济分析之外,更需要提供深入的行业分析和公司分析。当然,随着投资全球化的趋势,在多个国家进行证券投资的投资者,尤其是机构投资者,越来越需要对各国的宏观经济进行分析从而决定不同的投资比例。另外,对于全球范围投资的指数基金来说,宏观经济分析也非常重要。

行业分析是对上市公司进行分析的前提,也是连接宏观经济分析和上市公司分析的桥梁,是基本分析的重要环节。行业有自己特定的生命周期。处在生命周期不同发展阶段的行业,其投资价值也不一样。在国民经济中具有不同地位的行业,其投资价值也不一样。公司的投资价值可能会由于所处行业不同而有明显差异。因此,行业是决定公司投资价值的重要因素之一。

行业分析和公司分析是相辅相成的。一方面,上市公司的投资价值可能会因为所处行业的不同而产生差异;另一方面,同一行业内的上市公司也会千差万别。

二、行业划分的方法

(一) 道琼斯分类法

道琼斯分类法是在19世纪末为选取在纽约证券交易所上市的有代表性的股票而对各公司进行的分类,是证券指数统计中最常用的分类法之一。

道琼斯分类法将大多数股票分为3类:工业、运输业和公用事业,然后选取有代表性的股票。虽然入选的股票并不涵盖这类行业中的全部股票,但所选择的这些股票足以表明行业的一种趋势。

在道琼斯指数中,工业类股票取自工业部门的30家公司,包括采掘业、制造业和商业;运输业类股票取自20家交通运输业公司,包括航空、铁路、汽车运输与航运业;公用事业类股票取自6家公用事业公司,主要包括电话公司、煤气公司和电力公司等。作为计算道琼斯股价指数的股票类别,公用事业行业直到1929年才被确认添加进来。

(二) 标准行业分类法

为便于汇总各国的统计资料并进行互相对比,联合国经济和社会事务统计局曾制定了一个《全部经济活动国际标准行业分类》(简称《国际标准行业分类》),建议各国采用。它把国民经济划分为以下10个门类:

(1) 农业、畜牧狩猎业、林业和渔业。

(2) 采矿业及土、石采掘业。

(3) 制造业。

(4) 电、煤气和水。

(5) 建筑业。

(6) 批发和零售业、饮食和旅馆业。

(7) 运输、仓储和邮电通信业。

(8) 金融、保险、房地产和工商服务业。

(9) 政府、社会和个人服务业。

(10) 其他。

对每个门类再划分大类、中类、小类。例如,制造业部门分为食品、饮料和烟草制造业等9个大类。食品、饮料和烟草制造业又分为食品业、饮料工业和烟草加工业3个中类。食品业中再分为屠宰、肉类加工和保藏业,水果、蔬菜罐头制作和保藏业等11个小类。各个类目都进行编码。各个门类用1个数字代表,如制造业为3;各个大类用2个数字代表,如食品、饮料和烟草制造业为31;各个中类用3个数字代表,如食品业为311~312(因食品业有11个小类,第三位数不够用,所以占了2个代码);各个小类用4个数字代表,如屠宰、肉类加工和保藏业为3111。根据上述编码原则,在表示某小类的4位数代码中,第1位数字表示该小类所属的部门,第1位和第2位数字合起来表示所属大类,前3位数字表示所属中类,全部4个数字就表示某小类本身。

(三) 我国国民经济的行业分类

1985年,我国国家统计局明确划分三大产业。把农业(林业、牧业、渔业等)定义为第一产业;把工业(采掘业、制造业、自来水、电力、煤气等)和建筑业定义为第二产业;把第一、二产业以外的各行业定义为第三产业,主要是指向全社会提供各种各样劳务的服务性行业,具体包括交通运输业、邮电通信业、仓储业、金融保险业、餐饮业、房地产业、社会服务业等。其中,第三产业的内涵非常丰富,而且随着生产力的发展,它所包括的细分行业也不断增多,因而是个发展性的概念。

为适应社会主义市场经济的发展,正确反映国民经济内部的结构和发展状况,并为国家宏观管理、各级政府部门和行业协会的经济管理以及进行科研、教学、新闻宣传、信息咨询服务等提供统一的行业分类和编码,《中华人民共和国国家标准(GB/T4754-94)》第一次对我国国民经济行业分类进行了详细的划分。2002年,从前期准备开始,经历了论证、立项、调研、修订以及专家评审等过程,历时近4年的新国民经济行业分类国家标准(GB/T4754-2002)推出。新标准借鉴了联合国的《国际标准产业分类》(修订第三版,简称ISIC)的分类原则(按经济活动同质性原则划分行业)和结构框架,根据我国情况调整了1994年标准中与分类原则不相符的内容,大量充实了第三产业的新兴活动,对原采掘业和制造业进行了删减,并为与国际标准衔接,新增或调整了部分行业类别,增减相抵,比1994年的标准新增4个门类、3个大类、28个中类、67个小类。经过调整与修改,新标准共有行业门类20个,行业大类95个,行业中类396个,行业小类913个,基本反映出我国目前行业结构状况。其中,大的门类从A到T分别为:

A. 农、林、牧、渔业

B. 采矿业

C. 制造业

D. 电力、燃气及水的生产和供应业

E. 建筑业

F. 交通运输、仓储和邮政业

G. 信息传输、计算机服务和软件业

H. 批发和零售业

I. 住宿和餐饮业

J. 金融业

K. 房地产业

L. 租赁和商务服务业

M. 科学研究、技术服务与地质勘查业

N. 水利、环境和公共设施管理业

O. 居民服务和其他服务业

P. 教育

Q. 卫生、社会保障和社会福利业

R. 文化、体育和娱乐业

S. 公共管理和社会组织

T. 国际组织

(四) 我国上市公司的行业分类

由于各种原因,在我国证券市场建立之初,对上市公司没有统一的分类。上海、深圳证券交易所根据各自工作的需要,分别对上市公司进行了简单划分。上海证券交易所将上市公司分为工业、商业、地产业、公用事业和综合5类;深圳证券交易所则将上市公司分为工业、商业、地产业、公用事业、金融业和综合6类。近年来,随着证券市场的发展,上市公司数量的激增,两家交易所原有分类的不足越来越明显地表现出来,即分类过粗,给市场各方对上市公司进行分析带来了很多不便。在此背景下,中国证监会于2001年4月4日公布了《上市公司行业分类指引》(以下简称《指引》)。《指引》是以中国国家统计局《国民经济行业分类与代码》(国家标准GB/T4754-94)为主要依据,借鉴联合国国际标准产业分类、北美行业分类体系有关内容的基础上制定而成的。

1. 分类对象与适用范围

《指引》以在中国境内证券交易所挂牌交易的上市公司为基本分类单位,规定了上市公司分类的原则、编码方法、框架及其运行与维护制度。《指引》为非强制性标准,适用于证券行业内的各有关单位、部门对上市公司分类信息进行统计、分析及其他相关工作。

2. 分类原则与方法

《指引》以上市公司营业收入为分类标准,所采用财务数据为经会计师事务所审计的合并报表数据。当公司某类业务的营业收入比重大于或等于50%,则将其划入该业务相对应的类别;当公司没有一类业务的营业收入比重大于或等于50%时,如果某类业务营业收入比重比其他业务收入比重均高出30%,则将该公司划入此类业务相对应的行业类别;否则,将其划为综合类。

3. 编码方法

《指引》将上市公司的经济活动分为门类、大类两级,中类作为支持性分类参考。由于上市公司集中于制造业,《指引》在制造业的门类和大类之间增设辅助性类别(次类)。与此对应,总体编码采用了层次编码法,类别编码采取顺序编码法,门类为单字母升序编码。制造业中次类为单字母加一位数字编码,大类为单字母加两位数字编码,中类为单字母加四位数字编码。各类中带有"其他"字样的收容类,以所属大类的相应代码加两位数字"99"表示。大类、中类均采取跳跃增码,以适应今后增加或调整类属的需要。

4. 管理机构

中国证监会负责制定、修改和完善《指引》,负责《指引》及相关制度的解释,就证券交易所对上市公司所属类别的划分备案。证券交易所负责分类《指引》的具体执行,包括负责上市公司类别变更等日常管理工作和定期向中国证监会报备对上市公司类别的确认结果。未经交易所同意,上市公司不得擅自改变公司类属。上市公司因兼并、置换等原因而营业领域发生重大变动,可向交易所提出书面申请,并同时上报"调查表",由交易所按照《指引》对上市公司的行业类属进行变更。中国证监会及地方证券监管部门在统计报表编制及各种对外信息公告中,应遵照《指引》执行。证券交易所应遵照《指引》编制统计报表以及各种与上市公司类属有关的对外信息。

《指引》将上市公司分成13个门类,以及90个大类和288个中类。

5. 分类结构与代码

A 农、林、牧、渔业

 A01 农业

 A03 林业

 A05 畜牧业

 A07 渔业

 A09 农、林、牧、渔服务业

B 采掘业

 B01 煤炭采选业

 B03 石油和天然气开采业

 B05 黑色金属矿采选业

 B07 有色金属矿采选业

 B09 非金属矿采选业

 B49 其他矿采选业

 B50 采掘服务业

C 制造业

 C0 食品、饮料

 C1 纺织、服装、皮毛

 C2 木材、家具

 C3 造纸、印刷

 C4 石油、化学、塑胶、塑料

 C5 电子

C6 金属、非金属

　　C7 机械、设备、仪表

　　C8 医药、生物制品

　　C99 其他制造业

D 电力、煤气及水的生产和供应业

　　D01 电力、蒸汽、热水的生产和供应业

　　D03 煤气生产和供应业

　　D05 自来水的生产和供应业

E 建筑业

　　E01 土木工程建筑业

　　E05 装修装饰业

F 交通运输、仓储业

　　F01 铁路运输业

　　F03 公路运输业

　　F05 管道运输业

　　F07 水上运输业

　　F09 航空运输业

　　F11 交通运输辅助业

　　F19 其他交通运输业

　　F21 仓储业

G 信息技术业

　　G81 通信及相关设备制造业

　　G83 计算机及相关设备制造

　　G85 通信服务业

　　G87 计算机应用服务业

H 批发和零售贸易

　　H01 食品、饮料、烟草和家庭用品批发业

　　H03 能源、材料和机械电子设备批发业

　　H09 其他批发业

　　H11 零售业

　　H21 商业经纪与代理业

I 金融、保险业

　　I01 银行业

　　I11 保险业

I21 证券、期货业

　　I31 金融信托业

　　I41 基金业

　　I99 其他金融业

J 房地产业

　　J01 房地产开发与经营业

　　J05 房地产管理业

　　J09 房地产中介服务业

K 社会服务业

　　K01 公共设施服务业

　　K10 邮政服务业

　　K20 专业、科研服务业

　　K30 餐饮业

　　K32 旅馆业

　　K34 旅游业

　　K36 娱乐服务业

　　K37 卫生、保健、护理服务业

　　K39 租赁服务业

　　K99 其他社会服务业

L 传播与文化产业

　　L01 出版业

　　L05 声像业

　　L10 广播电影电视业

　　L15 艺术业

　　L20 信息传播服务业

　　L99 其他传播、文化产业

M 综合类

（五）上海证券交易所上市公司行业分类调整

上海证券交易所与中证指数有限公司于2007年5月31日公布了调整后的沪市上市公司行业分类。本次调整是上海证券交易所和中证指数有限公司对沪市上市公司行业分类进行的例行调整，其依据是沪市上市公司2006年年报显示的部分公司经营范围的改变。本次行业分类调整将作为上证180指数下一次调整样本股时的参照。该行业分类是参照摩根士丹利和标准普尔共同发布的全球行业分类标准（GIGS），结合我国上市公司的实际情况而确定的。

根据最新行业分类,GICS 行业分类总共有十一大经济部门,分为传统行业和新兴行业两大类,传统行业通常变化较小,格局比较稳定。新兴行业通常变化较快,行业里的公司格局经常变化。

(1) 八大传统行业:必需消费、可选消费、金融、地产、能源、公用事业、电信服务、原材料。

(2) 三大新兴行业:医疗保健、信息技术、工业(工业领域比较杂,既有传统板块也有新兴板块)。

任务二　行业的一般特征分析

案例导入

光伏产业的生命周期

在全球加快新能源开发利用的背景下,光伏产业作为战略性新兴产业得以快速发展,与此同时,国内外光伏产品销售市场竞争也越发激烈。光伏产业本身极易受外部环境变化影响,我国"两头在外"的模式也使得光伏产业周期波动较为剧烈,国内光伏产业若想在激烈的市场中稳健发展,就必须了解光伏这一新型产业的生命周期,平衡外部环境变化导致的产能和市场需求变化,从而推动我国能源利用结构优化。

一、光伏产业发展的第一个周期

这一生命周期从 1998 年天威英利承建政府推出的第一套 3MW 多晶硅电池及应用系统示范项目开始,到 2011~2012 年"欧美双反"、全球光伏产业产能过剩导致大规模的企业倒闭重组结束。

(一) 投入期(1998~2004 年)

由于投入期行业的创立投资和产品的研究、开发费用较高,而产品市场需求狭小、销售收入较低,因此这些创业公司可能不但没有盈利,反而普遍亏损;同时,较高的产品成本和价格与较小的市场需求还使这些创业公司面临很大的投资风险。这一阶段,政府的引导和扶持起到了重要作用:地方政府协助筹集资金、提供土地支持、用电补贴等,对于光伏产业的发展提供了大力支持。以江西赛维为例,其创立之时,新余市政府为其提供担保,使该公司获得了两亿元资金。随后,在后续经营中,政府每年都提供上亿元的电费补贴。

(二) 成长期(2005~2007)

由于政府的大力支持,更多的创业者和资本进入了光伏产业。2004 年以后,受欧洲对太阳能产品补贴力度加大的带动,中国光伏产业迅速发展起来,市场上光伏企业持续增加。2005 年,无锡尚德成功私有化并在美国上市,成为第一家在美国纽约证券交易所成功上市的中国民营企业。在这一阶段,产品受到市场欢迎,市场需求开始上升,并且形成了原材料从国外进口,国内生产产品,再销售到国外的"两头在外"模式。

(三)成熟期(2007~2011)

由于产能需求大、投资门槛低,光伏组件企业的规模迅速扩张。据当时的统计数据,2007年国内从事光伏组件的生产企业有200多家,到2008年一年的时间上升为400多家,增加了一倍。然而2008年的金融危机席卷全球,给光伏产业的发展带来了沉重的打击。2008年,海外上市十大光伏企业中的晶澳太阳能、昱辉阳光分别亏损了787.91万美元、5490.61万美元。受到金融风暴和多晶硅价格剧烈变动的影响,正在迅速扩张的光伏企业遭受打击,在市场动荡和行业竞争的双重压力下,很多新进入市场的企业由于产品销路不畅、资金周转困难而倒闭或破产。金融危机后中国政府将新能源行业列为国家战略性新兴产业,给与强烈的支持和帮扶。各级政府游说金融机构使其为光伏企业提供贷款,使得投资者纷纷涌入该行业,光伏产业再次扩张,产能进一步扩大。一般的产业周期中,成熟期相对较长,而光伏产业的成熟期比较短,这离不开政府政策的支持。

(四)衰退期(2011~2013)

由于我国光伏企业主要集中在产业中游,上游和下游市场都在国外,因此我国光伏产业对于国外市场的依存度是比较高的。在金融危机期间,国际市场疲软,光伏产业已经显露出来产能过剩的问题。然而由于政府政策的支持,光伏产业的下行信号并没有被市场重视,转而进入又一轮的扩张,加剧了产能过剩问题。2011~2012年,全球各太阳能光伏应用国家大范围下调了补贴力度,导致了市场的供大于求,光伏产品价格暴跌;祸不单行,欧美的"光伏双反"(反倾销、反补贴)使得贸易摩擦加剧,国外市场需求进一步萎缩,我国光伏产业由于"两头在外",受到重创。自此,光伏产业进入衰退期。2011年,我国光伏企业数为262家,2012年降至112家,超过一半的企业退出了光伏行业。2012年,43家多晶硅生产企业中,仅有8家勉强开工生产,其他80%的企业已经停产。2012年,江西赛维已裁员近5 000人,占员工总数约22%,20亿元左右的在建项目停工。2013年3月20日,无锡尚德宣布破产重组。

二、光伏产业发展的第二个周期

(一)转型期(2013~2018)

光伏产业经历了产业衰退期后,整个行业的企业几乎都遭到重创。由于产能过剩问题严重,政府试图通过增加需求的方式来使得现存企业不退出市场。政府从扩大内需入手,制定了一系列政策,增加对光伏产品的内需,对国内市场加速开拓,使得中国光伏产业逐渐恢复发展,并在2017年达到一个新的高点。当年中国光伏发电新增装机达到53.06 GW,整个行业的乐观情绪一直蔓延到2018年上海SNEC(国际太阳能光伏与智慧能源展览会暨论坛)期间。

(二)成长期(2018年至今)

行业转型整合后,重新进入成长期,突如其来的"531新政"再一次给光伏产业带来冲击。"531新政"主要内容包括:①分布式光伏2018年指标为10GW;②标杆上网电价,分布式补贴统一下降0.05元/度;③暂不安排2018年普通光伏电站指标。2018年"531"政策的突然发布,使得2018年下半年国内需求锐减、金融市场大幅度波动、产品价格严重受挫,许多企业被迫停产减产。但与此同时,"531新政"光伏产业也产生了一定的积极影响,比如出口引领行业发展、行业集中度提升、加速了新技术的应用。在行业以为光伏产业再次经历洗礼后可以平稳过渡时,2020年新冠肺炎的影响再一次把光伏产业推向风口浪尖。世贸组织报告称,受全球疫情影响,预计全球贸易将暴跌13%~32%。其中尤其是北美和亚洲的出口会受到严重影响。而集中了70%左右产能的中国,无疑会在出口方面受到严重影响。或许2020年全球光伏产业依然等不到快速成长扩张期,但经过市场的优胜劣汰和行业的竞争,保留下来的企业会更加成熟,光伏产业前景仍然光明。

(资料节选自《经济研究导刊》)

思考:
1. 哪些因素影响到光伏产业的生命周期?
2. 想一想,可以从哪些方面具体判断某个行业所处的实际生命周期阶段?

一、行业市场结构分析

现实中各行业的市场都是不同的,即存在着不同的市场结构。市场结构就是市场竞争或垄断的程度。根据该行业中企业数量的多少、进入限制程度和产品差别,行业基本上可分为4种市场结构:完全竞争、垄断竞争、寡头垄断、完全垄断。

(一)完全竞争

完全竞争型市场是指竞争不受任何阻碍和干扰的市场结构。其特点是:

(1) 生产者众多,各种生产资料可以完全流动。

(2) 产品不论是有形或无形的,都是同质的、无差别的。

(3) 没有一个企业能够影响产品的价格,企业永远是价格的接受者而不是价格的制定者。

(4) 企业的盈利基本上由市场对产品的需求来决定。

(5) 生产者可自由进入或退出这个市场。

(6) 市场信息对买卖双方都是畅通的,生产者和消费者对市场情况非常了解。

从上述特点可以看出,完全竞争是一个理论上的假设,该市场结构得以形成的根本因素在于企业产品的无差异,所有的企业都无法控制产品的市场价格。在现实经济中,完全竞争的市场类型是少见的,初级产品(如农产品)的市场类型类似于完全竞争。

(二) 垄断竞争

垄断竞争型市场是指既有垄断又有竞争的市场结构。在垄断竞争型市场上，每个企业都在市场上具有一定的垄断力，但它们之间又存在激烈的竞争。其特点是：

(1) 生产者众多，各种生产资料可以流动。

(2) 生产的产品同种但不同质，即产品之间存在着差异。产品的差异性是指各种产品之间存在着实际或想象上的差异。这是垄断竞争与完全竞争的主要区别。

(3) 由于产品差异性的存在，生产者可以树立自己产品的信誉，从而对其产品的价格有一定的控制能力。

可以看出，垄断竞争型市场中有大量企业，但没有一个企业能有效影响其他企业的行为。该市场结构中，造成垄断现象的原因是产品差别，造成竞争现象的是产品同种，即产品的可替代性。在国民经济各行业中，制成品（如纺织、服装等轻工业产品）的市场类型一般都属于垄断竞争。

(三) 寡头垄断

寡头垄断型市场是指相对少量的生产者在某种产品的生产中占据很大市场份额，从而控制了这个行业的供给的市场结构。

该市场结构得以形成的原因有：这类行业初始投入资本较大，阻止了大量中小企业的进入；这类产品只有在大规模生产时才能获得好的效益，这就会在竞争中自然淘汰大量的中小企业。

在寡头垄断的市场上，由于这些少数生产者的产量非常大，因此他们对市场的价格和交易具有一定的垄断能力。同时，由于只有少量的生产者生产同一种产品，因而每个生产者的价格政策和经营方式及其变化都会对其他生产者产生重要的影响。

因此，在这个市场上，通常存在着一个起领导作用的企业，其他企业跟随该企业定价与经营方式的变化而相应地进行某些调整。资本密集型、技术密集型产品，如钢铁、汽车等重工业以及少数储量集中的矿产品，如石油等的市场多属这种类型。因为生产这些产品所必需的巨额投资、复杂的技术或产品储量的分布限制了新企业对这个市场的侵入。

(四) 完全垄断

完全垄断型市场是指独家企业生产某种特质产品的情形，即整个行业的市场完全处于一家企业所控制的市场结构。特质产品是指那些没有或缺少相近的替代品的产品。完全垄断可分为两种类型：

(1) 政府完全垄断：通常在公用事业中居多，如国有铁路、邮电等部门。

(2) 私人完全垄断：如根据政府授予的特许专营，或根据专利生产的独家经营以及由于资本雄厚、技术先进而建立的排他性的私人垄断经营。

完全垄断型市场结构的特点是：

(1) 市场被独家企业所控制，其他企业不可以或不可能进入该行业。

（2）产品没有或缺少相近的替代品。

（3）垄断者能够根据市场的供需情况制定理想的价格和产量，在高价少销和低价多销之间进行选择，以获取最大的利润。

（4）垄断者在制定产品的价格与生产数量方面的自由性是有限度的，要受到反垄断法和政府管制的约束。

在当前的现实生活中没有真正的完全垄断型市场，每个行业都或多或少地引进了竞争。公用事业（如发电厂、煤气公司、自来水公司和邮电通信等）和某些资本、技术高度密集型或稀有金属矿藏的开采等行业属于接近完全垄断的市场类型。

二、行业竞争结构分析

链接5-1　行业竞争结构分析

美国哈佛商学院教授迈克尔·波特认为，一个行业内激烈竞争的局面源于其内存的竞争结构。一个行业内存在着5种基本竞争力量，即潜在入侵者、替代产品、供应方、买方以及行业内现有竞争者（见图5-4）。

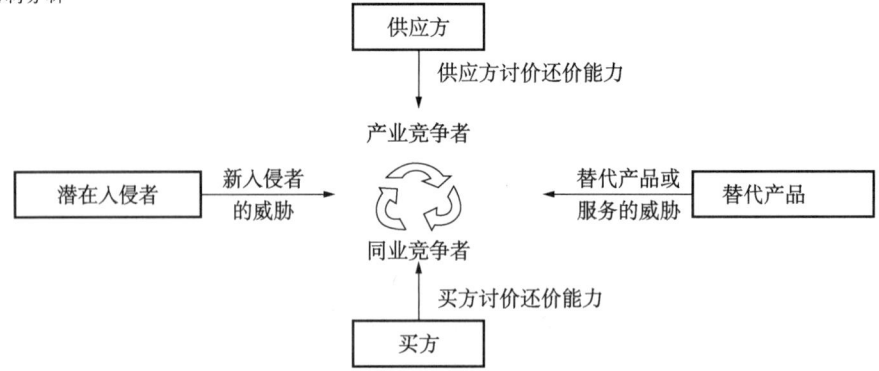

图 5-4　行业竞争结构分析示意图

从静态角度看，这5种基本竞争力量的状况及其综合强度决定着行业内的竞争激烈程度，决定着行业内的企业可能获得利润的最终潜力。从动态角度看，这5种竞争力量抗衡的结果共同决定着行业的发展方向，共同决定行业竞争的强度和获利能力。但是，各种力量的作用是不同的，常常是最强的某个力量或某几个力量处于支配地位、起着决定性的作用。例如，一个企业在某行业中处于极为有利的市场地位时，潜在的加入者可能不会对它构成威胁。但如果它遇到了高质量、低成本的替代品的竞争时，可能会失去其有利的市场地位，只能获得低的收益。有时，即使没有替代品和大批的加入者，现有竞争者之间的激烈抗衡也会限制该企业的潜在收益。

在国际金融市场相互影响和日益动荡的今天，我国政府部门将吸取国际金融市场动荡的教训，采取降低证券市场风险、加强监管、提高上市公司的素质等积极措施，促使证券市场的稳健发展。

5种力量中每种力量的优势都是行业结构或作为行业基础的经济特征和技术特征的一个函数。行业结构是相对稳定的,但又随行业发展的进程而变化。结构变化改变了竞争力量总体的相对强度,从而能够以积极或消极的方式影响行业的盈利能力。

三、经济周期的行业分类

各行业变动时,往往呈现出明显的、可测的增长或衰退的格局。这些变动与国民经济总体的周期变动是有关系的,但关系密切的程度又不一样。据此,可以将行业分为3类。

(一) 增长型行业

增长型行业的运动状态与经济活动总水平的周期及其振幅并不紧密相关。这些行业收入增长的速率并不会总是随着经济周期的变动而出现同步变动,因为它们主要依靠技术的进步、新产品推出及更优质的服务,从而使其经常呈现出增长形态。

在过去的几十年内,计算机行业表现出了这种形态。投资者对高增长的行业十分感兴趣,主要是因为这些行业对经济周期性波动来说,提供了一种财富套期保值的手段。在经济高涨时,高增长行业的发展速度通常高于平均水平;在经济衰退时期,其所受影响较小甚至仍能保持一定的增长。然而,这种行业增长的形态却使得投资者难以把握精确的购买时机,因为这些行业的股票价格不会明显地随着经济周期的变化而变化。

(二) 周期型行业

周期型行业的运动状态与经济周期紧密相关。当经济处于上升时期,这些行业会紧随其扩张;当经济衰退时,这些行业也相应衰落,且该类型行业收益的变化幅度往往会在一定程度上夸大经济的周期性。

产生这种现象的原因是,当经济上升时,对这些行业相关产品的购买相应增加;当经济衰退时,这些行业相关产品的购买被延迟到经济改善之后。例如,消费品业、耐用品制造业及其他需求收入弹性较高的行业,就属于典型的周期性行业。

(三) 防守型行业

防守型行业的经营状况在经济周期的上升和下降阶段都很稳定。这种运动形态的存在是因为该类型行业的产品需求相对稳定,需求弹性小,经济周期处于衰退阶段对这种行业的影响也比较小。甚至有些防守型行业在经济衰退时期还会有一定的实际增长。

该类型行业的产品往往是生活必需品或是必要的公共服务,公众对其产品有相对稳定的需求,因而行业中有代表性的公司盈利水平相对较稳定。例如,食品业和公用事业就属于防守型行业。也正是因为这个原因,投资于防守型行业一般属于收入型投资,而非资本利得型投资。

四、行业生命周期分析

通常,每个行业都要经历一个由成长到衰退的发展演变过程。这个过程便称为行业的生命周期。一般地,行业的生命周期可分为幼稚期、成长期、成熟期和衰退期。

(一) 幼稚期

一个行业的萌芽和形成,最基本和最重要的条件是人们的物质文化需求。社会的物质文化需要是行业经济活动的最基本动力。资本的支持与资源的稳定供给是行业形成的基本保证。行业形成的方式有3种:分化、衍生和新生长。

链接5-2 行业生命周期分析

(1) 分化是指新行业从原行业(母体)中分离出来,分解为一个独立的新行业,如电子工业从机械工业中分化出来,石化行业从石油工业中分化出来等。

(2) 衍生是指出现与原有行业相关、相配套的行业,如汽车业衍生出来的汽车修理业,房地产业衍生出来的房地产咨询业等。

(3) 新生长方式是指新行业以相对独立的方式进行,并不依附于原有行业。这种行业的生产往往是科学技术产生突破性进步的结果,经常萌芽于实验室或者科技园区,如生物医药、生物工程、海洋产业等。

在这一阶段,由于新行业刚刚诞生或初建不久,只有为数不多的投资公司投资于这个新兴的行业。另外,创业公司的研究和开发费用较高,而大众对其产品尚缺乏全面了解,致使产品市场需求狭小,销售收入较低,因此这些创业公司财务上可能不但没有盈利,反而出现较大亏损。同时,较高的产品成本和价格与较小的市场供求之间的矛盾使得创业公司面临很大的市场风险,而且还可能因财务困难而引发破产风险。因此,这类企业更适合投机者和创业投资者。

在幼稚期后期,随着行业生产技术的成熟、生产成本的降低和市场需求的扩大,新行业便逐步由高风险、低收益的幼稚期迈入高风险、高收益的成长期。

(二) 成长期

行业的成长实际上就是行业的扩大再生产。各个行业成长的能力是有差异的。成长能力主要体现在生产能力和规模的扩张、区域的横向渗透能力以及自身组织结构的变革能力。

判断一个行业的成长能力,可以从以下几个方面考察:

(1) 需求弹性。一般而言,需求弹性较高的行业成长能力也较强。

(2) 生产技术。技术进步快的行业,创新能力强,生产率上升快,容易保持优势地位,其成长能力也强。

(3) 产业关联度。产业关联度强的行业,成长能力也强。

(4) 市场容量与潜力。市场容量和市场潜力大的行业,其成长空间也大。

(5) 行业在空间的转移活动。行业在空间转移活动停止,一般可以说明行业成长达到市场需求边界,成长期也就进入尾声。

(6) 产业组织变化活动。在行业成长过程中,一般伴随着行业中企业组织不断向集团化、大型化方向发展。

在成长期的初期,企业的生产技术逐渐成形,市场认可并接受了行业的产品,产品的销量迅速增长,市场逐步扩大,然而企业可能仍然处于亏损或者微利状态,需要外部资金注入以增加设备、人员,并着手下一代产品的开发。进入加速成长期后,企业的产品和劳务已为广大消费者接受,销售收入和利润开始加速增长,新的机会不断出现,但企业仍然需要大量资金来实现高速成长。在这一时期,拥有较强研究开发实力、市场营销能力、雄厚资本实力和畅通融资渠道的企业逐渐占领市场。这个时期的行业增长非常迅猛,部分优势企业脱颖而出,投资于这些企业的投资者往往获得极高的投资回报,所以成长期阶段有时被称为投资机会时期。

随着市场需求上升,新行业也随之繁荣起来。投资新行业的厂商大量增加,产品也逐步从单一、低质、高价向多样、优质和低价方向发展,出现了生产厂商之间和产品之间相互竞争的局面。这种状况会持续数年或数十年。期间,市场竞争不断加剧、产品产量的不断增加、生产厂商数量也不断增加。进入成长期后期,生产厂商不仅依靠扩大产量和提高市场份额来获得竞争优势,同时还需不断提高生产技术水平,降低成本,研制和开发新产品,从而战胜或紧跟竞争对手、维持企业的生存。

这一时期企业的利润虽然增长很快,但所面临的竞争风险也非常大,破产率与被兼并率相当高。由于市场竞争优胜劣汰规律的作用,市场上生产厂商的数量会在一个阶段后出现大幅度减少,之后开始逐渐稳定下来。由于市场需求趋向饱和,产品的销售增长率减慢,迅速赚取利润的机会减少,整个行业便开始进入成熟期。

(三) 成熟期

行业成熟首先表现为技术上的成熟,即行业内企业普遍采用的是适用的且至少有一定先进性、稳定性的技术。其次表现为产品的成熟。产品的成熟是行业成熟的标志。产品的基本性能、式样、功能、规格、结构都将趋向成熟,且已经被消费者习惯使用。再次是生产工艺的成熟。最后是产业组织上的成熟。也就是说,行业内企业间建立起了良好的分工协作关系,市场竞争是有效的,市场运作规则合理,市场结构稳定。

行业的成熟期是一个相对较长的时期。具体来看,各个行业成熟期的时间长短往往有所区别。一般而言,技术含量高的行业成熟期历时相对较短,而公用事业行业成熟期持续的时间较长。行业处于成熟期的特点主要有:

(1) 企业规模空前、地位显赫,产品普及程度高。

(2) 行业生产能力接近饱和,市场需求也趋于饱和,买方市场出现。

(3) 构成支柱产业地位,其生产要素份额、产值、利税份额在国民经济中占有一席之地,但通常在短期内很难识别一个行业何时真正进入成熟期。

进入成熟期的行业市场已被少数资本雄厚、技术先进的大厂商控制,各厂商分别占有自己的市场份额,整个市场的生产布局和份额在相当长的时期内处于稳定状态。厂商之间的竞争手段逐渐从价格手段转向各种非价格手段,如提高质量、改善性能和加强售后服务等。行业的利润由于一定程度的垄断达到了较高的水平,而风险却因市场结构比较稳定、新企业难以进入而较低。

在行业成熟期,行业增长速度降到一个适度水平。在某些情况下,整个行业的增长可能会完全停止,其产出甚至下降。行业的发展很难较好地保持与国民生产总值同步增长。当然,由于技术创新、产业政策、经济全球化等各种原因,某些行业可能会在进入成熟期之后迎来新的增长。

(四) 衰退期

行业衰退是客观的必然,是行业经济新陈代谢的表现。行业衰退可以分为自然衰退和偶然衰退。自然衰退是一种自然状态下到来的衰退。偶然衰退是指在偶然的外部因素作用下,提前或者延后发生的衰退。行业衰退还可以分为绝对衰退和相对衰退。绝对衰退是指行业本身内在的衰退规律起作用而发生的规模萎缩、功能衰退、产品老化。相对衰退是指行业因结构性原因或者无形原因引起行业地位和功能发生衰减的状况,而并不一定是行业实体发生了绝对的萎缩。

衰退期出现在较长的稳定期之后。由于大量替代品的出现,原行业产品的市场需求开始逐渐减少,产品的销售量也开始下降,某些厂商开始向其他更有利可图的行业转移资金,因而原行业出现了厂商数目减少、利润水平停滞不前或不断下降的萧条景象。至此,整个行业便进入了衰退期。

但在很多情况下,行业的衰退期往往比行业生命周期的其他 3 个阶段的总和还要长,大量的行业都是衰而不亡,甚至会与人类社会长期共存。例如,钢铁业、纺织业在衰退,但是人们却看不到它们的消亡。烟草业更是如此,难有终期。

综上所述,在一个行业生命周期的不同阶段会表现出不同特点(见图 5-5)。分析师应当仔细研究公司所处的行业生命周期阶段,跟踪考察该行业的发展趋势,分析行业的投资价值和投资风险。针对不同偏好的投资者,分析师应有不同的投资建议选择。比如,对于收益型的投资者,可以建议优先选择处于成熟期的行业,因为这些行业基础稳定,盈利丰厚,市场风险相对较小。举例说明,一些典型的行业所处的生命周期阶段如图 5-6 所示。

(1) 太阳能、某些遗传工程产品等行业正处于行业生命周期的幼稚期。如果计划在这些行业进行投资,可能只有为数不多的几家企业可供选择,同时投资于该行业的风险较大。当然,也存在获得高收益的可能。投资者可以通过风险和收益的权衡来决定是否投资于该行业。

(2) 电子信息(电子计算机及软件、通信)、生物医药等行业处于行业生命周期的成长期。其中,生物医药行业处于成长阶段的初期,无线通信行业处于成长阶段的中期,大规模计算机行业处于成长阶段的后期。由此便可初步判断生物医药的行业将会以很快的速度增长,但企业所面临的竞争风险也将不断增长;而大规模计算机行业在增长速度上要低

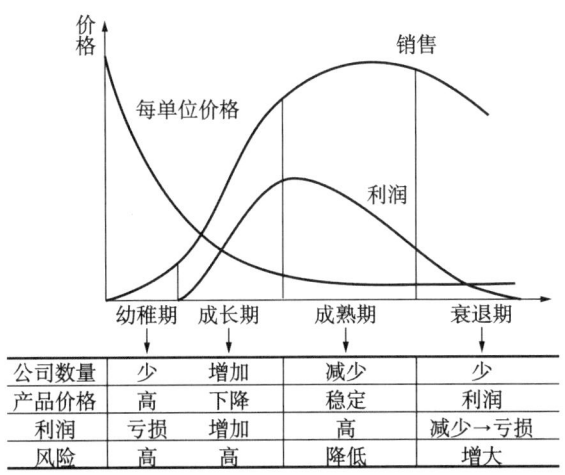

图 5-5 行业生命周期各阶段"价格—销售—利润—风险"情况图

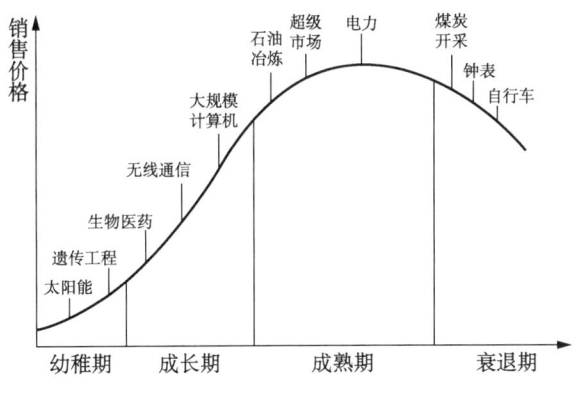

图 5-6 典型行业生命周期图示

于生物医药行业及无线通信行业,竞争风险则相对较小。

(3) 石油冶炼、超级市场和电力等行业已进入成熟期阶段。这些行业将会继续增长,但速度要比前面各阶段的行业慢。成熟期的行业通常是盈利的,而且盈利水平比较稳定,投资的风险相对较小。

(4) 煤炭开采、自行车、钟表等行业已进入衰退期。对这些行业的投资应当谨慎。如果是长期投资,这种投资可能存在较大的不安全性。当然,随着技术进步、经济全球化等因素的变化,某些处于衰退期的行业还会重新焕发成长的生机。证券投资分析界所奉行的"没有夕阳产业,只有夕阳企业"的论断也正缘于此。

需要说明的是,上述关于行业生命周期 4 个阶段的分析只是对行业发展共性的一种描述,它并不适用于所有行业的情况。而且,同一行业在不同发展水平的不同国家或者在同一国家的不同发展时期,可能处于生命周期的不同阶段。

因此，分析师在具体判断某个行业所处的实际生命周期阶段的时候，往往会从以下几个方面进行综合考察：

(1) 行业规模。随着行业兴衰，行业的市场容量有一个"小—大—小"的过程，行业的资产总规模也经历"小—大—萎缩"的过程。

(2) 产出增长率。产出增长率在成长期较高，在成熟期以后降低，经验数据一般以20%为界。到了衰退阶段，行业处于低速运行状态，有时甚至处于负增长状态。

(3) 利润率水平。利润率水平是行业兴衰程度的一个综合反映，一般都有"低—高—稳定—低—严重亏损"的过程。

(4) 技术进步和技术成熟程度。随着行业兴衰，行业的创新能力有一个强增长到逐步衰减的过程，技术成熟程度有一个"低—高—老化"的过程。

(5) 开工率。长时期的开工充足反映了行业处在成长或成熟期间的景气状态。衰退期往往伴随着开工不足。

(6) 从业人员的职业化水平和工资福利收入水平。随行业兴衰，从业人员的职业化和工资福利收入水平有一个"低—高—低"的过程。

(7) 资本进退。行业生命周期中的每个阶段都会有企业的进退发生。在成熟期以前，进入的企业数量及资本量大于退出量；进入成熟期，则进入的企业数量及资本量与退出量有一个均衡的过程；在衰退期，则退出超过进入，行业规模逐渐萎缩，转产、倒闭多有发生。

任务三 影响行业兴衰的主要因素

电子行业半导体行业系列专题
存储60年：观历史 聊兴衰

按照存储介质的不同，现代数字存储主要分为光学存储、磁性存储和半导体存储三类。从存储市场规模来看，2019年机械硬盘市场规模约为585亿美元，占据总体市场的32%；DRAM市场规模约为603亿美元，占总体市场的33%；FLASH市场规模约为480亿美元，占总体市场的26%。

DRAM市场从"群雄逐鹿"到"三国鼎立"历时50多年，DRAM每约5年价格降至1/10，杀伐惨烈。DRAM产品在成本、技术、品质等为核心竞争要素，而背后需要企业在融资能力、产业链配套及人才梯队等全方位储备，考验系统性资源调动能力。全球DRAM厂商已从"群雄逐鹿"形成"三国鼎立"，未来看中国企业[制造端：合肥长鑫；设计端：兆易创新(603986)]如何突围。

FLASH新一代存储主力,将成兵家必争之地。近年来随着消费电子领域的需求增长,FLASH市场规模呈现快速增长趋势,特别是NAND FLASH已成为手机、笔记本等主力存储介质,而可穿戴设备、IOT等应用兴起驱动NOR FLASH成长。NAND市场格局主要有三星、铠侠、西部数据等企业主导。NOR FLASH主要有旺宏、华邦、兆易创新等主导。未来看长江存储自研3D NAND产品,有望迎来收获期。存储产业赛道突出,中国存储企业整装待发存储是电子产品的核心部件,国内需求基础坚实,随着长鑫及长存为代表的半导体存储制造瓶颈突破,将有望带动产业链加速发展。存储芯片设计:兆易创新、澜起科技;半导体设备:中微公司、北方华创(002371)、精测电子(300567)等;半导体材料;沪硅产业、鼎龙股份(300054)、安集科技;存储封测:深科技(000021)、华天科技(002185)。

(资料节选自同花顺财经)

思考:
1. 登录行情软件,分析专业机构的分析预测与市场实际行情的契合度。
2. 探讨产业发展及政策将带给相关的上市公司哪些发展机遇及市场投资热点?

行业兴衰的实质是行业在整个产业体系中的地位变迁,也就是行业经历"幼稚产业—先导产业—主导产业—支柱产业—夕阳产业"的过程,是资本在某一行业领域"形成—集中—大规模聚集—分散"的过程,是新技术的"产生—推广—应用—转移—落后"的过程。一个行业的兴衰会受到技术进步、产业政策、产业组织创新、社会习惯改变和经济全球化等因素的影响而发生变化。

一、技术进步

(一) 当前技术进步的行业特征

1. 以信息通信技术为核心的高新技术成为国家产业竞争力的决定性因素之一

20世纪90年代末,以微电子、网络技术、计算机和通信为代表的信息产业每年以30%以上的速度高速发展,最终取代汽车、化工、钢铁等行业成为发达国家的主导产业,是迄今为止发展最快、渗透性最强、应用关键技术最广的行业之一。

2. 信息技术的扩散与应用引起相关行业的技术革命,并加速改造着传统产业

以制药行业为例,药物研究及临床试验的高昂成本一直是制药公司的关键问题。美国技术评估局估计,向市场推出一种新药需要耗费数亿美元,周期甚至长达20年。而生物信息技术将技术先进、功能强大的计算机技术应用于新药研制过程时,制药工业的面貌大大改变,新药面世速度加快,而药品价格不断下降。在传统制造业领域,信息技术早已通过CAD、CAM、CIMS、计算机模拟等系统技术在汽车、机械制造、航空航天、新材料等行业广泛应用,大大降低了研发成本,缩短了研发周期。

3. 研发活动的投入强度成为划分高技术群类和衡量产业竞争力的标尺。

从技术进步的方式上看,研究与开发的投资强度比以设备更新投资为主要形式的技术改造投资强度更能体现一个国家和一个产业技术进步的实力与潜力。目前,多数国家和组织以 R&D 投入占产业或行业销售收入的比重来划分或定义技术产业群。

4. 技术进步速度加快,周期明显缩短,产品更新换代频繁。

从 1981 年 IBM 推出第一台个人计算机起,到 1995 年计算机产业的蓬勃发展,大约用了 15 年。信息产业中两个流行的定律——摩尔定律和吉尔德定律就是很好的说明。摩尔定律,即微处理器的速度会每 18 个月翻一番,同等价位的微处理器的计算速度会越来越快,同等速度的微处理器会越来越便宜。吉尔德定律是指在未来 25 年,主干网的带宽将每 6 个月增加 1 倍。

(二) 技术进步对行业的影响

当前正是科学技术日新月异的时代,不仅新兴学科不断涌现,而且理论科学向实用技术的转化过程也被大大缩短,速度大大加快。技术进步对行业的影响是巨大的,它往往催生了一个新的行业,同时迫使一个旧的行业加速进入衰退期。例如,电灯的出现极大地削减了对煤油灯的需求,蒸汽动力行业则被电力行业逐渐取代,喷气式飞机代替了螺旋桨飞机,大规模集成电路计算机则取代了一般的电子计算机等等。这些新产品在定型和大批量生产后,市场价格大幅度下降,从而很快就能被消费者所使用。上述这些特点使得新兴行业能够很快地超过并代替旧行业,或严重地威胁原有行业的生存。未来优势行业将伴随新的技术创新而到来,处于技术尖端的基因技术、纳米技术等将催生新的优势行业。

当然,新、旧行业并存是未来全球行业发展的基本规律和特点,大部分行业都是国民经济不可缺少的。多数行业都会在竞争中发生变化,以新的增长方式为自己找到生存的空间。例如,传统农业已经遍布全世界,未来农业还会靠技术创新获得深度增长。传统工业在通过技术创新获得深度增长的同时,还可以通过行业的国际转移,在其他相对落后的国家获得广度增长的机会。

二、产业政策

政府对于行业的管理和调控主要是通过产业政策来实现的。产业政策是国家干预或参与经济的一种形式,是国家(政府)系统设计的有关产业发展的政策目标和政策措施的总和。一般认为,产业政策可以包括产业结构政策、产业组织政策、产业技术政策和产业布局政策等部分。其中,产业结构政策与产业组织政策是产业政策的核心。

(一) 产业结构政策

产业结构政策是选择行业发展重点的优先顺序的政策措施,其目标是促使行业之间的关系更协调、社会资源配置更合理,使产业结构高级化。

产业结构政策是一个政策系统,主要包括:

(1) 产业结构长期构想。它是根据现阶段发展水平和进一步发展的要求,遵循产业发展演变的规律,提出在较长一段时期内产业发展的目标和方向。

(2) 对战略产业的保护和扶植。对战略产业的保护和扶植政策是产业结构政策的重点。战略产业,一般是指具有较高需求弹性和收入弹性、能够带动国民经济其他部门发展的产业。

对战略产业的保护政策包括限制所保护的同类国外产品的进口,限制国外私人直接投资等。对战略产业的扶植政策主要包括财政投资、倾斜金融、倾斜税收以及行政性干预等,其中政府直接投资、差别税率、优惠税、保护性关税、补贴、折旧和成本控制等是较常使用的方式。当然,对于关系到国计民生和国家安全的基础行业以及战略性行业,政府可能实施较多干预,如钢铁、石油化工、电力、供水、邮电通信、广播电视、铁路、航空、银行、证券公司、保险公司等。公用事业由于投资大、建设周期长、投资回收慢,允许众多厂商投巨资竞相建设是不经济的,因此政府往往通过授予某些厂商在指定地区独家经营某项公用事业特许权的方法来进行管理。被授权的厂商也就因此成为这些行业的合法垄断者。但这些合法的垄断者和一般的垄断者不一样,他们不能任意规定不合理的价格,其定价要受到政府的调节和管制。

(3) 对衰退产业的调整和援助。对衰退产业的调整和援助政策主要包括限制进口、财政补贴、减免税等。对衰退产业及时进行救援和调整,有利于减少经济损失、避免社会不稳定。日本政府自20世纪50年代中期起,先后对煤炭、铝、合成纤维、船舶、化肥、石化等衰退产业,采取了规模收缩和合理化对策,通过课税特例、特定产业信用基金的债务保证以及开发银行的融资等措施促进相关企业的设备处理、事业转移。

(二) 产业组织政策

产业组织政策是调整市场结构和规范市场行为的政策,以"反对垄断、促进竞争、规范大型企业集团、扶持中小企业发展"为主要核心,其目的在于实现同一产业内企业组织形态和企业间关系的合理化。同一产业是指具有相同使用功能和替代功能的产品或劳务的集合,实质上就是具有竞争关系的卖方企业的集合。产业组织政策主要包括:

(1) 市场秩序政策。其目的在于鼓励竞争、限制垄断。例如,1997年美国总统克林顿发布了《全球电子商务框架》,主张私营企业在电子商务中起主导作用,政府应当避免进行不恰当的限制,在需要政府参与的情况下,其目标也应当是支持和加强一个可预见的、宽松的、一致和简单的商业法制环境。

(2) 产业合理化政策。其目的在于确保规模经济的充分利用,防止过度竞争。例如,我国在1994年颁布的《汽车工业产业政策》,就对我国汽车工业的集中投资和产业内企业的兼并重组起到了较大的推动作用,很大程度上抑制了重复生产,催生了三大汽车生产企业集团,汽车生产集中度得到大幅度提高。

(3) 产业保护政策。其目的在于减小国外企业对本国幼稚产业的冲击。我国有关外商投资的产业政策中,对外商投资方式的限制规定,在一定程度上起到了对本国部分产业内的现有企业进行保护的作用。

(三) 产业技术政策

产业技术政策是促进产业技术进步的政策,是产业政策的重要组成部分。它主要包括以下两方面内容:

(1) 产业技术结构的选择和技术发展政策,主要涉及制定具体的技术标准,规定各产业的技术发展方向,鼓励采用先进技术等方面。

(2) 促进资源向技术开发领域投入的政策,主要包括技术引进政策、促进技术开发政策和基础技术研究的资助与组织政策。

(四) 产业布局政策

产业布局是产业存在和发展的空间形式。产业布局政策的目标是实现产业布局的合理化。产业布局政策一般遵循以下原则:

(1) 经济性原则,即保证那些投资效率高、经济效益好、发展速度快的地区优先发展。

(2) 合理性原则,即鼓励各地区根据自身资源、经济、技术条件,发展具有相对优势的产业。

(3) 协调性原则,即促进地区间的经济、技术交流,形成合理的分工协作体系。

(4) 平衡性原则,即在加快先进地区发展的同时,逐步缩小先进地区与落后地区的差距。

(五) 我国目前的主要产业政策

我国比较系统地实行产业政策是在 20 世纪 80 年代后半期。在此以前,产业政策的内容主要体现在国民经济发展计划之中。1988 年,原国家发展计划委员会成立了产业政策司;1989 年 2 月 14 日,国务院颁布了《中国产业政策大纲》,在政府文件中首次使用"产业政策"一词;1989 年 3 月 15 日,国务院发布《关于当前产业政策要点的决定》,成为我国第一个正式的产业政策。进入 1990 年代,我国产业政策工作逐渐步入正轨,国家先后制定并颁布了一系列的产业政策、规划,如《90 年代国家产业政策纲要》《90 年代中国农业发展纲要》以及汽车、电子等专项产业政策。2002 年 3 月 11 日,基于经济全球化与中国加入 WTO 的新形势,原国家发展计划委员会、原国家经济贸易委员会及原对外贸易经济合作部联合修订并发布的《外商投资产业指导目录》及其附件成为我国现行产业政策中的重要组成部分。2007 年对该指导目录进行了修订,并于同年 12 月 1 日起实施。《外商投资产业指导目录(2007 年修订)》修订内容主要涉及 5 个方面:①坚持扩大对外开放,促进产业结构升级;②节约资源、保护环境,鼓励外商投资发展循环经济、清洁生产、可再生能源和生态环境保护,并在目录中新增了相关的鼓励类条目;③调整单纯鼓励出口的导向政策;④促进区域协调发展;⑤维护国家经济安全。对部分涉及国家经济安全的战略性和敏感性行业,持谨慎开放态度,适当调整相关条目。

在行业管理与调控的不同时期，不少国家还采用立法的形式进一步保障产业政策的实现。美国的反垄断法是规范产业以及产业组织的著名法律。美国政府曾相继制定了《谢尔曼反垄断法》（1890 年）、《克雷顿反垄断法》（1914 年）和《罗宾逊·帕特曼法》（1936 年）等法律对行业的经营活动进行管理。其中，《谢尔曼反垄断法》主要是保护贸易与商业免受非法限制与垄断的影响；《克雷顿反垄断法》主要是禁止可能导致行业竞争大大减弱或行业限制的一家公司持有其他公司股票的行为；《罗宾逊·帕特曼法》则规定了某些类型的价格歧视是非法的，应当取缔。此外，美国还曾制定过保护关税、赠予铁路公司土地、国有土地自然资源保护等法律法规。日本在追求产业结构合理化的过程中也曾制定过针对战后某类产业高速增长现象的法规，如《石油工业法》《电子产业振兴法》《机械工业合理化临时措施法》以及用以加速某类行业发展的法规等。

三、产业组织创新

产业组织是指同一产业内企业的组织形态和企业间的关系，包括市场结构、市场行为、市场绩效三方面内容。

产业组织创新是指同一产业内企业的组织形态和企业间关系的创新。产业组织的创新过程（活动）实际上是对影响产业组织绩效的要素进行整合优化的过程，是使产业组织重新获取竞争优势的过程。

从作用的效果来看，产业政策的调控与产业组织的创新都有优化产业组织的功能，但产业政策在产业组织合理化过程中的作用是一种经济过程中的被组织力量，而产业组织创新则往往是产业及产业内企业的自组织过程。

一方面，产业组织与产业结构息息相关，是连接产业结构与产业政策的纽带。因此，产业组织创新是推动产业结构升级的重要力量之一。另一方面，产业组织又与企业组织密切相关，是具有某种同一性的互动范畴。因此，产业组织的创新不仅仅是产业内企业与企业之间垄断抑或竞争关系平衡的结果，更是企业组织创新与产业组织创新协调与互动的结果。

实践证明，产业组织创新的直接效应包括实现规模经济、专业化分工与协作、提高产业集中度、促进技术进步和有效竞争等；间接影响包括创造产业增长机会、促进产业增长实现、构筑产业赶超效应、适应产业经济增长等多项功效。产业组织创新能在一定程度上引起产业（或行业）生命周期运行轨迹或生命周期阶段持续时间的变化。

与其他创新活动一样，产业组织的创新没有固定的模式，在不同行业或同一行业的不同发展时期，产业组织创新有着与行业本身固有的行业属性、行业所处生命周期的阶段特征、行业内企业组织变革乃至与整个社会经济演进相关联的各种形式。例如，产业化经营旨在延长产业链，增加附加值，加深产业与相关产业的融合发展，解决产品的产供销衔接问题，使商业资本与产业资本相对集中，产生聚合的规模效益；产融结合旨在通过产业部门与金融部门的资本融合,使产业资本加速集中,充分发挥金融对产业发展的融资作用,使产业结构的调整得以迅速有效地进行;服务体系建设旨在加强产业的服务体系建设,完善产业市场信息体系、产业质量标准体系及产业自律体系;大规模数字化经济旨在改变产业内企业的组织管理形式、厂商与消费者的关系、竞争者之间的竞争方式以及企业间乃至产业间的分工协作方式等。以我国农业为例,家庭承包制、一体化经营、农业产业化等成为我国农业在不同发展时期的产业组织创新的尝试,构筑了传统农业向现代农业演进的产业升级之路。

此外,产业组织创新与产业技术创新等密不可分。产业技术创新在很大程度上由产业组织创新的过程和产业组织创新的结果所驱动。技术创新是组织创新的某方面表现,组织创新是技术创新的有效载体,二者是相互促进的互动关系。具有创新活力且通过组织创新不断优化了的产业组织,能最大限度地、系统地为产业技术创新配置资源(如资本资源、人力资源、环境资源等)。由此,产业组织创新与产业技术创新共同成为产业不断适应外部竞争环境或者从内部增强产业核心能力的关键。

四、社会习惯的改变

随着人们生活水平和受教育程度的提高,消费心理、消费习惯、文明程度和社会责任感会逐渐改变,从而使某些商品的需求发生变化并进一步影响行业的兴衰。在解决基本温饱之后,人们更注重生活的质量,不受污染的天然食品备受人们青睐;对健康投资从注重保健品转向健身器材;在物质生活丰富后,注重智力投资和丰富的精神生活,旅游、音响成了新的消费热点;快节奏的现代生活使人们更偏好便捷的交通和通信工具;高度工业化和生活现代化又使人们认识到保护生存环境免受污染的重要性。发达国家的工业部门每年都要花费几十亿美元的经费来研制和生产与环境保护有关的各种设备,以便使工业排放的废渣、废水和废气能够符合规定的标准。所有这些社会观念、社会习惯、社会趋势的变化对企业的经营活动、生产成本和收益等方面都会产生一定的影响,足以使一些不再适应社会需要的行业在衰退的同时激发新兴行业的发展。

需求变化是未来优势产业的发展导向,并在相当程度上影响行业的兴衰。在收入相对比较低的时候,由于恩格尔定律的作用,人们对生活用品有较大需求。提供生活消费品的可口可乐、宝洁、强生公司和满足这些需求的销售渠道如沃尔玛公司,均在不断满足这些消费需求的过程中发展起来。随着收入水平的提高,生活消费品支出占消费总支出的比例逐渐下降,人们需要更多的服务消费和金融投资,从而使金融、旅游、教育、医疗、保险、体育、文化等行业从中获得了快速增长的动力。

五、经济全球化

经济全球化是指商品、服务、生产要素与信息跨国界流动的规模与形式不断增加,通过国际分工,在世界市场范围内提高资源配置效率,从而使各国经济相互依赖程度有日益加深的趋势。它是全球生产力发展的结果,其推动力是追求利润和取得竞争优势。20世纪90年代以来,经济全球化的趋势大大加强。经济全球化的直接原因是国际直接投资与贸易环境出现了新变化。

(一) 经济全球化的主要表现

(1) 生产活动全球化,传统的国际分工正在演变成为世界性的分工。国际分工的形成机制在变化,出现了协议性分工,即主要是跨国公司经营的分工和地区经贸集团成员内组织的分工。世界性的国际分工使各国成为世界生产的一部分,成为商品价值链中的一个环节。它有利于世界各国充分发挥优势,节约社会劳动,使生产要素达到合理配置,提高经济效益,促进世界经济的发展。

(2) 1995年1月1日诞生的世界贸易组织(WTO)标志着世界贸易进一步规范化,世界贸易体制开始形成。作为世界多边贸易体制组织和法律基础的世界贸易组织,以其法人地位对所有成员方都有严格的约束力。因此,世界贸易组织的建立标志着一个以贸易自由化为中心、囊括当今世界贸易诸多领域的多边贸易体制大框架已经构筑起来。

(3) 各国金融日益融合在一起。金融国际化进程加快,地区性经贸集团的金融业出现一体化,金融市场迅猛扩大。

(4) 投资活动遍及全球,全球性投资规范框架开始形成。投资成为经济发展和增长新支点,国际对外直接投资与吸收外国直接投资主体多元化,一些发达国家和发展中国家与地区成为吸收外国直接投资的主要对象。国际借贷资金流动量增长很快,证券股权投资迅速发展,投资自由化成为各国国际直接投资政策的目标。

(5) 跨国公司作用进一步加强。跨国公司的数目剧增,以发达国家和发展中国家为基地的最大跨国公司日益全球化,跨国公司开始结成新型的战略联盟,全球跨国兼并与收购总额上升,跨国公司国际生产的规模和重要性日益增加。跨国公司内部贸易在其国家贸易中的比重提高,出现了无国界经济。

(二) 经济全球化对各国产业发展的重大影响

1. 经济全球化导致产业的全球性转移

发达国家将低端制造技术加速向发展中国家进行产业化转移。随着高新技术行业逐渐成为发达国家的主导产业,传统的劳动密集型(如纺织服装、消费类电子产品)甚至是低端技术的资本密集型行业(如中低档汽车制造)将加快向发展中国家转移。发达国家在将发展中国家变成它的加工组装基地和制造工厂的同时,仍然可以掌握传统行业的核心技术,并通过不断向发展中国家转让其技术专利取得市场利益。例如,中国虽然是世界鞋业的全球性工厂,但是美国NIKE公司却拥有最先进的运动鞋设计制造技术。其他还有诸如手机、电脑等产品的生产都存在这种状况。

链接5-3 经济全球化对各国产业发展的影响

制造业结构正在向技术密集型和高新技术行业加速转移。20世纪70年代世界技术密集型行业的增长就已经出现快于一般工业的趋势，80年代这一趋势更加明显。从高新技术行业在整个制造业增加值和出口总值的比重来看，欧洲、北美和日本自1970年以来都有明显的增长。

选择性发展将是未来各国形成优势行业的重要途径，因为一个国家受技术水平、资源潜力的限制，不可能在所有领域都取得领先优势。战略性产业发展思路成为许多国家的战略，比如美国的信息技术和生物技术行业、日本的机器人行业、印度的计算机软件行业等。

产业全球化导致的国际竞争和国际投资因素，将会使行业结构发生很大变化，如成熟的美国汽车行业长期被通用、福特和克莱斯勒三家汽车公司所控制，市场处于稳定状态。但近年来，美国汽车工业受到日本、西欧，甚至韩国汽车的挑战。这种国际竞争不仅打破了美国国内原先的市场格局，而且影响到美国汽车行业生命周期的发展。

2. 国际分工出现重要变化

国际分工的基础出现了重要变化。传统的国际分工理论认为，国家间分工的基础是各国的资源禀赋。各国自然资源禀赋的差异，导致各国产业结构的不同，通过不同商品的贸易可以增进各国的福利。经济全球化的不断深化，使生产要素与商品、服务跨国界流动的障碍与成本大大降低，一个国家的优势行业也不再主要取决于资源禀赋。随着产业结构的高度化，在决定各国比较优势的因素中，资源禀赋作用在减弱，后天因素的作用逐步增强。后天因素包括政府的效率、市场机制完善的程度、劳动者掌握知识与信息的能力、受到政策影响的市场规模等。后天因素的改善可以弥补资源禀赋方面的劣势，而后天因素的劣势则可能使资源禀赋方面的比较优势难以发挥。

国际分工的模式出现了重要变化。以往的国际分工是各国从其比较优势出发，用具有比较优势行业的商品交换比较劣势行业的商品，表现在贸易结构上，主要是行业间的贸易。随着经济全球化的日益加深，跨国公司在全球范围内寻求资源的最佳配置，将其产业链的不同环节分别布局在不同的国家，将越来越多的国家纳入跨国公司的全球生产与服务网络之中。这种新的国际分工表现在贸易结构上，就是行业内贸易和公司内贸易的比重大幅度提高。

经济全球化导致贸易理论与国际直接投资理论一体化。在贸易与投资一体化理论中，企业行为被分为两大类型：第一，总部行为。总部行为包括工程、管理和金融服务以及信誉、商标等甚至可以无偿转让给远方生产区位的服务，这类行为有时被简化概括为研究与开发。第二，实际生产行为。实际生产行为又可分为上游生产（中间产品）和下游生产（终极产品）。企业在两个国家间进行活动时，可以将总部行为安排在母国进行，但其实际生产或转移到东道国进行（纵向一体化），或者既安排在国内，又安排在国外进行（横向一体化）。因此，跨国企业不仅通过价格和质量进行竞争，而且还通过生产的组织进行竞争。

贸易与投资理论的一体化表明,在经济全球化背景下不能以单纯的贸易行为来衡量国家之间的经济利益。

任务四　行业分析的方法

电子信息行业智能投顾专题报告
匹配需求　化繁为简

智能投顾能够克服部分传统投顾的痛点。我国财富管理行业和投顾业务的发展起步较晚,但是近年来我国居民的理财需求和风险意识发展迅速。相比传统投顾,智能投顾借助科技的手段,具有低投资门槛、高度线上化、普惠性、精准识别客户需求、服务内容差异化、服务质量标准化等特点,能够在一定程度上克服传统投顾的痛点。

智能投顾主要有4类参与主体:①传统金融机构,如华泰证券投顾云平台AORTA＋移动端2C平台涨乐财富通,底层互联互通,实现B2B2C(公司到投顾到客户)业务链路的实质性贯通;②财经垂直平台,如盈米基金定位买方投顾服务商,三大业务模块,2B2C双管齐下,以及通过财富管理场景和一站式服务打造闭环;③互联网巨头,如蚂蚁财富,利用平台大数据优势和技术优势实现精准画像,简化用户投资流程,构建智能用户平台;④金融IT公司,如专注于2B的系统解决方案,提供后台的财富管理IT系统、以及前中后台一体化系统解决方案等。

启示:细化需求,匹配供给,化繁为简。智能投顾业务模式较多元化,涉及业务链条的不同阶段,目前还在比较初期阶段。按照服务客户类型主要分为3类模式:①2B:服务于资管公司等金融机构;②2C:直接服务于C端个人用户;③2B2C:赋能机构或投顾等渠道方,间接服务C端客户。借鉴代表公司,智能投顾核心优势为场景流量、大数据、先发优势、精准画像等。未来2B业务需要增加机构客户黏性及合作深度,2C、2B2C业务需要细化需求,匹配供给,化繁为简。

风险提示:①监管趋严、政策收紧;②发展周期长,初期投入大,影响科技创新;③资本加速入场、行业竞争加剧;④科技应用与传统业务融合摩擦超预期;⑤个人信息、数据等隐私问题频发,存在潜在公众信任危机。

(资料选自新浪财经)

思考:
1. 智能投顾给传统行业分析带来了哪些便利?
2. 智能投顾会产生哪些风险?

一、历史资料研究法

历史资料研究法是通过对已有资料的深入研究,寻找事实和一般规律,然后根据这些信息去描述、分析和解释过去的过程,同时揭示当前的状况,并依照这种一般规律对未来进行预测。这种方法的优点是省时、省力并节省费用;缺点是只能被动地囿于现有资料,不能主动地去提出问题并解决问题。

只要是追溯事物发展轨迹,探究发展轨迹中某些规律性的东西,就不可避免地需要采用历史资料研究法。各个行业都在不断地发展,如果从一个行业的发展历程来认识它,更有助于较为全面深刻地认识和理解该行业,并把握它的发展脉搏。

历史资料的来源包括:①政府部门;②专业研究机构;③行业协会和其他自律组织;④高等院校;⑤相关企业和公司;⑥专业媒介(书籍和报纸杂志等);⑦其他机构。例如,国家统计局和各级地方统计部门定期发布的统计公报,定期出版的各类统计年鉴;各种经济信息部门、各行业协会和联合会提供的定期或不定期信息公报;国内外有关报纸、杂志等大众传播媒介,各种国际组织、外国商会等提供的定期或不定期统计公告或交流信息;国内外各种研讨会、座谈会、报告会等专业性、学术性会议上所发放的正式文件和学术报告;企业资料;各级政府公布的相关政策法规;研究机构、高等院校、中介机构发表的学术论文和专业报告等等。这些资料一般可以通过图书馆查阅或者互联网搜索得到,或者向政府部门、行业协会、相关中介机构索取,也可以通过学术交流、学术报告等途径得到。

二、调查研究法

调查研究法是一项非常古老的研究技术,也是科学研究中一个常用的方法,在描述性、解释性和探索性的研究中都可以运用调查研究的方法。

调查研究法一般通过抽样调查、实地调研、深度访谈等形式,通过对调查对象的问卷调查、访查、访谈获得资讯,并对此进行研究。调查研究是收集第一手资料用以描述一个难以直接观察的群体的最佳方法。当然,也可以利用他人收集的调查数据进行分析,即二手资料分析的方法,这样可以节约费用。这种方法的优点是可以获得最新的资料和信息,并且研究者可以主动提出问题并获得解释,适合对一些相对复杂的问题进行研究时采用。

这种方法的缺点是成功与否取决于研究者和访问者的技巧和经验。在向相关部门的官员咨询行业政策、向特定企业了解特定事件、与专家学者探讨重大话题的时候,特别适用这种方法。

1. 问卷调查或电话访问

当需要对研究对象进行研究时,并不一定能够完全得到研究者想要的资料,这时可以采取问卷调查或电话访问的方式。这种方式在市场调查中被广泛应用。问卷调查涉及问卷的设计、分发(邮寄或传真)、回收和整理。问卷的回收率比较重要,在调查研究中,研究者往往希望所有的问卷都能回收。回收率偏低将会导致据此分析得出的结论不能代表总体属性。同时,还应当注意到另外一个问题,那就是回收问卷的有效性。具有较低回收率但是回收问卷都经过验证且没有偏差,这种情况也许比高回收率但问卷有较大偏差的情况更令人满意。为了提高回收率,研究者应密切关注问卷回收情况,对没有及时回收的被访对象邮寄催收信函并补寄问卷。补寄问卷的效果是显著的,将会刺激回收率的增加。电话访问的优点在于即时性和互动性。它不需要像等待问卷回收那样耗费漫长的时间,而且在某些比较敏感的问题上由于受访者不曾露面的原因反而会更加真实地回答问题。但是另一方面,电话会被轻易地挂断从而终止访问,这是电话访问的缺点。

2. 实地调研

实地调研的最大好处就是研究者能够在行为现场观察且思考,具有其他研究方法所不及的弹性。例如,问卷调查研究者必须在某些方面专注于问卷,从而限制了将要搜集到的资料。即使在接下来的研究过程中发现了某些重要问题的缺失也无法进行补偿。实地调研特别适合于那些不宜简单定量的研究课题。它通过尽可能完全直接的观察与思考,对研究课题进行深入和周全的探索。它还特别适用于对进行中的重大事件的研究,这种方法胜过在事后的重新构建和探讨。它往往可以揭露一些并非显而易见的事实。实地调研前,研究者需要事先搜索和准备相关的资料,接着需要和研究对象建立联系并且保持友善的关系。在实地调研中,把一切过程完整而真实地记录下来是很重要的,即使这些笔记也许只有一小部分被用到了最终的报告之中。

3. 深度访谈

深度访谈具有许多优点,包括可以得到较为充分和详细的回答,避免由于问卷设计的要求而对问题进行简化的标准化处理。在研究和分析复杂问题上,这种处理显露出肤浅的一面,而深度访谈可以更为深入地探讨这些课题。但是,深度访谈的一个弱点在于受访者可能会受到访问者(研究者)的影响。

深度访谈对于访问者的要求较高,访问者应做到外观和举止得体,熟悉访谈内容,遣词造句得法,准确记录访谈内容,深入追问以确定受访者的意思表达等。另外,访问者应当事先准备好一份详细的说明书或者访谈计划来协助访谈的完成。

三、归纳法与演绎法

归纳法是从个别出发以达到一般性,从一系列特定的观察中发现一种模式,这种模式在一定程度上代表所有给定事件的秩序。但是值得注意的是,这种模式的发现并不能解释为什么这个模式会存在。演绎法是从一般到个别,从逻辑或者理论上预期的模式到观察检验预期的模式是否确实存在。演绎法是先推论后观察,归纳法则是从观察开始。

下面以一个具体的例子来说明。通过图 5-7 研究我国历年发电量和年份之间的关系。在运用演绎法的时候,从逻辑推论开始。随着时间的推移,发电量会逐年增加。因为国民经济随着时间逐年增长,对电力的需求也逐年增加。

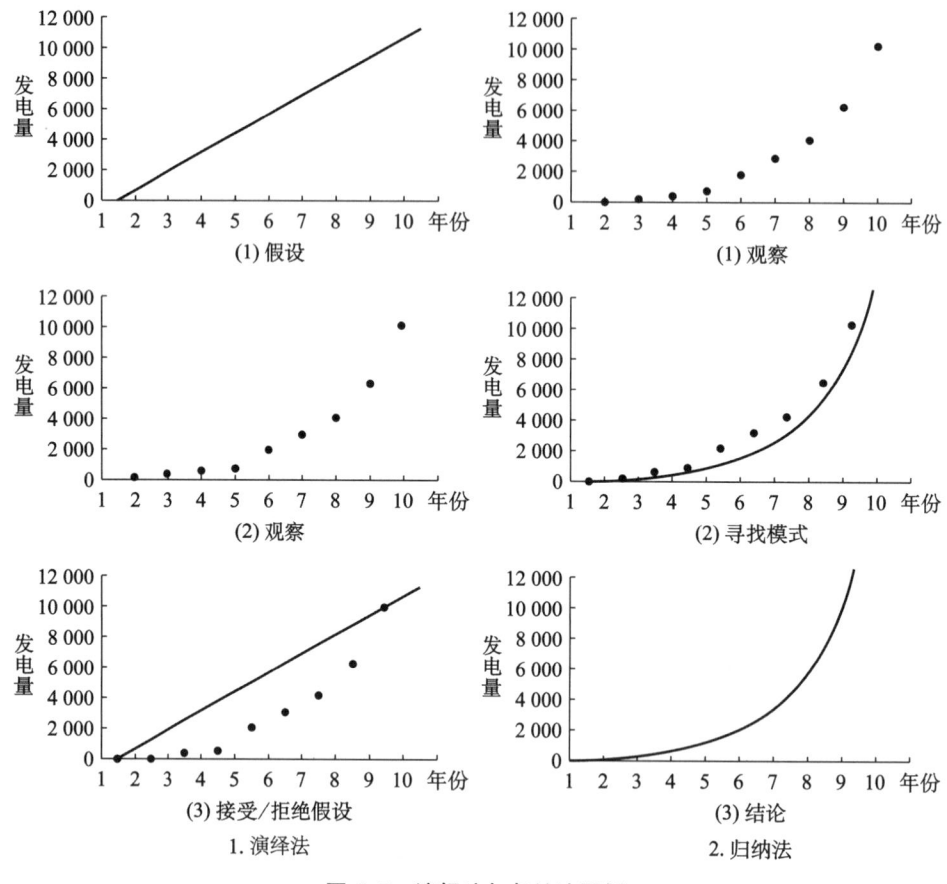

图 5-7 演绎法与归纳法图例

根据这样的推理,就会得到这样一个假设,即发电量与年份之间存在着正相关关系。也就是说,随着时间的推移,发电量是增加的。在本案例中,假设发电量与年份之间存在着某种比例的线性相关。使用演绎法的下一个步骤是进行观察,即观察研究对象的实际情况,在这个例子里就是收集每年发电量的资料。第三步是对假设和实际观察结果进行比较,以确定两者之间是否足够吻合,确定接受或者拒绝这个假设。换句话说,确定假设是否描述了实际存在的模式。

如果用归纳法来研究同样的问题,则首先从观察开始。第一步是收集相关资料,如每年发电量的实际情况。第二步是根据实际观察结果找出一个最能代表或者描述资料特点的模式。在本案例中,图 5-7 中的 2(2) 曲线描述了发电量和年份之间存在着的模式。随着时间的推移,发电量的增长速度越来越快。第三步运用归纳法考察年份和发电量之间的关系后,最终得到了一个趋势性的结果。当然,在实际运用中,始终是通过不断地"演绎—归纳—演绎"的交替过程来完成的。

在演绎法中,研究的角度就是用经验去检验每一个推论,看看哪一个在现实(研究)中言之有理,从而获得理论的验证。而在归纳法中,研究的角度则是通过经验和观察试图得到某种模式或理论。由此可见,逻辑完整性和经验实证性两者都不可或缺。一方面只有逻辑并不够;另一方面,只有经验观察和资料搜集也不能提供理论或解释。

四、比较研究法

在进行行业分析的时候,比较研究法是一种较为常用的分析方法。比较研究又可以分为横向比较和纵向比较两种方法。横向比较一般是取某一时点的状态或者某一固定时段(如1年)的指标,在这个横截面上对研究对象及其比较对象进行比较研究。例如,将行业的增长情况与国民经济的增长进行比较,从中发现行业增长速度快于还是慢于国民经济的增长;或者将不同的行业进行比较,研究本行业的成长性;或者将不同国家或者地区的同一行业进行比较,研究行业的发展潜力和发展方向等等。纵向比较主要是利用行业的历史数据,如销售收入、利润、企业规模等,分析过去的增长情况,并据此预测行业的未来发展趋势。利用比较研究法可以直观和方便地观察行业的发展状态和比较优势。

(一) 行业增长横向比较

分析某行业是否属于增长型行业,可利用该行业的历年统计资料与国民经济综合指标进行对比。具体做法是取得某行业历年的销售额或营业收入的可靠数据并计算出年变动率,与国民生产总值增长率、国内生产总值增长率进行比较。通过比较,可以做出如下判断:

(1) 确定该行业是否属于周期性行业。如果国民生产总值或国内生产总值连续几年逐年上升,说明国民经济正处于繁荣阶段;反之,则说明国民经济正处于衰退阶段。观察同一时期该行业销售额是否与国民生产总值或国内生产总值同向变化。如果在国民经济繁荣阶段行业的销售额也逐年同步增长,或是在国民经济处于衰退阶段时行业的销售额也同步下降,说明这一行业很可能是周期性行业。

(2) 比较该行业的年增长率与国民生产总值、国内生产总值的年增长率。如果在大多数年份中该行业的年增长率都高于国民经济综合指标的年增长率,说明这一行业是增长型行业;如果行业年增长率与国民生产总值、国内生产总值的年增长率持平甚至相对较低,则说明这一行业与国民经济增长保持同步或是增长过缓。

(3) 计算各观察年份该行业销售额在国民生产总值中所占的比重。如果这一比重逐年上升,说明该行业增长比国民经济平均水平快;反之,则较慢。

通过以上分析,基本上可以发现和判断是不是增长型行业。但要注意,观察数不可过少,如过少可能会引起判断失误。表 5-1 列示了某行业发展状况与国民生产总值发展的比较。

表 5-1 某行业销售额与国民生产总值比较

年次	某行业 销售额（10 亿元）	某行业 年增长率	国民生产总值 金额（10 亿元）	国民生产总值 年增长率	某行业销售额占国民生产总值百分比
1	8.12		105		7.73
2	8.78	8.13%	112	6.67%	7.84%
3	9.64	8.56%	120	7.14%	8.03%
4	10.50	8.92%	129	7.50%	8.14%
5	11.48	9.33%	139	7.75%	8.26%
6	12.65	10.19%	150	7.91%	8.43%
7	14.12	10.40%	162	8.00%	8.72%
8	15.80	11.90%	176	8.64%	8.98%

(二) 行业未来增长率预测

利用行业历年销售额与国民生产总值、国内生产总值的周期资料进行对比,只是说明过去的情况,研究者还需要了解和分析行业未来的增长变化,因此还需要对行业未来的发展趋势做出预测。预测的方法有多种,使用较多的方法有两种：一种方法是将行业历年销售额与国民生产总值标在坐标图上,用最小二乘法找出两者的关系曲线,并绘在坐标图上。这一关系曲线即为行业增长的趋势线。根据国民生产总值的计划指标或预计值可以预测行业的未来销售额。另一种方法是利用行业历年的增长率计算历史的平均增长率和标准差,预计未来增长率。使用这一方法要使用行业在过去 10 年或 10 年以上的历史数据,预计的结果才较有说服力。如果某一行业是与居民基本生活资料相关的,也可利用历史资料计算人均消费量及人均消费增长率,再利用人口增长预测资料预计行业的未来增长。

综上所述,通过行业增长比较分析和行业增长预测分析,行业分析师可以选择出处于成长期或稳定期、竞争实力雄厚、有较大发展潜力的行业。此外,分析师还应该考虑其他一些因素,如消费者的偏好和收入分配的变化、某产品是否有国外竞争者的介入等。最后,要确定某一行业证券的投资价值,还必须辨别现实价格所反映的未来收入的机会有多大,所反映的投机需求程度有多大。只有系统地评估这些因素,才能对一个行业进行正确的分析,从而提出合理的投资决策建议。

五、数理统计法

随着研究的深入,分析师们将不再仅仅依靠简单的比较和直观的分析来寻找答案。数理统计和计量经济学的理论和方法将会被越来越多地应用到行业分析中来。这里介绍最常用的相关分析、线性回归和时间数列。相关分析主要用于探索两个数量指标之间的依存关系,比如行业产品的销售总量和销售价格之间的关系、行业发展速度与国民经济发展速度之间的关系等。线性回归是对两个具有相关关系的数量指标进行线性拟合获得最佳直线回归方程,从而在相关分析的基础上进行指标预测。时间数列则比较常见,如行业的年度或者月度指标按时间顺序排列形成的数列即是一个时间数列,根据数列的特征,就可以用多种方法来预测未来一期或若干期的指标。

(一) 相关分析

1. 相关关系

相关关系是指指标变量之间不确定的依存关系。相关关系包括因果关系,如行业产品的销售价格下降导致的产品销量上升,是一种因果关系。另外,两个指标变量受第三个指标变量影响而发生的共变关系,也属于相关关系。相关分析就是对指标变量之间的相关关系的分析,其任务是对指标变量之间是否存在必然的联系、联系的形式、变动的方向做出符合实际的判断,并测定它们联系的密切程度,检验其有效性。

相关关系按研究指标变量的多少可分为一元相关(单相关)和多元相关(复相关),按指标变量之间依存关系的形式可分为线性相关(直线相关)和非线性相关(曲线相关),按指标变量变化的方向可分为正相关和负相关。此外,相关关系还可按指标变量之间的密切程度区分。当指标变量之间的依存关系密切到函数关系时,称为完全相关;当指标变量之间不存在依存关系时,就称为不相关或零相关;大多数相关关系介于其间,称为不完全相关。将两个相关指标变量的取值在平面坐标图上表示出来,在统计上称为散点图,可以直观地显示它们相关的形式。

2. 相关系数及显著性检验

英国统计学家卡尔・皮尔逊(Karl Pearson)提出的一个测定两指标变量线性相关的计算公式,通常称为积矩相关系数。其计算公式为:

$$r = \frac{\sigma_{XY}}{\sigma_X \sigma_Y}$$

式中:σ_{XY}——X 与 Y 变量的协方差;

σ_X——X 变量的标准差;

σ_Y——Y 变量的标准差。

对于未分组的资料,相关系数计算公式为:

$$r = \frac{\sum(X-\bar{X})(Y-\bar{Y})}{n\sigma_X\sigma_Y}$$

式中：n——资料项数；

标准差 $\sigma_X = \sqrt{\frac{1}{n-1}\sum_{i=1}^{n}(X_i-\bar{X})^2}$。

相关系数 r 的数值有一定范围，即 $|r| \leqslant 1$。

当 $|r|=1$ 时，表示两指标变量完全线性相关。

当 $|r|=0$ 时，表示两指标变量完全线性相关。

当 $|r|<1$ 时，通常认为：$0<|r|\leqslant 0.3$ 为微弱相关，$0.3<|r|\leqslant 0.5$ 为低度相关，$0.5<|r|\leqslant 0.8$ 为显著相关，$0.8<|r|\leqslant 1$ 为高度相关。

在对总体两指标变量相关性做出结论之前，必须检验样本 r 值的显著性。在小样本的情况下，可用费舍尔(Fisher)的 t 检验法。

(二) 一元线性回归

1. 回归模型

只有存在相关关系的指标变量才能进行回归分析，且相关程度越高，回归测定的结果越可靠。因此，相关系数也是判定回归效果的一个重要依据。一元线性回归模型是用于分析一个自变量 X 与一个因变量 Y 之间线性关系的数学方程，其一般形式为：

$$\hat{Y} = a + bX$$

X 是自变量；$\hat{Y}$ 是因变量 Y 的估计值，也称理论值，是根据回归模型和给定的自变量 X 值计算得到的结果。a 和 b 通称为回归模型的参数。a 是回归直线的截距；b 是回归直线的斜率，也称回归系数。由于对应于 X 某一数值的 Y 有多个实际值，通过 X 与 Y 的各对数值也就可能有多条直线。其中最具代表性的无疑应该是实际值同这条直线平均离差最小的直线，即 $\sum(Y_j-\hat{Y})^2$ 为最小。可以用最小二乘法求解待定系数 a 和 b，可得：

$$a = \frac{\sum Y}{n} - b\frac{\sum X}{n}, \quad b = \frac{n\sum XY - \sum X \sum Y}{n\sum X^2 - (\sum X)^2}$$

2. 判定系数

判定系数 r^2 表明指标变量之间的依存程度。r^2 越大，表明依存度越大。计算公式为：

$$r^2 = \frac{a\sum Y + b\sum XY - n\hat{Y}^2}{\sum Y^2 - n\bar{Y}^2}$$

根据上例数据计算可得 $r^2=0.87$，表明销售量的总偏差中有 87% 可以由平均价格同销售量之间的依存关系来解释,只有13%是属于随机因素的影响。因此,这条回归线是合适的。

3. 显著性检验

一元线性回归模型的显著性检验包括回归系数 b 的显著性检验和模型整体的 F 检验。

$$B\text{的检验统计量为}:Z=\frac{b-\beta}{\sigma b} \quad (\beta=0)$$

Z 变量服从均值为0、方差为1的标准正态分布。

$$F=\frac{\sum(\hat{Y}-\bar{Y})^2/n}{\sum(Y_j-\bar{Y})^2/(n-2)}$$

也可以用判定系数计算 F 统计量:

$$F=\frac{r^2(n-2)}{1-r^2}$$

在一元线性回归分析中,b 的 t 检验和模型整体的 F 检验二者取其一即可。但是在多元回归分析中,它们是不等价的。t 检验只是检验回归模型中各个系数(参数)的显著性,而 F 检验则是检验整个回归关系的显著性。

4. 应用

一元线性回归方程可以应用于:描述两指标变量之间的数量依存关系;利用回归方程进行预测,把预报因子(即自变量 X)代入回归方程可对预报量(即因变量 Y)进行估计;利用回归方程进行统计控制,通过控制 X 的范围来实现指标 Y 统计控制的目标。

(三) 时间数列

1. 数列形态分类

时间数列又称时间序列,是指社会经济指标的数值按照时间顺序排列而形成的一种数列。按照指标变量的性质和数列形态不同,时间数列可分为随机性时间数列和非随机性时间数列。其中,非随机性时间数列又分为平稳性时间数列、趋势性时间数列和季节性时间数列3种。

(1) 随机性时间数列是指由随机变量组成的时间数列。平稳性时间数列是指由确定性变量构成的时间数列,其特点是影响数列各期数值的因素是确定的,且各期的数值总是保持在一定的水平上下波动。

(2) 趋势性时间数列是指各期数值逐期增加或逐期减少,呈现一定的发展变化趋势的时间数列。

(3) 季节性时间数列是指按月统计的各期数值,随一年内季节变化而周期性波动的时间数列。

2. 自相关系数与数列的识别

对时间数列的识别通常可以凭理论知识和经验以及直观的统计图来判断。此外,更为精确的是用时间数列的自相关。

根据时间数列自相关系数,便可以对时间数列的性质和特征做出判别。判别的准则是:

(1) 如果所有的自相关系数都近似地等于零,表明该时间数列属于随机性时间数列。

(2) 如果 r_1 比较大,r_2、r_3 渐次减小,从 r_4 开始趋近于零,表明该时间数列是平稳性时间数列。

(3) 如果 r_1 最大 r_2、r_3 等多个自相关系数逐渐递减但不为零,表明该时间数列存在着某种趋势。

(4) 如果一个数列的自相关系数出现周期性变化,每间隔若干个便有一个高峰,表明该时间数列是季节性时间数列。

3. 时间数列的预测方法

时间数列分析的一个重要任务是根据现象发展变化的规律进行外推预测。最常见的时间数列预测方法有趋势外推法、移动平均法与指数平滑法等。

(1) 趋势外推法。趋势外推法的预测过程一般分为 4 个步骤:选择趋势模型,求解模型参数,对模型进行检验,计算估计标准误差。以简单的直线方程为例,当某一时间数列具有直线上升或者直线下降趋势时,可以用直线回归方程拟合。根据这个趋势方程,可以对时间数列进行外推预测。

对模型的有效性检验的方法是通过判断误差:$\varepsilon_t = Y_t - \hat{Y}_t$ 是否属于随机误差,也即该误差数列是否属于随机数列来进行。

(2) 移动平均预测法。移动平均预测法即通过取 n 项的移动平均,可以对原时间数列修匀而形成一个新的时间数列,显现数列的变动趋势。对于平稳型的时间数列,可以取最近 n 项数值的平均数作为下期的预测值。移动平均法只能预测最近一期数值,逐期移动,逐期预测。它需要大量的历史资料,且权数的选择具有较大的随意性,所以预测的准确性相对较差。

(3) 指数平滑法。指数平滑法是由移动平均法演变而来的,计算公式为:

$$\hat{Y}_{t+1} = \alpha Y_t + (1 - \alpha) \hat{Y}_t$$

这就是指数平滑法的一般式。它的特点是只需要本期实际数值和本期预测值便可预测下期数值,不需要大量历史数据。

应用指数平滑法预测的一个关键是修正常数 α 的取值。一般情况下,时间数列越平稳,α 取值越小;时间数列波动越大,如呈阶梯式或按某种比率上升或下降。α 取值越大,从而使得预测值能够敏感地跟踪实际值的变化。

总结回顾

本项目主要讲述了不同的行业,在不同的经济发展阶段与经济周期中的表现是不同的,因此在证券市场中的行情走势也会分化。学习与掌握行业分析方法,就是为了投资决策时能选准行业,抓住"市场热点"。行业与产品一样都是有生命周期的。行业的生命周期主要包括幼稚期、成长期、成熟期、衰退期。根据分析行业所处不同生命周期的特征,从而采取不同的投资策略。产业政策是一定时期内,一国政府优先支持发展的行业以及出台的相关政策和措施等。国家产业政策的变化,一般都会覆盖多行业多家的上市公司,对其未来的经营发展产生深远影响。通过观察与分析,可以在证券市场中捕捉到由产业政策所带来的较大的投资热点机会。

课后实践

一、单选题

1. 行业经济活动是( )的主要对象之一。
   A. 微观经济分析 B. 中观经济分析
   C. 宏观经济分析 D. 技术分析

2. 我国新《国民经济行业分类》国家标准共有行业门类( )个,行业大类95个。
   A. 6 B. 10 C. 13 D. 20

3. 根据行业中企业数量的多少、进入限制程度和产品差别,行业基本上可以分为4种市场结构,即( )。
   A. 完全竞争、不完全竞争、垄断竞争、完全垄断
   B. 公平竞争、不公平竞争、完全垄断、不完全垄断
   C. 完全竞争、垄断竞争、寡头垄断、完全垄断
   D. 完全竞争、垄断竞争、部分垄断、完全垄断

4. 钢铁、汽车等重工业以及少数储量集中的矿产品,如石油等行业属于( )类型的市场结构。
   A. 垄断竞争 B. 部分垄断 C. 寡头垄断 D. 完全垄断

5. ( )的经营状况在经济周期的上升和下降阶段都很稳定。
   A. 增长型行业 B. 周期型行业 C. 防守型行业 D. 衰退型行业

二、多选题

1. 下列属于行业景气指数特性的有( )。
   A. 采用定量的方法综合反映某一特定调查群体所处状态的一种指标
   B. 描述行业发展变动的指标
   C. 一种综合指标
   D. 房地产开发景气指数就是一种反映房地产发展景气状况的综合指数

2. 行业成熟表现在( )。
   A. 产品的成熟
   B. 技术上的成熟
   C. 生产工艺的成熟
   D. 产业组织上的成熟

三、判断题

1. 战略产业,一般是指具有较低需求弹性和收入弹性、能够带动国民经济其他部门发展的产业。
   对　错

2. 对战略产业的保护政策包括限制所保护的同类国外产品的进口,限制国外私人直接投资等。
   对　错

3. 产业结构政策以反对垄断、促进竞争、规范大型企业集团、扶持中小企业发展为主要核心。
   对　错

4. 同一产业实质上就是具有竞争关系的卖方企业的集合。
   对　错

5. 非随机性时间数列又分为平稳性时间数列、趋势性时间数列和季节性时间数列3种。
   对　错

四、简答题

1. 目前我国行业分类标准是怎样的?
2. 除了行业生命周期之外,还有哪些行业划分标准?

五、操作实训

1. 登录同花顺行情软件,分别选取增长性、防御性、周期性行业中有代表性的3只股票,收集它们近10年的价格涨跌幅,并与大盘指数进行对比,绘制成表格。
2. 综合运用本模块的行业生命周期、产业政策、行业其他特征等知识,对所选取的3个行业展开分析评价,编写《×××行业简要分析报告》。

项目六 智能投顾公司分析

学习目标

掌握分析上市公司基本素质的主要内容；掌握财务比率分析的内容与方法；了解上市公司重大事项的含义及对上市公司未来发展的影响。

学会通过研究各种上市公司公开的数据与信息，结合专业分析报告，综合判断公司的经营管理能力、发展能力、财务状况及重大事项；学会简单评估公司的风险与收益状况。

任务一 公司分析概述

案例导入

"现金流充裕+基本面良好"，环保上市公司近十个月回购金额超 16 亿元

兴业证券在《发改委与住建部发布污水资源化十四五规划》研报中提到，日前，生态环境部发布《关于进一步加强生态环境"双随机、一公开"监管工作的指导意见（征求意见稿）》，"碳排放"列入抽查范围：

目标是 2021 年年底，各地生态环境部门结合本行政区实际，制定实施方案或细则。2022 年，全部计划性检查均纳入"双随机、一公开"监管范围，不断强化抽查情况和查处结果信息公示公开，实现年度抽查结果 100% 公开。积极推动跨部门联合监管，强化同其他监管部门检查结果运用、共享、互认。力争三到五年时间内，生态环境领域新型监管机制更加完善，实现智慧监管、综合监管。

在政策催化下，目前环保行业主要垃圾焚烧、环卫行业龙头公司 2021 年对应 PE 估值均处于历史低分位（见图 6-1），未来两三年有望维持 20%~30% 增长（且现金流较好），板块主要投资价值如下：

（1）持续回购彰显投资价值：自 2020 年 9 月至今，环保行业上市公司实际已回购金额累计高达 16.36 亿元，而上一轮环保行业大幅调整的一年时期内环保行业累计的实际回购金额合计仅为 2.37 亿元。高额的实际回购额，一方面体现出公司较强的现金流实力、

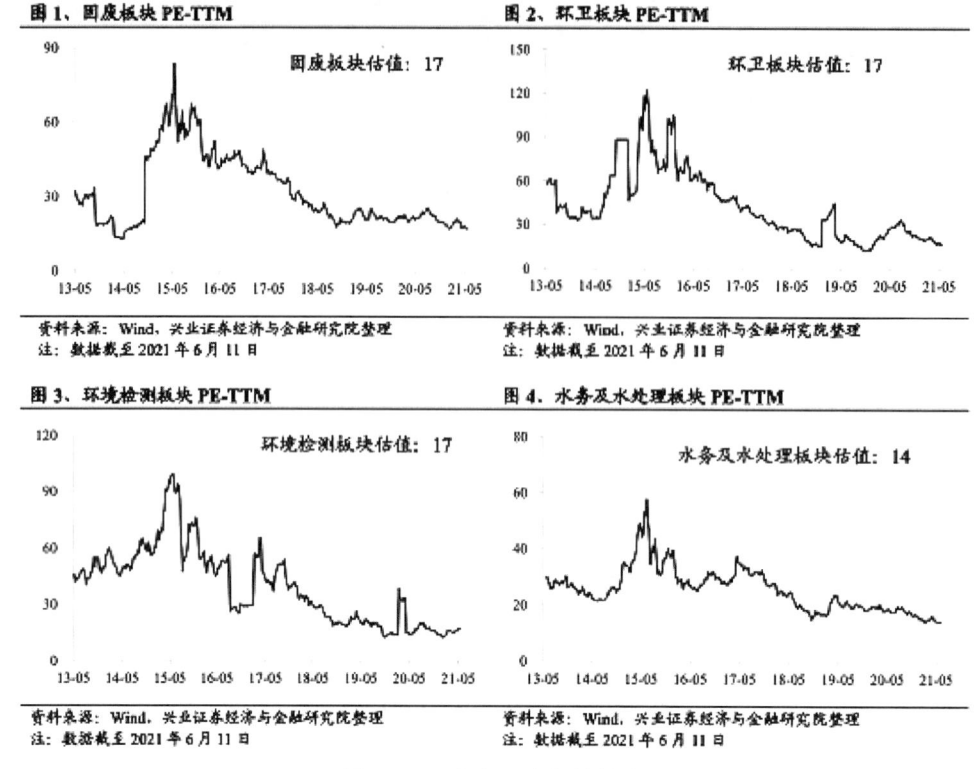

图 6-1　环保行业各板块估值

良好的基本面,另一方面也体现出当前时点部分公司已进入价值区间。

(2)持续强调环保回归公用事业属性,运营类资产为长期方向。公司业绩高质量增长将带来 EPS 上行,同时高质量稳定增长有望使板块未来像海外龙头(如美国水业、WM 等)一样享受高估值溢价。在公司自身业绩高质量增长的兑现催化下,优质运营类环保资产有望实现新一轮的戴维斯双击。

(资料节选自搜狐)

思考:

1. 根据上述资料,目前应该关注哪些上市公司的股票?
2. 上市公司分析主要看哪些指标?

一、公司与上市公司的含义

在不同的国家,由于社会习惯、经济、文化及法律体系的差异,对公司的定义不尽相同。即使在同一国家,随着社会、经济及有关立法的发展,对公司的传统定义也不断被突破。

从经济学角度来看,公司是指依法设立的从事经济活动并以营利为目的的企业法人。

从立法角度而言,我国的现行法律并没有对公司做直接的定义,但根据我国《公司法》有关条款所揭示的公司本质特征,我国的公司应指全部资本由股东出资构成,股东以其认缴的出资额或认购的股份为限对公司承担责任,公司以其全部财产对公司债务承担责任的依《公司法》成立的企业法人。

根据不同的划分标准,公司可分为不同的类型。其中,按公司股票是否上市流通为标准,可将公司分为上市公司和非上市公司。根据我国《公司法》的规定,我国的上市公司是指其股票在证券交易所上市交易的股份有限公司。

证券投资分析中公司分析的对象主要是指上市公司,但证券分析师对上市公司进行分析的过程中往往还关注一些与上市公司之间存在关联关系或收购行为的非上市公司。

二、公司分析的意义

在实际投资活动中,投资者对于上市公司的了解是必要的,否则其收益将面临很大的风险。因此,无论是进行判断投资环境的宏观经济分析,还是进行选择投资领域的中观行业分析,对于具体投资对象的选择最终都将落实在微观层面的上市公司分析上(市场指数投资除外)。

公司分析中最重要的是财务状况分析。财务报表通常被认为是最能够获取有关公司信息的工具。在信息披露规范的前提下,已公布的财务报表是上市公司投资价值预测与证券定价的重要信息来源。证券分析师对真实、完整、详细的财务报表的分析,是其预测公司股东收益和现金流的各项因素的基础,也是其做出具体投资建议的直接依据之一。

此外,就投资者个人而言,宏观面分析与中观面分析难度较大,不具备分析基础,而相对简单、直接且行之有效的就是公司分析。

任务二　公司基本分析

基本面投资的本质

对于金融市场来说,不确定性就是风险本身,不确定就意味着无法给出影响资产估值的无数个假设条件。为了这些假设条件,经济学家们做了无数的数学模型,但往往没有多少实际的指导意义,这被索罗斯称为"经济学家的物理性嫉妒"。

其背后的主要原因是"理性的经济人假设"的基本前提是有问题的,即人们在大部分时候是缺乏理性的,而且在极端情况下总是疯狂的,要么是过度贪婪、要么是过度恐惧,这个疯狂还往往是反向指标,但更多时候是在中间状态反复摇摆。如何面对这些影响经济与市场变化的多变量,成为投资最为重要的课题之一。

基本面投资要求以合适或低估的价格买入具备持续创造价值能力的企业,或者买入市价远低于企业实际价值的股票。基本面投资把市场非常多的变量提炼出最为重要、且长期有效的3个因素。

一是对企业价值的判断。这个价值既指企业当前的实际价值,也包含企业未来(比如若干年或更长期)最有可能的价值。前者是静态的,后者是动态的,真正的价值股与真正的成长股本质上并没有矛盾,关键是对未来价值的判断。当市场估值显著低于当前企业价值时,可能这是一个不错的投资机会;但如果这个企业长期创造价值的能力是持续贬损的,这个低估可能反而是长期的一个陷阱。如果一个市场估值低于企业实际价值,更远低于长期最有可能的价值,那就是一个非常难得的投资机会。所以,从这个意义上来说,判断企业未来的价值远比判断当期价值更重要,也即是说,对企业价值的判断,更为重要的是判断企业持续创造价值的能力,这个价值是一种持续增加的价值(Added Value)。

二是产业大趋势的判断。判断企业未来价值必须建立在对产业大趋势的深刻理解之上,以及这个企业在产业的地位、竞争力以及其优势是否持续提高,并形成相当长时间的壁垒或护城河。在这个方面,基本面投资者需要非常强的产业洞见,对产业的理解力甚至要超出企业主本身的理解。企业主经常会过度关注微观、或因为自身情感立场或利益立场的原因,导致对产业的理解出现偏见。就像是腾讯公司的发展史中,有少数超牛的投资者当年就是在马化腾减持的同时,买入了公司股票并持股多年,获得上百倍的收益。

对企业价值的判断与对产业趋势的判断,两者之间本身又相辅相成、相互验证、互为因果,这种研究与学习过程使得知识与见地是可积累的,其方法是可复制、可融会贯通的。

三是系统性风险水平。即使我们在产业趋势与企业价值的分析上做得不错,仍然要非常重视系统性风险水平。系统性风险水平指的是股市的系统性估值在整个大类资产之间,估值的比较优势程度及其趋势。这些大类资产包括现金、不动产、实物资产、实体企业投资、国债、企业债、股权以及各种另类投资等多种投资方式之间的估值变化与资金流动可能。基本面投资者通过对系统性风险程度的评估,来决定整个组合仓位与风险敞口的程度。

基本面投资者对上述3个因素进行深度、前瞻的研究,是一个归纳、推理与实证3个环节的严谨过程,其中实证研究最为重要。只有在更少的、更重要的变量分析上持续做到最好,才是提高投资确定性与大概率的最简单、最朴素的方法,也可能是最为有效的方法。这是执行上的"降维",更是逻辑上的"升维"。

(节选自《证券市场红周刊》)

思考:
1. 哪些指标可以判断上市企业基本面的优劣?
2. 量化投资的基本面分析是如何操作的?

一、公司行业地位分析

行业地位分析的目的是判断公司在所处行业中的竞争地位,是否为领导企业、在价格上是否具有影响力、是否有竞争优势。在大多数行业中,无论其行业平均盈利能力如何,总有一些企业比其他企业具有更强的获利能力。企业的行业地位决定了其盈利能力是高于还是低于行业平均水平,决定了其在行业内的竞争地位。衡量公司行业竞争地位的主要指标是行业综合排序和产品的市场占有率。

二、公司经济区位分析

经济区位是指地理范畴上的经济增长点及其辐射范围。上市公司的投资价值与区位经济的发展密切相关,如处在经济区位内的上市公司,一般具有较高的投资价值。我们对上市公司进行区位分析,就是将上市公司的价值分析与区位经济的发展联系起来,以便分析上市公司未来发展的前景,确定上市公司的投资价值。具体来讲,可以通过以下3个方面进行上市公司的区位分析。

(一) 区位内的自然条件与基础条件

自然和基础条件包括矿产资源、水资源、能源、交通、通信设施等,它们在区位经济发展中起着重要作用,也对区位内上市公司的发展起着重要的限制或促进作用。分析区位内的自然条件和基础条件,有利于分析该区位内上市公司的发展前景。如果上市公司所从事的行业与当地的自然和基础条件不符,公司的发展可能会受到很大的制约。

(二) 区位内政府的产业政策

为了促进区位经济的发展,当地政府一般都会相应地制定经济发展的战略规划,提出相应的产业政策,确定区位优先发展和扶植的产业,并给予相应的财政、信贷及税收等诸多方面的优惠措施。这些措施有利于引导和推动相应产业的发展,相关产业内的公司将因此受益。如果区位内上市公司的主营业务符合当地政府的产业政策,一般会获得诸多政策支持,对上市公司的进一步发展有利。

(三) 区位内的经济特色

经济特色是指区位内经济与区位外经济的联系和互补性、龙头作用及其发展活力与潜力的比较优势。它包括区位的经济发展环境、条件与水平、经济发展现状等有别于其他区位的特色。特色在某种意义上意味着优势,利用自身的优势发展本区位的经济,无疑在经济发展中找到了很好的切入点。例如,某区位在电脑软件或硬件方面,或在汽车工业方面已经形成了优势和特色,那么该区位内的相关上市公司,在同等条件下比其他区位主营业务相同的上市公司具有更大的竞争优势和发展空间。

三、公司产品分析

(一) 产品的竞争能力

1. 成本优势

成本优势是指公司的产品依靠低成本的优势,获得高于同行业内其他企业盈利的能力。在很多行业中,成本优势是决定竞争优势的关键因素,理想的成本优势往往成为同行业价格竞争的抑制力。如果公司能够创造和维持成本领先地位,并创造出与竞争对手价值相等或近似的产品,那么它只要将价格控制在行业平均或接近平均的水平,就能获取优于平均水平的经营业绩。成本优势的来源各不相同,并取决于行业结构。一般来讲,产品的成本优势可以通过规模经济、专有技术、优惠的原材料、低廉的劳动力、科学的管理、发达的营销网络等实现。其中,由资本的集中程度决定的规模效益是决定产品生产成本的基本因素。当公司达到一定的资本投入或生产能力时,根据规模经济的理论,生产成本和管理费用将会得到有效降低。

2. 技术优势

技术优势是指公司拥有的比同行业其他竞争对手更强的技术实力及其研究与开发新产品的能力。这种能力主要体现在生产的技术水平和产品的技术含量上。在现代经济中,公司新产品的研究与开发能力是决定公司竞争成败的关键因素,因此,公司一般都确定了占销售额一定比例的研究开发费用。这一比例的高低往往决定公司的新产品开发能力。产品的创新包括通过新核心技术的研制,开发出一种新产品或提高产品的质量;通过新工艺的研究,降低现有的生产成本,开发出一种新的生产方式;根据细分市场进行产品细分,实行产品差别化生产;通过研究产品组成要素的新组合,获得一种原料或半成品的新的供给来源等。技术创新则不仅包括产品技术,还包括人才创新。

3. 质量优势

质量优势是指公司的产品以高于其他公司同类产品的质量赢得市场,从而取得竞争优势。由于公司技术能力及管理等诸多因素的差别,不同公司间相同产品的质量是有差别的。消费者在进行购买选择时,产品的质量始终是影响他们购买倾向的一个重要因素。当一个公司的产品价格溢价超过了其为追求产品的质量优势而附加的额外成本时,该公司就能获得高于其所属行业平均水平的盈利。换句话说,在与竞争对手成本相等或成本近似的情况下,具有质量优势的公司往往在该行业中占据领先地位。

(二) 产品的市场占有情况

产品的市场占有情况在衡量公司产品竞争力方面占有重要地位。通常可以从两个方面进行考察。其一,公司产品销售市场的地域分布情况。从这一角度可将公司的销售市场划分为地区型、全国型和世界范围型。市场地域的范围能大致地估计一个公司的经营能力和实力。其二,公司产品在同类产品市场上的占有率。市场占有率是对公司的实力和经营能力的较精确的估计。市场占有率是指一个公司的产品销售量占该类产品整个市场销售总量的比例。市场占有率越高，表示公司的经营能力和竞争力越强，公司的销售和利润水平越好、越稳定。

(三) 产品的品牌战略

品牌是一个商品名称和商标的总称，可以用来辨别一个卖者或卖者集团的货物或劳务，以便同竞争者的产品相区别。一个品牌不仅是一种产品的标识，而且是产品质量、性能、满足消费者效用可靠程度的综合体现。品牌竞争是产品竞争的深化和延伸，当产业发展进入成熟阶段，产业竞争充分展开时，品牌就成为产品及企业竞争力的一个越来越重要的因素。品牌具有产品所不具有的开拓市场的多种功能：①品牌具有创造市场的功能；②品牌具有联合市场的功能；③品牌具有巩固市场的功能。

四、公司经营能力分析

(一) 公司法人治理结构

公司法人治理结构有狭义和广义两种定义。狭义上的公司法人治理结构是指有关公司董事会的功能、结构和股东的权利等方面的制度安排。广义上的法人治理结构是指有关企业控制权和剩余索取权分配的一整套法律、文化和制度安排，包括人力资源管理、收益分配和激励机制、财务制度、内部制度和管理等等。健全的公司法人治理机制至少体现在以下7个方面。

1. 规范的股权结构

股权结构是公司法人治理结构的基础，许多上市公司的治理结构出现问题都与不规范的股权结构有关。规范的股权结构包括3层含义：①降低股权集中度，改变"一股独大"局面；②流通股股权适度集中，发展机构投资者、战略投资者，发挥他们在公司治理中的积极作用；③股权的流通性。

2. 有效的股东大会制度

股东大会制度是确保股东充分行使权力的最基础的制度安排，能否建立有效的股东大会制度是上市公司建立健全公司法人治理机制的关键。根据2002年1月7日中国证监会与国家经济贸易委员会联合颁布的《上市公司治理准则》，有效的股东大会制度应包括：具备规范的召开与表决程序，股东大会应给予每个提案合理的讨论时间，对董事会的授权原则、授权内容应明确具体，股东大会会议时间、地点的选择应有利于让尽可能多的股东参加会议，充分运用现代信息技术手段扩大股东参与股东大会的比例等。

3. 董事会权力的合理界定与约束

董事会作为公司的决策机构，对于公司法人治理机制的完善具有重要作用。股东大会应赋予董事会合理充分的权力，但也要建立对董事会权力的约束机制。根据《上市公司治理准则》，合理的董事会制度应制定规范、透明的董事选聘程序；在董事的选举过程中,应充分反映中小股东的意见,并积极推进累积投票制度;董事应根据公司和全体股东的最大利益,忠实、诚信、勤勉地履行职责;上市公司治理结构应确保董事会能够按照法律法规和公司章程的规定行使职权,公平对待所有股东,关注公司其他利益相关者的利益;董事会授权董事长在董事会闭会期间行使董事会部分职权的,上市公司应在公司章程中明确规定授权原则和授权内容,凡涉及公司重大利益的事项应由董事会集体决策等。

4. 完善的独立董事制度

在董事会中引入独立董事制度,可以加强公司董事会的独立性,有利于董事会对公司的经营决策做出独立判断。2001年8月,中国证监会发布了《关于在上市公司建立独立董事制度的指导意见》,要求上市公司在2002年6月30日之前建立独立董事制度。这对于我国上市公司独立董事制度的建立无疑具有重大的指导意义。

5. 监事会的独立性和监督责任

一方面应该加强监事会的地位和作用,增强监事会的独立性和加强监督的力度,限制大股东提名监事候选人和作为监事会召集人;另一方面,应该加大监事会的监督责任。

6. 优秀的职业经理层

优秀的职业经理层是保证公司治理结构规范化、高效化的人才基础。形成高效运作的职业经理层的前提条件是上市公司必须建立和形成一套科学的、市场化、制度化的选聘制度和激励制度。

7. 相关利益者的共同治理

相关利益者包括员工、债权人、供应商和客户等主要利益相关者。相关利益者共同参与的共同治理机制可以有效地建立公司外部治理机制,弥补公司内部治理机制的不足。

(二) 公司经理层的素质

素质是指一个人的品质、性格、学识、能力、体质等方面特性的总和。在现代企业里,经理人员不仅担负着企业生产经营活动等各项管理职能,而且还要负责或参与对各类非经理人员的选择、使用与培训工作。因此,经理人员的素质是决定企业能否取得成功的一个重要因素。在一定意义上,是否有卓越的企业经理人员和经理层,直接决定着企业的经营成果。对经理人员的素质分析是公司分析的重要组成部分。一般而言,企业的经理人员应该具备如下素质:①从事管理工作的愿望;②专业技术能力;③良好的道德品质修养;④人际关系协调能力。

(三) 公司从业人员素质和创新能力

公司业务人员的素质也会对公司的发展起到很重要的作用。作为公司的员工,公司业务人员应该具有如下的素质:专业技术能力、对企业的忠诚度、责任感、团队合作精神和创新能力等。对员工的素质进行分析,可以判断该公司发展的持久力和创新能力。

五、公司盈利能力和公司成长性分析

(一) 公司盈利预测

对公司盈利进行预测,是判断公司估值水平及投资价值的重要基础。盈利预测是建立在对公司深入了解和判断之上的,通过对公司基本面进行分析,进而对公司的预测做出假设。所做假设应该与公司、行业和宏观经济环境相符,且与以往年度各项经济指标比率的变化相符。盈利预测的假设主要包括以下 5 点。

1. 销售收入预测

销售收入预测包括销售收入的历史数据和发展趋势、公司产品的需求变化、市场占有率和销售网络、主要产品的存货情况、销售收入的明细等方面。销售收入预测的准确性也是公司盈利预测中最为关键的因素。

2. 生产成本预测

生产成本预测包括生产成本的结构、主要原材料的价格走势和每年所需原材料的总量、成本变动和销售情况变动、能否将上涨的成本转嫁给下游、毛利率的变化情况等。

3. 管理和销售费用预测

管理和销售费用预测包括销售费用和销售费用占销售收入的比例、管理费用的变化、新市场的拓展、每年的研究和开发费用占销售收入的比例等。

4. 财务费用预测

财务费用预测包括新增长期贷款和短期贷款等。

5. 其他预测

其他预测包括主营业务利润占税前利润的百分比、非经常项目及其他利润占税前利润的比例、到目前为止利润的完成情况等。

(二) 公司经营战略分析

经营战略是企业面对激烈的市场变化与严峻挑战,为求得长期生存和不断发展而进行的总体性谋划。它是企业战略思想的集中体现,是企业经营范围的科学规定,同时又是制定规划的基础。经营战略是在符合和保证实现企业使命的条件下,在充分利用环境中存在的各种机会和创造新机会的基础上,确定企业同环境的关系,规定企业从事的经营范围、成长方向和竞争对策,合理地调整企业结构和分配企业的资源。经营战略具有全局性、长远性和纲领性的特征,它从宏观上规定了公司的成长方向、成长速度及其实现方式。由于经营战略决策直接关系到企业的未来发展,其决策对象是复杂的,所面对的问题常常是突发性的、难以预料的,因此,对公司经营战略的评价比较困难,难以标准化。

(三) 公司规模变动特征及扩张潜力分析

公司规模变动特征和扩张潜力一般与其所处的行业发展阶段、市场结构、经营战略密切相关，它是从微观方面具体考察公司的成长性，可以从以下 5 个方面进行分析。

（1）公司规模的扩张是由供给推动还是由市场需求拉动引致，是通过公司的产品创造市场需求还是生产产品去满足市场需求，是依靠技术进步还是依靠其他生产要素等，以此找出企业发展的内在规律。

（2）纵向比较公司历年的销售、利润、资产规模等数据，把握公司的发展趋势是加速发展、稳步扩张，还是停滞不前。

（3）将公司销售、利润、资产规模等数据及其增长率与行业平均水平及主要竞争对手的数据进行比较，了解其行业地位的变化。

（4）分析预测公司主要产品的市场前景及公司未来的市场份额，分析公司的投资项目，预计其销售和利润水平。

（5）分析公司的财务状况以及公司的投资和筹资潜力。

六、公司基本分析在上市公司调研中的实际运用

走访和调查上市公司是证券投资分析中一项不可或缺的工作。上市公司调研围绕上市公司的内部条件和外部环境的整合来分析上市公司的优势或劣势、面临的挑战与发展机遇、发展的可行性与现实需要等。基本面分析是上市公司调研的重要一环，主要从以下 7 个方面进行分析。

(一) 分析公司所属产业

分析公司所属产业包括分析产业的发展历史沿革与发展前景、影响产业增长和盈利能力的关键因素、产业进入的壁垒、来自产业内外的竞争、政府对产业的支持和管制、上下游产业的市场前景和供需状况、国民经济波动对产业的影响等。

(二) 分析公司的背景和历史沿革

分析公司的背景和历史沿革包括分析公司性质、集团及其关联企业、公司的规模、股本结构和主要投资者、公司的中长期发展战略和发展方向的历史沿革、公司的主要产品和利润的主要来源、公司的主要优势和劣势等。

(三) 分析公司的经营管理

分析公司的经营管理包括分析公司员工技术层次和培训费用、工资奖励制度、关键工作人员及其简历、保留核心员工的方法、公司的组织结构与管理体制、生产能力和生产效率、原材料构成及其供应、与主要供货商的关系等。

(四)分析公司的市场营销

分析公司的市场营销包括分析公司主要产品的市场需求弹性、产品销售的季节性或周期波动、主要客户组成及与主要客户的关系、产品覆盖的地区与市场占有率、销售成本与费用控制、顾客满意度和购买力、主要竞争对手的市场占有率等。

(五)分析公司的研发支出

分析公司的研发支出包括分析公司研究与开发的重点项目、研究设施与研究人员的比例、研究开发费用支出占销售收入的比率,分析新产品开发频率与市场需求、生产规模与投资需求等。

(六)分析公司的融资与投资

分析公司的融资与投资包括分析公司目前的资金缺口、融资前后的资本结构及所有权形式、融资资金的主要用途、投资项目和投资收益、公司的投资结构与方式、投资项目的可行性等。

(七)分析公司潜在的项目风险

分析公司潜在的项目风险包括分析公司正在进行或拟进行项目的各种风险,如宏观经济风险、管理风险、成本风险和汇率风险等。

以上所述内容并非上市公司调研中公司基本面分析的全部内容,在具体分析上市公司的过程中往往还会遇到许多特殊性问题。只有对上市公司有更全面的认识和了解,投资分析才能更切合实际。

任务三　公司财务分析

案例导入

上市公司财务分析,以家电公司小天鹅为案例进行分析

小天鹅长期的聚焦主业是生产洗衣机,从20世纪70年代开始,一直聚焦于洗衣机业务。它所处的家电行业周期性通常来说不明显,国内的市场相应来说规模非常庞大,但是竞争也非常激烈。小天鹅最近5年的发展战略是这样的:从2014年开始,公司加大营销的力度,特别是网络营销渠道;2015年美的与小天鹅合并以后,双品牌战略效果非常好,市场竞争力明显加强,从周转率到营业收入各个方面,都有了明显的提升;到2016年,公司的市场占有率进一步提升;2017年,公司的战略继续延续,进一步优化经营能力。

相关的数据表明,2016 年我国家用洗衣机的总产量是 5 886 万台,同比增长了 4.39%;总销量是 5 950 万台,同比增长了 6%;其中出口的数量是 1 835 万台,出口保持高增速。

分析小天鹅相关财务数据,如营业收入、净利润、每股收益权益、净利率、销售毛利率、销售净利率、销售商品收到的现金、经营现金净流量等,对其利润表来做相关的分析,可以得到一些分析结论:第一,公司的营业收入的增长率跟净利润的增长率两者基本是同步的,营业收入平均增长 25.61%,而净利润平均增长 29.23%,相应的营业收入增长率明显高于行业平均增长率。2015 年,行业的增速是下降的,但是小天鹅营业收入反而是增长的,而且跟它的净利润是同向变化的关系。第二,公司的权益净利率呈现明显上升的态势,从 2014 年的 16.73% 进一步上升到了 2017 年的 23.12%,权益净利率平均高于 20%,这个数字也明显高于行业平均权益净利率的水平。公司的销售净利率呈现出稳定的态势,基本上维持在 8% 左右的水平,同样明显高于行业平均水平。

通过上述分析,我们可以得出小天鹅无论是在成长性,盈利能力还是在经营活动的现金流量方面,都表现得非常好。

思考:
1. 上市公司财务分析主要看哪三张表?
2. 上市公司财务分析指标有哪些?如何进行比较?

一、公司主要的财务报表

上市公司必须遵守财务公开的原则,定期公开自己的财务状况,提供有关财务资料,便于投资者查询。上市公司公布的财务资料中,主要是一些财务报表。在这些财务报表中,最为重要的有资产负债表、利润表和现金流量表。

(一)资产负债表

资产负债表是反映企业在某一特定日期财务状况的会计报表,它表明权益在某一特定日期所拥有或控制的经济资源、所承担的现有义务和所有者对净资产的要求权。

我国资产负债表按账户式反映,即资产负债表分为左方和右方,左方列示资产各项目,右方列示负债和所有者权益各项目。总资产=负债+所有者权益,即资产各项目的合计等于负债和所有者权益各项目的合计。通过账户式资产负债表,可以反映资产、负债和所有者权益之间的内在关系,并达到资产负债表左方和右方平衡。同时,资产负债表还提供年初数和期末数的比较资料(见表 6-1)。

表 6-1 资产负债表

2021年12月31日

会企01表

编制单位： 单位：人民币元

资　产	注释号	期末数	年初数	负债和所有者权益	注释号	期末数	年初数
流动资产：				流动负债：			
货币资金				短期借款			
交易性金融资产				交易性金融负债			
衍生金融资产				衍生金融负债			
应收票据				应付票据			
应收账款				应付账款			
应收款项融资				预收款项			
预付款项				合同负债			
其他应收款				应付职工薪酬			
存货				应交税费			
合同资产				其他应付款			
持有待售资产				持有待售负债			
一年内到期的非流动资产				一年内到期的非流动负债			
其他流动资产				其他流动负债			
流动资产合计				流动负债合计			
				非流动负债：			
				长期借款			
				应付债券			
				其中：优先股			
				永续债			
				租赁负债			
非流动资产：				长期应付款			
债权投资				长期应付职工薪酬			
其他债权投资				预计负债			

(续表)

资产	注释号	期末数	年初数	负债和所有者权益	注释号	期末数	年初数
长期应收款				递延收益			
长期股权投资				递延所得税负债			
其他权益工具投资				其他非流动负债			
其他非流动金融资产				非流动负债合计			
投资性房地产				负债合计			
固定资产				所有者权益（或股东权益）：			
在建工程				实收资本（或股本）			
生产性生物资产				其他权益工具			
油气资产				其中：优先股			
使用权资产				永续债			
无形资产				资本公积			
开发支出				减：库存股			
商誉				其他综合收益			
长期待摊费用				专项储备			
递延所得税资产				盈余公积			
其他非流动资产				未分配利润			
非流动资产合计				所有者权益合计			
资产总计				负债和所有者权益总计			

法定代表人：　　　　　主管会计工作负责人：　　　　　会计机构负责人：

（二）利润表

利润表是反映企业一定期间生产经营成果的会计报表，表明企业运用所拥有的资产进行获利的能力。利润表把一定期间的营业收入与其同一会计期间相关的营业支出进行配比，以计算企业一定时期的净利润（或净亏损）。我国一般采用多步式利润表格式（见表6-2）。

表 6-2 利润表

2021 年度

会企 02 表
编制单位： 单位：人民币元

项 目	注释号	本期数	上年同期数
一、营业收入			
减：营业成本			
税金及附加			
销售费用			
管理费用			
研发费用			
财务费用			
其中：利息费用			
利息收入			
加：其他收益			
投资收益（损失以"－"号填列）			
其中：对联营企业和合营企业的投资收益			
以摊余成本计量的金融资产终止确认收益			
净敞口套期收益（损失以"－"号填列）			
公允价值变动收益（损失以"－"号填列）			
信用减值损失（损失以"－"号填列）			
资产减值损失（损失以"－"号填列）			
资产处置收益（损失以"－"号填列）			
二、营业利润（亏损以"－"号填列）			
加：营业外收入			
减：营业外支出			
三、利润总额（亏损总额以"－"号填列）			
减：所得税费用			
四、净利润（净亏损以"－"号填列）			
（一）持续经营净利润（净亏损以"－"号填列）			
（二）终止经营净利润（净亏损以"－"号填列）			
五、其他综合收益的税后净额			

(续表)

项　目	注释号	本期数	上年同期数
(一)不能重分类进损益的其他综合收益			
1. 重新计量设定受益计划变动额			
2. 权益法下不能转损益的其他综合收益			
3. 其他权益工具投资公允价值变动			
4. 企业自身信用风险公允价值变动			
5. 其他			
(二)将重分类进损益的其他综合收益			
1. 权益法下可转损益的其他综合收益			
2. 其他债权投资公允价值变动			
3. 金融资产重分类计入其他综合收益的金额			
4. 其他债权投资信用减值准备			
5. 现金流量套期储备			
6. 外币财务报表折算差额			
7. 其他			
六、综合收益总额			
七、每股收益：			
(一)基本每股收益			
(二)稀释每股收益			

法定代表人：　　　　主管会计工作负责人：　　　　会计机构负责人：

利润表主要反映以下5个方面的内容：

(1) 构成营业收入的各项要素。营业收入由主营业务收入和其他业务收入组成。

(2) 构成营业利润的各项要素。营业收入减去营业成本(主营业务成本、其他业务成本)、税金及附加、销售费用、管理费用、财务费用、资产减值损失,加上公允价值变动收益、投资收益,即为营业利润。

(3) 构成利润总额(或亏损总额)的各项要素。利润总额(或亏损总额)在营业利润的基础上加营业外收入,减营业外支出后得到。

(4) 构成净利润(或净亏损)的各项要素。净利润(或净亏损)在利润总额(或亏损总额)的基础上,减去本期计入损益的所得税费用后得出。

(5) 每股收益。普通股或潜在普通股已公开交易的企业以及处于公开发行普通股或潜在普通股过程中的企业,还应在利润表中列示每股收益的信息,包括基本每股收益和稀释每股收益两项指标。

(三) 现金流量表

现金流量表反映企业一定期间现金的流入和流出,表明企业获得现金和现金等价物的能力。现金流量表主要分经营活动、投资活动和筹资活动产生的现金流量3个部分(见表6-3)。

表6-3 现金流量表

2021年度

会企03表
单位:人民币元

编制单位:

项 目	注释号	本期数	上年同期数
一、经营活动产生的现金流量:			
销售商品、提供劳务收到的现金			
收到的税费返还			
收到其他与经营活动有关的现金			
经营活动现金流入小计			
购买商品、接受劳务支付的现金			
支付给职工以及为职工支付的现金			
支付的各项税费			
支付其他与经营活动有关的现金			
经营活动现金流出小计			
经营活动产生的现金流量净额			
二、投资活动产生的现金流量:			
收回投资收到的现金			
取得投资收益收到的现金			
处置固定资产、无形资产和其他长期资产收回的现金净额			
处置子公司及其他营业单位收到的现金净额			
收到其他与投资活动有关的现金			
投资活动现金流入小计			
购建固定资产、无形资产和其他长期资产支付的现金			
投资支付的现金			
取得子公司及其他营业单位支付的现金净额			

(续表)

项　目	注释号	本期数	上年同期数
支付其他与投资活动有关的现金			
投资活动现金流出小计			
投资活动产生的现金流量净额			
三、筹资活动产生的现金流量：			
吸收投资收到的现金			
取得借款收到的现金			
收到其他与筹资活动有关的现金			
筹资活动现金流入小计			
偿还债务支付的现金			
分配股利、利润或偿付利息支付的现金			
支付其他与筹资活动有关的现金			
筹资活动现金流出小计			
筹资活动产生的现金流量净额			
四、汇率变动对现金及现金等价物的影响			
五、现金及现金等价物净增加额			
加：期初现金及现金等价物余额			
六、期末现金及现金等价物余额			

法定代表人：　　　　主管会计工作负责人：　　　　会计机构负责人：

通过单独反映经营活动产生的现金流量，可以了解企业在不动用企业外部筹得资金的情况下，凭借经营活动产生的现金流量是否足以偿还负债、支付股利和对外投资。经营活动产生的现金流量通常可以采用间接法和直接法两种方法反映。在我国，现金流量表也可以按直接法编制，但在现金流量表的补充资料中还要单独按照间接法反映经营活动现金流量的情况。

通过单独反映投资活动产生的现金流量，可以了解为获得未来收益和现金流量而导致现金流出的程度，以及以前资源转出带来的现金流入的信息。现金流量表中的投资活动比通常所指的短期投资和长期投资范围要广。

通过单独反映筹资活动的现金流量，可以帮助投资者和债权人预计对企业未来现金流量的要求权以及获得前期现金流入需付出的代价。

二、公司财务报表分析的目的、方法与原则

(一) 主要目的

从共性的角度来看,财务报表分析的目的是为有关各方提供可以用来做出决策的信息。但具体而言,公司财务报表的使用主体不同,其分析的目的也不完全相同。

(1) 公司的经理人员通过分析财务报表判断公司的现状、可能存在的问题,以便进一步改善经营管理。

(2) 公司的现有投资者及潜在投资者主要关心公司的财务状况、盈利能力,通过对财务报表所传递的信息进行分析、加工,得到反映公司发展趋势、竞争能力等方面的信息;计算投资收益率,评价风险,比较该公司和其他公司的风险和收益,决定自己的投资策略。

(3) 公司的债权人主要关心自己的债权能否收回。通过密切观察公司有关财务情况,分析财务报表,得出对公司短期偿债能力和长期偿债能力的判断,以决定是否需要追加抵押和担保、是否提前收回债权等。

此外,公司财务报表的使用主体还包括供应商、政府、雇员和工会、中介机构等。其中,专业的财务分析人员(或机构)作为公司财务报表使用人中的特殊群体,不同程度地承担了为各类报表使用人提供专业咨询服务的任务,也逐渐成为推动财务报表分析领域不断扩展的中坚力量。

综上所述,财务报表分析的一般目的可以概括为:评价过去的经营业绩、衡量现在的财务状况、预测未来的发展趋势。

(二) 分析方法与原则

财务报表分析的方法有比较分析法和因素分析法两大类。财务报表的比较分析法是指对两个或几个有关的可比数据进行对比,揭示财务指标的差异和变动关系,是财务报表分析中最基本的方法。财务报表的因素分析法则是依据分析指标和影响因素的关系,从数量上确定各因素对财务指标的影响程度。

进一步细分,比较分析法与因素分析法这两类分析方法又各自包含了不同种类的具体方法,如财务比率分析、结构百分比分析、趋势分析、差额分析、指标分解、连环替代、定基替代等。在实际分析过程中,各种方法往往需要结合使用。

其中,最常用的比较分析方法有单个年度的财务比率分析、对公司不同时期的财务报表比较分析、与同行业其他公司之间的财务指标比较分析3种。

单个年度的财务比率分析是指对公司一个财务年度内的财务报表各项目之间进行比较,计算比率,判断年度内偿债能力、资产管理效率、经营效率、盈利能力等情况。

对公司不同时期的财务报表比较分析,可以对公司持续经营能力、财务状况变动趋势、盈利能力做出分析,从一个较长的时期来动态地分析公司状况。

与同行业其他公司之间的财务指标比较分析,可以了解公司各种指标的优劣,在群体

中判断个体。使用本方法时常选用行业平均水平或行业标准水平,通过比较得出公司在行业中的地位,认识优势与不足,真正确定公司的价值。

财务报表分析的原则:

(1) 坚持全面原则。财务分析可以得出很多比率指标,每个比率指标都从某个角度、方面揭示了公司的状况,但任何一个指标都不足以为评价公司提供全面的信息;同时,某一指标的不足可以由其他方面得到补充。因此,分析财务报表要坚持全面原则,将多个指标、比率综合在一起得出对公司全面客观的评价。

(2) 坚持考虑个性原则。一个行业的财务平均状况是行业内各公司的共性,但一个行业的各公司在具体经营管理活动中会采取不同的方式,这会在财务报表数据中体现出来。例如,某公司的销售方式以分期收款为主,会使其应收账款周转率表现出差异。所以,在对公司进行财务分析时,要考虑公司的特殊性,不能简单地与同行业公司直接比较。

三、公司财务比率分析

财务比率是指同一张财务报表的不同项目之间、不同类别之间、在同一年度不同财务报表的有关项目之间,各会计要素的相互关系。财务比率是比较分析的结果,但同时财务比率分析也是对公司财务报表进行更深层次的比较分析或因素分析的基础。分析财务报表所使用的比率以及对同一比率的解释和评价,因使用者的着眼点、目标和用途不同而异。例如,一家银行在考虑是否给一个公司提供短期贷款时,它关心的是该公司的资产流动性比率;长期债权人则不然,他们着眼于公司的获利能力和经营效率,对资产的流动性则较少注意;投资者的目的在于考虑公司的获利能力和经营趋势,以便取得理想的报酬;至于公司的管理层,则需要关心财务分析的一切方面,既要保证公司具有偿还长、短期债务的能力,又要替投资者赢得尽可能多的利润。

不同资料使用者对同一比率的解释和评价,基本上应该一致,但有时候可能发生矛盾。例如,反映短期偿债能力的流动比率对短期债权人来说越大越好,但对公司管理层来说可能被认为是没有充分利用资金。

比率分析可以从当年实际比率与以下几种标准比较后得出结论:公司过去的最高水平、公司当年的计划预测水平、同行业的先进水平或平均水平。

比率分析涉及公司管理的各个方面,比率指标也特别多,大致可归为以下几大类:变现能力分析、营运能力分析、长期偿债能力分析、盈利能力分析、投资收益分析、现金流量分析等。

(一) 变现能力分析

变现能力是公司产生现金的能力,它取决于可以在近期转变为现金的流动资产的多少,是考察公司短期偿债能力的关键。反映变现能力的财务比率主要有流动比率和速动比率。

1. 流动比率

流动比率是流动资产除以流动负债的比值,其计算公式为:

$$流动比率 = \frac{流动资产}{流动负债}$$

流动比率可以反映短期偿债能力。公司能否偿还短期债务,要看有多少债务,以及有多少可变现偿债的资产。流动资产越多,短期债务越少,则偿债能力越强。一般认为,生产型公司合理的最低流动比率是2。这是因为处在流动资产中变现能力最差的存货金额,约占流动资产总额的一半,剩下的流动性较大的流动资产至少要等于流动负债,公司的短期偿债能力才会有保证。但人们长期以来的这种认识,因其未能从理论上得到证明,还不能成为一个统一标准。

计算出来的流动比率,只有和同行业平均流动比率、本公司历史的流动比率进行比较,才能知道这个比率是高还是低。这种比较通常并不能说明流动比率为什么这么高或这么低,要找出过高或过低的原因还必须分析流动资产与流动负债所包括的内容以及经营上的因素。一般情况下,营业周期、流动资产中的应收账款数额和存货的周转速度是影响流动比率的主要因素。

2. 速动比率

流动比率虽然可以用来评价流动资产总体的变现能力,但人们(特别是短期债权人)还希望获得比流动比率更进一步的有关变现能力的比率指标。这个指标被称为速动比率,也被称为酸性测试比率。

速动比率是从流动资产中扣除存货部分,再除以流动负债的比值。速动比率的计算公式为:

$$速动比率 = \frac{流动资产 - 存货}{流动负债}$$

通常认为正常的速动比率为1,低于1的速动比率被认为是短期偿债能力偏低。但这也仅是一般的看法,因为行业不同,速动比率会有很大差别,没有统一标准的速动比率。例如,采用大量现金销售的商店,几乎没有应收账款,大大低于1的速动比率是很正常的。相反,一些应收账款较多的公司,速动比率可能要大于1。影响速动比率可信度的重要因素是应收账款的变现能力。账面上的应收账款不一定都能变成现金,实际坏账可能比计提的准备金要多;季节性的变化,可能使报表的应收账款数额不能反映平均水平。

还有一些财务报表资料中没有反映出的因素,也会影响公司的变现能力及短期偿债能力。证券分析师多了解些这方面的情况,有利于做出正确的判断。

1) 增强公司的变现能力的因素

(1) 可动用的银行贷款指标。

(2) 准备很快变现的长期资产。

(3) 偿债能力的声誉。

2) 减弱公司的变现能力的因素

(1) 未作记录的或有负债。或有负债是指公司有可能发生的债务,包括售出产品可能发生的质量事故赔偿、尚未解决的税额争议可能出现的不利后果、诉讼案件和经济纠纷案可能败诉并需赔偿等。按我国《企业会计准则》和《企业会计制度》规定,只有预计很可能发生损失并且金额能够可靠计量的或有负债,才可在报表中予以反映,否则只需作为报表附注予以披露。这些没有记录的或有负债一旦成为事实上的负债,将会加大公司的偿债负担。

(2) 担保责任引起的负债。公司有可能为他人向金融机构借款提供担保,为他人购物担保或为他人履行有关经济责任提供担保等。这种担保有可能成为公司的负债,增加偿债负担。

(二) 营运能力分析

营运能力是指公司经营管理中利用资金运营的能力,一般通过公司资产管理比率来衡量,主要表现为资产管理及资产利用的效率。因此,资产管理比率通常又称为运营效率比率,主要包括存货周转率(存货周转天数)、应收账款周转天数(应收账款周转率)、流动资产周转率和总资产周转率等。

1. 存货周转率和存货周转天数

在流动资产中,存货所占的比重较大。存货的流动性将直接影响公司的流动比率,因此,必须特别重视对存货的分析。存货的流动性一般用存货的周转速度指标来反映,即存货周转率或存货周转天数。

存货周转率是营业成本被平均存货所除得到的比率,即存货的周转次数。它是衡量和评价公司购入存货、投入生产、销售回收等各环节管理状况的综合性指标。用时间表示的存货周转率就是存货周转天数。其计算公式为:

$$存货周转率 = \frac{营业成本}{平均存货}(次)$$

$$存货周转天数 = \frac{360}{存货周转率}(天) = \frac{360}{\frac{营业成本}{平均存货}}(天)$$

$$= \frac{平均存货 \times 360}{营业成本}(天)$$

公式中的"营业成本"数据来自利润表,"平均存货"数据来自资产负债表中的"存货"期初数与期末数的平均数。

一般来讲,存货周转速度越快,存货的占用水平越低,流动性越强,存货转换为现金或应收账款的速度越快。提高存货周转率可以提高公司的变现能力,存货周转速度越慢则变现能力越差。存货周转天数(存货周转率)指标的好坏反映存货管理水平,它不仅影响公司的短期偿债能力,也是整个公司管理的重要内容。公司管理者和有条件的外部报表使用者,除了分析批量因素、季节性生产的变化等情况外,还应对存货的结构以及影响存货周转速度的重要项目进行分析,如分别计算原材料周转率、在产品周转率或某种存货的周转率等。

存货周转分析的目的是从不同的角度和环节上找出存货管理中的问题,使存货管理在保证生产经营连续性的同时,尽可能少占用经营资金,提高资金的使用效率,增强公司短期偿债能力,促进公司管理水平的提高。

2. 应收账款周转率和应收账款周转天数

应收账款周转率是营业收入与平均应收账款的比值。它反映年度内应收账款转为现金的平均次数,说明应收账款流动的速度。应收账款周转天数是应收账款周转率的倒数乘以 360 天,也称应收账款回收期或平均收现期。它表示公司从取得应收账款的权利到收回款项转换为现金所需要的时间,是用时间表示的应收账款周转速度。

应收账款和存货一样,在流动资产中有着举足轻重的地位。及时收回应收账款,不仅能增强公司的短期偿债能力,也能反映出公司管理应收账款方面的效率。应收账款周转率和应收账款周转天数的计算公式分别为:

$$应收账款周转率=\frac{营业收入}{平均应收账款}(天)$$

$$应收账款周转天数=\frac{360}{应收账款周转率}(天)$$
$$=\frac{平均应收账款\times 360}{营业收入}(天)$$

公式中的营业收入数据来自利润表。平均应收账款是指未扣除坏账准备的应收账款金额,是资产负债表中的应收账款期初数与期末数及对应坏账准备的平均数。

一般来说,应收账款周转率越高,平均收账期越短,说明应收账款的收回越快;否则,公司的营运资金会过多地滞留在应收账款上,影响正常的资金周转。影响该指标正确计算的因素有:季节性经营;大量使用分期付款结算方式;大量使用现金结算的销售;年末销售的大幅度增加或下降。

这些因素都会对该指标计算结果产生较大的影响。证券分析师可以将计算出的指标与该公司前期、与行业平均水平或其他类似公司相比较,判断该指标的高低。但仅根据指标的高低分析不出上述各种影响因素及其影响程度。

3. 流动资产周转率

流动资产周转率是营业收入与全部流动资产的平均余额的比值。其计算公式为:

$$流动资产周转率 = \frac{营业收入}{平均流动资产}（次）$$

公式中的平均流动资产是资产负债表中的流动资产合计期初数与期末数的平均数。

流动资产周转率反映流动资产的周转速度。周转速度快，会相对节约流动资产，等于相对扩大资产投入，增强公司盈利能力；而延缓周转速度，需要补充流动资产参加周转，形成资金浪费，降低公司盈利能力。

4. 总资产周转率

总资产周转率是营业收入与平均资产总额的比值。其计算公式为：

$$总资产周转率 = \frac{营业收入}{平均资产总额}（次）$$

公式中的平均资产总额是资产负债表中的资产总计的期初数与期末数的平均数。该项指标反映资产总额的周转速度。周转越快，反映销售能力越强。公司可以通过薄利多销的方法，加速资产的周转，带来利润绝对额的增加。总之，各项资产的周转指标用于衡量公司运用资产赚取收入的能力，经常和反映盈利能力的指标结合在一起使用，可全面评价公司的盈利能力。

（三）长期偿债能力分析

长期偿债能力是指公司偿付到期长期债务的能力，通常以反映债务与资产、净资产的关系的负债比率来衡量。负债比率主要包括：资产负债率、产权比率、有形资产净值债务率、已获利息倍数、长期债务与营运资金比率等。

1. 资产负债率

资产负债率是负债总额除以资产总额的百分比，也就是负债总额与资产总额的比例关系。它反映在总资产中有多大比例是通过借债来筹资的，也可以衡量公司在清算时保护债权人利益的程度。其计算公式如下：

$$资产负债率 = \frac{负债总额}{资产总额} \times 100\%$$

公式中的负债总额不仅包括长期负债，还包括短期负债。这是因为，从总体上看，公司总是长期性占用着短期负债，可以视同长期性资本来源的一部分。这项指标反映债权人所提供的资本占全部资本的比例，也被称为举债经营比率，它有以下几个方面的含义：

首先，从债权人的立场看，他们最关心的是贷给公司款项的安全程度，也就是能否按期收回本金和利息。如果股东提供的资本与公司资本总额相比，只占较小的比例，则公司的风险将主要由债权人负担，这对债权人是不利的。因此，他们希望债务比例越低越好，公司偿债有保证，贷款不会有太大的风险。

其次，从股东的角度看，由于公司通过举债筹措的资金与股东提供的资金在经营中发挥同样的作用,所以,股东所关心的是全部资本利润率是否超过借入款项的利率,即借入资本的代价高低。在公司全部资本利润率超过因借款而支付的利息率时,股东所得到的利润就会加大;相反,如果运用全部资本所得的利润率低于借款利息率,则对股东不利,因为借入资本的多余利息要用股东所得的利润份额来弥补。因此,从股东的立场看,在全部资本利润率高于借款利息率时,负债比例越大越好;否则相反。

最后,从经营者的立场看,如果举债规模很大,超出债权人心理承受程度,则被认为是不保险的,公司就借不到钱。如果公司不举债,或负债比例很小,说明公司畏缩不前,对前途信心不足,利用债权人资本进行经营活动的能力很差。借款比率越大(当然不是盲目地借款),越是显得公司具有活力。从财务管理的角度来看,公司应当审时度势,全面考虑,在利用资产负债率制定借入资本决策时,必须充分估计可能增加的风险和收益,在两者之间权衡利害得失,做出正确决策。

2. 产权比率

产权比率是负债总额与股东权益总额之间的比率,也称为债务股权比率。其计算公式为:

$$产权比率 = \frac{负债总额}{股东权益} \times 100\%$$

产权比率指标反映由债权人提供的资本与股东提供的资本的相对关系,反映公司基本财务结构是否稳定。一般来说,股东资本大于借入资本较好,但也不能一概而论。例如,从股东来看,在通货膨胀加剧时期,公司多借债可以把损失和风险转嫁给债权人;在经济繁荣时期,公司多借债可以获得额外的利润;在经济萎缩时期,少借债可以减少利息负担和财务风险。产权比率高,是高风险、高报酬的财务结构;产权比率低,是低风险、低报酬的财务结构。资产负债率与产权比率具有相同的经济意义,两个指标可以相互补充。

3. 有形资产净值债务率

有形资产净值债务率是公司负债总额与有形资产净值的百分比。有形资产净值是股东权益减去无形资产净值后的净值,即股东具有所有权的有形资产的净值。其计算公式为:

$$有形资产净值债务率 = \frac{负债总额}{股东权益 - 无形资产净值} \times 100\%$$

有形资产净值债务率指标实质上是产权比率指标的延伸,其更为谨慎、保守地反映了公司清算时债权人投入的资本受到股东权益的保障程度。谨慎和保守,是指该指标不考虑无形资产——商誉、商标、专利权以及非专利技术等的价值。鉴于它们不一定能用来还债,为谨慎起见,一律视为不能偿债,将其从分母中扣除。从长期偿债能力来讲,有形资产净值债务率越低越好。

4. 已获利息倍数

已获利息倍数指标是指公司经营业务收益与利息费用的比率,用以衡量偿付借款利息的能力,也称利息保障倍数。其计算公式为:

$$已获利息倍数 = \frac{税息前利润}{利息费用}（倍）$$

从债权人的立场出发,他们除了通过计算公司资产负债率这一方式来审查公司借入资本占全部资本的比例以判断向公司投资的风险外,还可以通过计算已获利息倍数来测试债权人投入资本的风险。

公式中的税息前利润是指利润表中未扣除利息费用和所得税之前的利润。它可以用利润总额加利息费用来测算。利息费用是指本期发生的全部应付利息,不仅包括财务费用中的利息费用,还应包括计入固定资产成本的资本化利息。资本化利息虽然不在利润表中扣除,但仍然是要偿还的。由于我国现行利润表中利息费用没有单列,证券分析师一般以利润总额加财务费用来估计税息前利润。已获利息倍数的重点是衡量公司支付利息的能力,没有足够大的税息前利润,利息的支付就会困难。

已获利息倍数指标反映公司经营收益为所需支付的债务利息的多少倍。只要已获利息倍数足够大,公司就有充足的能力偿付利息,否则相反。

要合理评价公司的已获利息倍数,不仅需要与其他公司,特别是本行业平均水平进行比较,而且从稳健性角度出发,分析、比较本公司连续几年的该项指标水平,并选择最低指标年度的数据作为标准。这是因为公司在经营好的年度要偿债,而在经营不好的年度也要偿还大约等量的债务。某一个年度利润很高,已获利息倍数就会很高,但未必能年年如此。采用指标最低年度的数据,可保证最低的偿债能力。证券分析师在分析时,一般情况下应采纳这一原则,但遇有特殊情况,需结合实际来确定。与此同时,结合这一指标,公司还可以测算长期负债与营运资金的比率。它是用公司的长期债务与营运资金相除计算的。其计算公式为:

$$长期债务与营运资金比率 = \frac{长期负债}{流动资产 - 流动负债}$$

一般情况下,长期债务不应超过营运资金。长期债务会随时间延续不断转化为流动负债,并需运用流动资产来偿还。保持长期债务不超过营运资金,就不会因这种转化而造成流动资产小于流动负债,从而使长期债权人和短期债权人感到贷款有安全保障。

5. 影响长期偿债能力的其他因素

除了上述通过利润表、资产负债表中有关项目之间的内在联系计算出的各种比率用以评价和分析公司的长期偿债能力以外,还有一些因素影响公司的长期偿债能力,必须引起证券分析师的足够重视。如长期租赁、担保责任、或有项目等。

(四) 盈利能力分析

盈利能力是指公司赚取利润的能力。一般来说,公司的盈利能力只涉及正常的营业状况。非正常的营业状况也会给公司带来收益或损失,但这只是特殊情况下的个别情况,不能说明公司的能力。因此,证券分析师在分析公司盈利能力时,应当排除以下因素:证券买卖等非正常项目、已经或将要停止的营业项目、重大事故或法律更改等特别项目、会计准则和财务制度变更带来的累计影响等。

反映公司盈利能力的指标很多,通常使用的主要有销售净利率、销售毛利率、资产净利率、净资产收益率等。

1. 销售净利率

销售净利率是指净利润与营业收入的百分比。其计算公式为:

$$销售净利率 = \frac{净利润}{营业收入} \times 100\%$$

净利润,或称净利,在我国会计制度中是指税后利润。该指标反映每 1 元营业收入带来的净利润是多少,表示营业收入的收益水平。从销售净利率的指标关系看,净利额与销售净利率成正比关系,而营业收入额与销售净利率成反比关系。公司在增加营业收入额的同时,必须相应获得更多的净利润,才能使销售净利率保持不变或有所提高。通过分析销售净利率的升降变动,可以促使公司在扩大营业业务收入的同时,注意改进经营管理,提高盈利水平。

2. 销售毛利率

销售毛利率是毛利占营业收入的百分比,其中毛利是营业收入与营业成本的差。其计算公式为:

$$销售毛利率 = \frac{营业收入 - 营业成本}{营业收入} \times 100\%$$

销售毛利率表示每 1 元营业收入扣除营业成本后,有多少钱可以用于各项期间费用和形成盈利。销售毛利率是公司销售净利率的基础,没有足够大的毛利率便不能盈利。

3. 资产净利率

资产净利率是公司净利润与平均资产总额的百分比。其计算公式为:

$$资产净利率 = \frac{净利润}{平均资产总额} \times 100\%$$

把公司一定期间的净利润与公司的资产相比较,可表明公司资产利用的综合效果。指标越高,表明资产的利用效率越高,说明公司在增加收入和节约资金使用等方面取得了良好的效果;否则相反。资产净利率是一个综合指标,公司的资产是由投资人投资或举债形成的。净利润的多少与公司资产总量、资产结构、经营管理水平有着密切的关系。为了正确评价公司经济效益的高低、挖掘提高利润水平的潜力,证券分析师可以用该项指标与本公司前期、与计划、与本行业平均水平和本行业内先进公司进行对比,分析形成差异的原因。影响资产净利率高低的因素主要有产品的价格、单位成本的高低、产品的产量和销售的数量、资金占用量的大小等。

4. 净资产收益率

净资产收益率是净利润与净资产的百分比,也称净值报酬率或权益报酬率。其计算公式分别为:

$$全面摊薄净资产收益率 = \frac{净利润}{期末净资产} \times 100\%$$

$$加权平均净资产收益率 = \frac{P}{E_0 + N_P \div 2 + E_i \times M_i \div M_0 - E_j \times M_j \div M_0} \times 100\%$$

式中:P——报告期利润;

　　　N_P——报告期净利润;

　　　E_0——期初净资产;

　　　E_i——报告期发行新股或债转股等新增净资产;

　　　E_j——报告期回购或现金分红等减少净资产;

　　　M_0——报告期月份数;

　　　M_i——新增净资产下一月份起至报告期期末的月份数;

　　　M_j——减少净资产下一月份起至报告期期末的月份数。

前者主要反映了报告期末公司股东所持权益的盈利能力,而后者更侧重于反映报告期中公司各种权益要素的综合收益水平。净资产收益率反映公司所有者权益的投资报酬率,具有很强的综合性。

美国杜邦公司最先采用的杜邦财务分析法(因素分析法的典型)就是以净资产收益率为主线,将公司在某一时期的销售成果以及资产营运状况全面联系在一起,层层分解,逐步深入,构成一个完整的分析体系(见图 6-2)。

(五) 投资收益分析

1. 每股收益

每股收益是净利润与公司发行在外普通股总数的比值。按照《公开发行证券公司信息披露编报规则第9号——净资产收益率和每股收益的计算及披露》(2007年修订)规定,目前我国上市公司须计算和披露的每股收益包括全面摊薄每股收益和加权平均每股收益。全面摊薄每股收益的计算公式为:

$$全面摊薄每股收益 = 净利润 \div 期末发行在外普通股总数$$

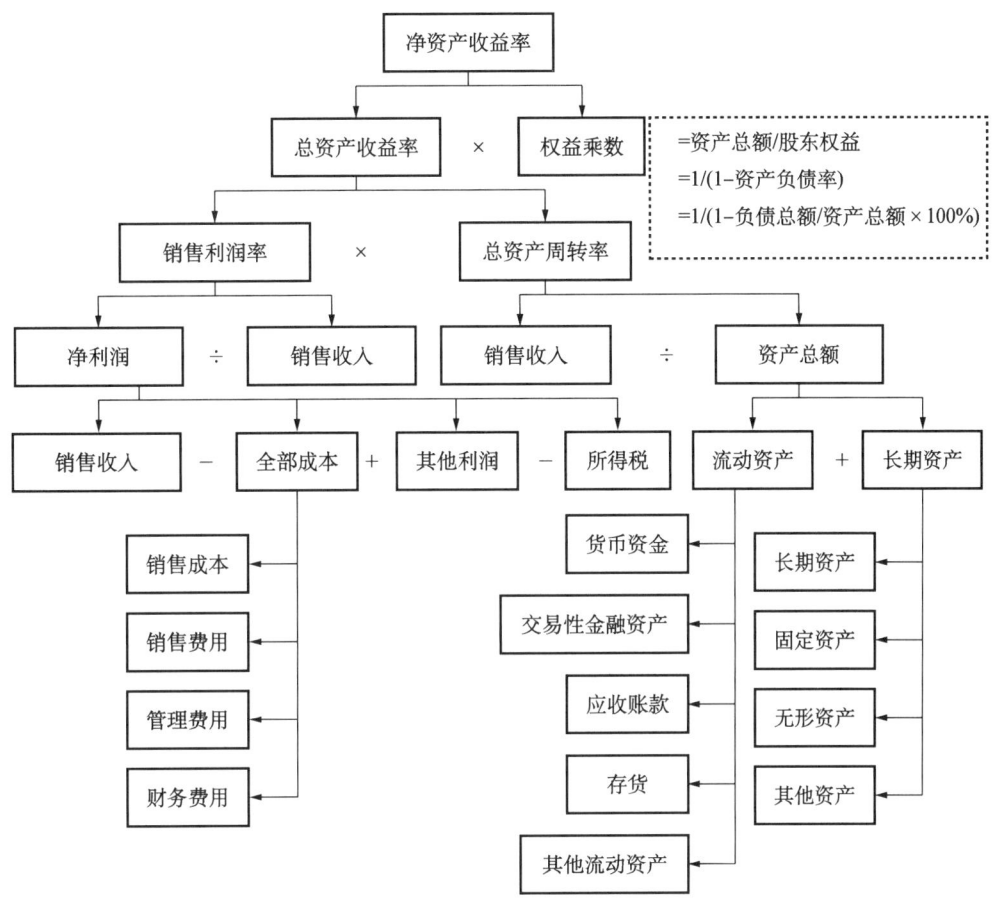

图 6-2 杜邦分析图

加权平均每股收益(EPS)的计算公式为：

$$EPS = \frac{P}{S_0 + S_1 + S_i \times M_i \div M_0 - S_j \times M_j \div M_0}$$

式中：P——报告期利润；

S_0——期初股份总数；

S_1——报告期因公积金转增股本或股票股利分配等增加股份数；

S_i——报告期因发行新股或债转股等增加股份数；

S_j——报告期因回购或缩股等减少股份数；

M_0——报告期月份数；

M_i——增加股份下一月份起至报告期期末的月份数；

M_j——减少股份下一月份起至报告期期末的月份数。

当公司发行了不可转换优先股时，计算时要扣除优先股股数及其分享的股利，即：

$$每股收益 = \frac{净利润 - 优先股股利}{年末股份总数 - 年末优先股股数}$$

其中已做部分扣除的净利润通常被称为盈余,所以,扣除优先股股利后计算出的每股收益又称为每股盈余。

每股收益是衡量上市公司盈利能力最重要的财务指标,它反映普通股的获利水平。在分析时,可以进行公司间的比较,以评价该公司相对的盈利能力;可以进行不同时期的比较,了解该公司盈利能力的变化趋势;可以进行经营实施和盈利预测的比较,掌握该公司的管理能力。

2. 市盈率

市盈率是(普通股)每股市价与每股收益的比率,亦称本益比。其计算公式为:

$$市盈率 = \frac{每股市价}{每股收益}（倍）$$

该指标是衡量上市公司盈利能力的重要指标,反映投资者对每1元净利润所愿支付的价格,可以用来估计公司股票的投资报酬和风险,是市场对公司的共同期望指标。一般说来,市盈率越高,表明市场对公司的未来越看好。在市价确定的情况下,每股收益越高,市盈率越低,投资风险越小;反之亦然。在每股收益确定的情况下,市价越高,市盈率越高,风险越大;反之亦然。

3. 股利支付率

股利支付率是普通股每股股利与每股收益的百分比。其计算公式为:

$$股利支付率 = \frac{每股股利}{每股收益} \times 100\%$$

该指标反映公司股利分配政策和支付股利的能力。

与股利支付率指标关系比较紧密的一个指标是股票获利率,是指每股股利与股票市价的比率。其计算公式为:

$$股票获利率 = \frac{普通股每股股利}{普通股每股市价} \times 100\%$$

股票获利率主要应用于非上市公司的少数股权。在这种情况下,股东难以出售股票,也没有能力影响股利分配政策,他们持有公司股票的主要动机在于获得稳定的股利收益。

4. 每股净资产

每股净资产是年末净资产(即年末股东权益)与发行在外的年末普通股总数的比值,也称为每股账面价值或每股权益。其计算公式为:

$$每股净资产 = \frac{年末净资产}{发行在外的年末普通股股数}$$

这里的年末股东权益指扣除优先股权益后的余额。该指标反映发行在外的每股普通股所代表的净资产成本即账面权益。在投资分析时,只能有限地使用这个指标,因其是用历史成本计量的,既不反映净资产的变现价值,也不反映净资产的产出能力。每股净资产在理论上提供了股票的最低价值。

5. 市净率

市净率是每股市价与每股净资产的比值。其计算公式为:

$$市净率 = \frac{每股市价}{每股净资产}(倍)$$

市净率是将每股股价与每股净资产相比,表明股价以每股净资产的若干倍在流通转让,评价股价相对于每股净资产而言是否被高估。市净率越小,说明股票的投资价值越高,股价的支撑越有保证;反之,则投资价值越低。这一指标同样是证券分析师判断某股票投资价值的重要指标。

(六) 现金流量分析

现金流量分析是在现金流量表出现以后发展起来的,其方法体系并不完善,一致性也不充分。现金流量分析不仅要依靠现金流量表,还要结合资产负债表和利润表。

1. 流动性分析

流动性是指将资产迅速转变为现金的能力。根据资产负债表确定的流动比率虽然也能反映流动性,但有很大的局限性。一般来讲,真正能用于偿还债务的是现金流量,所以,现金流量和债务的比较可以更好地反映公司偿还债务的能力,包括现金到期债务比、现金流动负债比、现金债务总额比等。

2. 获取现金能力分析

获取现金能力是指经营现金净流入和投入资源的比值。投入资源可以是销售收入、总资产、营运资金、净资产或普通股股数等,包括销售现金比率、每股营业现金净流量、全部资产现金回收率等。

3. 财务弹性分析

财务弹性是指公司适应经济环境变化和利用投资机会的能力。这种能力来源于现金流量和支付现金需要的比较。现金流量超过需要,有剩余的现金,适应性就强。财务弹性是用经营现金流量与支付要求进行比较。支付要求可以是投资需求或承诺支付等,包括现金满足投资比率、现金股利保障倍数等。

4. 收益质量分析

收益质量是指报告收益与公司业绩之间的关系。如果收益能如实反映公司业绩,则认为收益的质量好;如果收益不能很好地反映公司业绩,则认为收益的质量不好。从现金流量表的角度来看,收益质量分析主要是分析会计收益与现金净流量的比率关系,其主要的财务比率是营运指数。

小于1的营运指数,说明收益质量不够好。首先,营运指数小于1,说明一部分收益尚没有取得现金,停留在实物或债权形态,而实物或债权资产的风险大于现金,应收账款能否足额变现是有疑问的,存货也有贬值的风险,所以未收现的收益质量低于已收现的收益。其次,营运指数小于1,说明营运资金增加了,反映公司为取得同样的收益占用了更多的营运资金,即取得收益的代价增加了,所以同样的收益代表着较差的业绩。应收账款增加和应付账款减少使收现数减少,影响到公司的收益质量。应收账款如不能收回,已经实现的收益就会落空;即使延迟收现,其收益质量也低于已收现的收益。

四、会计报表附注分析

会计报表附注是为了便于会计报表使用者理解会计报表的内容而对会计报表的编制基础、编制依据、编制原则和方法及主要项目等所做的解释。它是对会计报表的补充说明,是财务决算报告的重要组成部分。

会计报表附注是会计报表的补充,主要对会计报表不能包括的内容或者披露不详尽的内容做进一步的解释说明。通过详尽地阅读和分析会计报表附注,能更深入地理解和使用会计信息,帮助报告使用者进一步了解企业动态,从这些附注中找出企业目前存在的问题和发展潜力,从而做出投资决策。证券分析师在进行公司财务分析时,一般应特别关注一下财务报表附注里4个方面的内容。

(一)重要会计政策和会计估计及其变更的说明

1. 会计政策

会计政策是指企业在会计核算时所遵循的具体原则以及企业所采纳的具体会计处理方法,是指导企业进行会计核算的基础。由于会计政策在具体使用中可以有不同的选择,一般情况下企业会选择最恰当的会计政策反映其经营成果和财务状况。会计报表附注中所披露的企业采纳的会计政策,主要包括收入确认、存货期末计价、投资期末计价、固定资产期末计价、无形资产期末计价、所得税的核算方法、长期股权投资的核算方法、借款费用的处理方法等。

2. 会计估计

会计估计是指企业对其结果不确定的交易或事项以最近可利用的信息为基础所做的判断。在会计报表附注中需披露会计估计的程序及方法,如计提坏账准备的比例、计提有关资产减值准备的方法等。

(二)或有事项

企业的或有事项指可能导致企业发生损益的不确定状态或情形。因为或有事项的后果尚需待未来该事项的发生或不发生才能予以证实,所以企业一般不应确认或有负债和或有资产,但必须在报表中披露。一些常见的或有事项包括:已贴现商业承兑汇票形成的或有负债、未决诉讼、仲裁形成的或有负债、为其他单位提供债务担保形成的或有负债,很可能给企业带来经济利益的或有资产。这些或有事项可能导致企业资金的损失或者给企业带来收益,给企业的财务状况带来不确定的影响。证券分析师要分析或有事项给企业带来的潜在风险和收益,更全面地掌握企业在生产运营过程中的实际状况。

(三) 资产负债表日后事项

资产负债表日后事项,反映自年度资产负债表日至财务报告批准报出日之间发生的需要告诉或说明的事项。这些事项对企业来说既有利也不利,财务报告使用者通过对日后事项的分析,可以快速判断这些重要事项是给企业带来一定的经济效益还是使企业遭受重大的经济损失。

(四) 关联方关系及其交易的说明

企业的关联交易是关联企业之间为达到某种目的而进行的交易。对这些交易,证券分析师应了解其交易的实质,了解企业被交换出去的资产是否是企业的非重要性资产,而被交易进来的资产是否能在未来给企业带来一定的经济效益。

由于会计报表格式中所规定的项目内容较为固定,只能提供有限数量的信息,而且列入会计报表的各项信息都必须符合会计要素的定义和确认标准,因此,会计报表本身所能反映的财务信息受到一定限制。进而,以会计报表为基础的财务比率分析也存在一定的局限。会计报表附注提供与会计报表所反映的信息相关的其他财务信息。证券分析师通过分析会计报表附注对基本财务比率的影响,为其决策提供更充分的信息。

企业会计报表附注的分析是一项非常重要和细致的工作。证券分析师通过会计报告附注项目的分析,可以全面掌握公司经营过程中的实际状况,评判当前企业的财务状况和经营成果,预测未来的发展趋势。

五、公司财务状况的综合分析

(一) 沃尔评分法

财务状况综合评价的先驱者之一是亚历山大·沃尔。他在 21 世纪初提出了信用能力指数的概念,把若干个财务比率用线性关系结合起来,以此评价公司的信用水平。他选择了 7 种财务比率,分别给定了其在总评价中所占的比重,总和为 100 分。然后确定标准比率,并与实际比率相比较,评出每项指标的得分,然后求出总比分。通过对 X 公司的分析(X 公司的实际比率是假设的数值)后得到表 6-4。

表 6-4 沃尔的比重评分法

财务比率	比重①	标准比率②	实际比率③	相对比率 ④=③/②	评分①×④
流动比率	25%	2.0%	2.33%	1.17	29.25
净资产/负债	25%	1.5%	0.88%	0.59	14.75

(续表)

财务比率	比重①	标准比率②	实际比率③	相对比率④=③/②	评分①×④
资产/固定资产	15%	2.5%	3.33%	1.33	19.95
营业成本/存货	10%	8.0%	12.00%	1.50	15.00
营业收入/应收账款	10%	6.0%	10.00%	1.67	16.70
营业收入/应收账款	10%	4.0%	2.66%	0.67	6.70
营业收入/净资产	5%	3.0%	1.63%	0.54	2.70
合计	100%				105.05

从理论上讲,沃尔的评分法有一个弱点,就是未能证明为什么要选择这 7 个指标,而不是更多或更少,或者选择别的财务比率,也未能证明每个指标所占比重的合理性。这个问题至今仍没有从理论上解决。尽管沃尔的方法在理论上还有待证明,在技术上也不完善,但它还是在实践中被应用。

(二) 综合评价方法

一般认为,公司财务评价的内容主要是盈利能力,其次是偿债能力,此外还有成长能力。它们之间大致可按 5∶3∶2 来分配比重。如果仍以 100 分为总评分,则评分标准分配如表 6-5 所示。

标准比率应以本行业平均数为基础,适当进行理论修正。在给每个指标评分时应规定上限和下限,以减少个别指标异常对总分造成不合理的影响。上限可定为正常评分值的 1.5 倍,下限定为正常评分值的 1/2。此外,给分时不采用乘的关系,而采用加或减的关系来处理。总资产净利率每提高 1%,多给 1 分,但该项得分不超过 30 分。

表 6-5 综合评分的标准

指标	评分值	标准比率	行业最高比率	最高评分	最低评分	每分比率的差
盈利能力:						
总资产净利率	20	10%	20%	30	10	1.0%
销售净利率	20	4%	20%	30	10	1.6%
净资产报酬率	10	16%	20%	15	5	0.8%
偿债能力:						
权益负债比率	8	40%	100%	12	4	15%
流动比率	8	150%	450%	12	4	75%
应收账款周转率	8	600%	1 200%	12	4	150%

(续表)

指标	评分值	标准比率	行业最高比率	最高评分	最低评分	每分比率的差
存货周转率	8	800%	1 200%	12	4	100%
成长能力:						
销售增长率	6	15%	30%	9	3	5.0%
净利润增长率	6	10%	20%	9	3	3.3%
人均净利增长率	6	10%	20%	9	3	3.3%
合计						

根据这种方法,对 X 公司的财务状况进行综合评价,如表 6-6 所示。表中财务指标均为假设的数值。

表 6-6 综合评分示例

指标	实际比率①	标准比率②	差异③=①-②	每分比率④	调整分⑤=③/④	标准评分值⑥	得分⑤+⑥
盈利能力:							
总资产净利率	7.4%	10.0%	-2.6%	1.0%	-2.60	20	17.40
销售净利率	4.5%	4.5%	0.5%	1.6%	0.31	20	20.31
净资产报酬率	14.9%	16.0%	-1.1%	0.8%	-1.38	10	8.62
偿债能力:							
权益负债比率	49%	40%	9%	15%	0.60	8	8.60
流动比率	233%	150%	83%	75%	1.11	8	9.11
应收账款周转率	1 000%	600%	400%	150%	2.67	8	10.67
存货周转率	1 200%	800%	400%	100%	4.00	8	12.00
成长能力:							
销售增长率	5%	15%	-10%	5.0%	-2.00	6	4.00
净利润增长率	-15%	10%	-25%	3.3%	-7.58	6	-1.58
人均净利增长率	-18%	10%	-28%	3.3%	-8.48	6	-2.48
合计						100	86.65

综合评价方法的关键技术是"标准评分值"的确定和"标准比率"的建立。只有长期连续实践,不断修正,才能取得较好效果。

六、EVA®——业绩评价的新指标

经济增加值(Economic Value Added,EVA)最初由美国学者斯图尔特(Stewart)提出,并由美国著名咨询公司 Stern Stewart&Co. 在美国注册。EVA® 也被称为经济利润,它衡量了减除资本占用费用后企业经营产生的利润,是企业经营效率和资本使用效率的综合指标。

(一) EVA® 与传统会计方法的区别

传统的会计方法没有全面考虑资本的成本,只是以利息费用的形式反映债务融资成本,而忽略了股权资本的成本。从理论上讲,股权成本的真实成本等于股东同一笔投资转投于其他风险程度相似的公司所获利的综合,也就是经济学上的机会成本。上市公司如果不能为投资人提供至少高于其机会成本的投资回报,投资人迟早会"用脚投票"。

EVA® 是通过对会计报表进行合理的调整和计算得到的,它基于会计数据,但打破了会计制度存在的多种弊端和不足,比较准确地揭示了企业经营的经济效益。运用 EVA® 指标衡量企业业绩和投资者价值是否增加的基本思路是:公司的投资者可以自由地将他们投资于公司的资本变现,并将其投资于其他资产,因此,投资者从公司至少应获得其投资的机会成本。这意味着,从经营利润中扣除按权益的经济价值计算的资本的机会成本之后,才是股东从经营活动中得到的增值收益。

(二) EVA® 的计算

EVA® 是指经过调整后的税后营业净利润(Net Operating Profit After Tax,NOPAT)减去资本费用的余额,其计算公式为:

$$EVA® = NOPAT - 资本 \times 资本成本率$$

从公式中可以看出,在计算 EVA® 时,主要涉及 3 个变量:NOPAT、资本和资本成本率。为了实现股东财富的最大化,需尽可能多地提高公司的 EVA®。

EVA® 的计算公式表明,只有 4 种方式可以实现这一目标:①削减成本,降低纳税,在不增加资金的条件下提高 NOPAT;②从事有利可图的投资,即从事所有正净现值的项目,这些项目带来的资金回报率高于资金成本,使得 NOPAT 增加额大于资金成本的增加额;③对于某些业务,当资金成本的节约可以超过 NOPAT 的减少时,就要撤出资本;④调整公司的资本结构,实现资金成本最小化。

1. NOPAT

NOPAT 衡量的是营业利润,因此所有与营业无关的收支和非经常性发生的收支应该剔除在 NOPAT 的核算之外,以保证最终的核算结果真正反映公司的营业状况。一般来讲,NOPAT 的计算公式如下:

$$NOPAT = 营业收入 - 折扣和折让 - 营业税金及附加 - 营业成本$$
$$+ 其他业务利润 + 当年计提或冲销的坏账准备 - 管理费用$$
$$- 销售费用 + 长期应付款、其他长期负债和住房公积金所隐含的利息$$
$$+ 投资收益 - EVA^® 税收调整$$

NOPAT 的计算要对利润表进行以下项目的调整:

(1) 会计准备项目的调整。会计准备项目包括坏账准备、存货跌价损失准备、短期投资跌价损失准备、长期投资减值准备。

(2) 付息债务的利息支出的调整。

(3) 营业外收支的调整。在计算 NOPAT 时,应该将当期发生的营业外收支从净利润中剔除,并对其进行资本化处理,同时对现金营业所得税进行调整。

(4) 现金营业所得税。

NOPAT 的计算可以参照图 6-3。

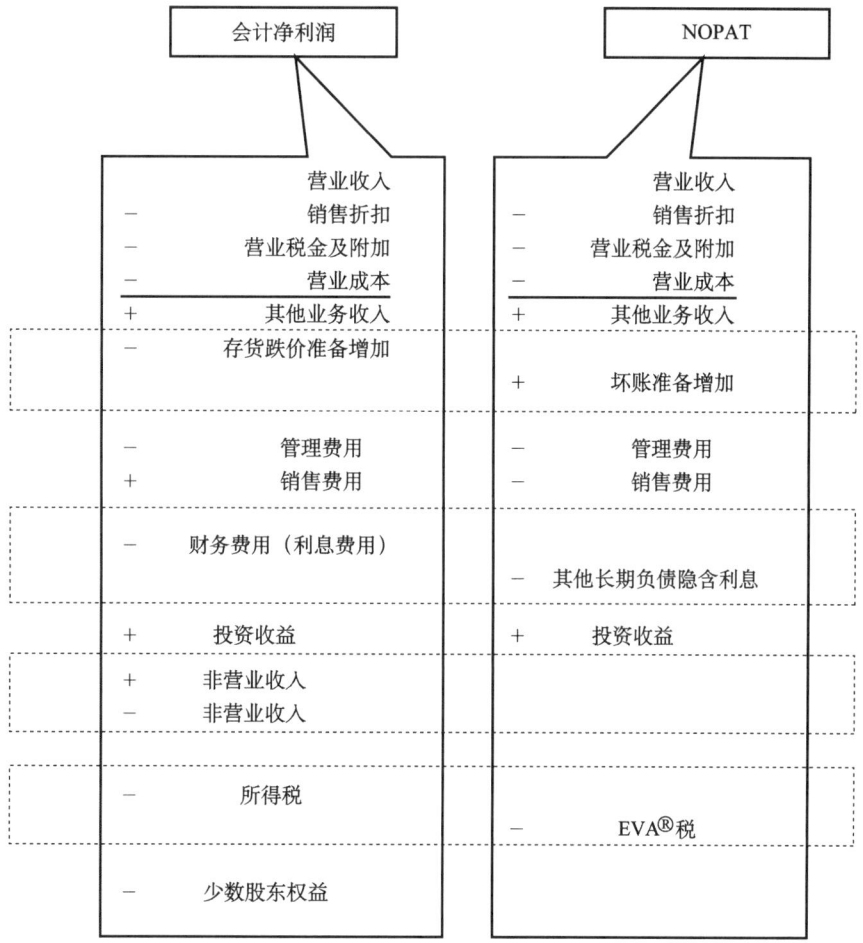

图 6-3 **NOPAT 的计算**(对利润表的调整)

2. EVA®资本

EVA®资本的计算是对资产负债表中的资本调整过后得出的,其计算公式为:

$$EVA® 资本 = 债务成本 + 股本成本 - 在建工程 - 非营业现金$$

其中:

$$债务成本 = 短期借款 + 一年内到期长期借款 + 长期负债合计$$

$$\begin{aligned}股本成本 =& 股东权益合计 + 少数股东权益 + 坏账准备 + 存货跌价准备 \\ &+ 累计税后营业外支出 - 累计税后营业外收入 \\ &- 累计税后补贴收入\end{aligned}$$

从公式中可以看出,在计算EVA®资本时,要扣除两项资本:

(1) 扣除无息流动负债。

(2) 扣除无报酬要求资产、非经营性现金。此外,对非营业现金的相关收益也应从NOPAT中扣除。

3. 资本和资本成本率

资本的计算可以参照图6-4。

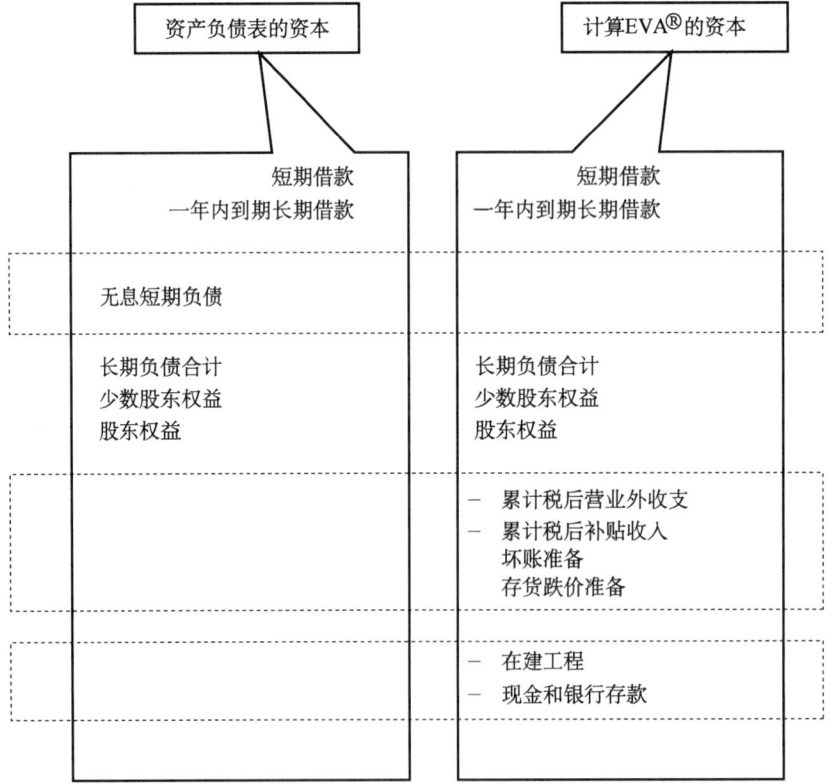

图6-4 资本的计算(对资产负债表的调整)

资本成本率的计算公式如下：

$$加权资本成本率＝债务资本成本率×(债务成本/总市值)(1－税率)$$
$$＋权益资本成本率×(权益资本/总市值)$$

（1）债务资本成本率。债务资本成本率指公司举债时付出的利息成本。在计算中不一定用实际发生的利息支出作为债务资本的成本，可以用债权人的预期回报率代替，比如可以用 3～5 年的中长期银行贷款基准利率。

（2）权益资本成本率。权益资本成本率指公司股东预期的回报率。可以使用 CAPM 模型计算权益资本成本率。

$$权益资本成本率＝无风险收益率＋\beta×市场风险溢价$$

公式中的"无风险收益率"可以使用当年最长期的国债收益率代替。

4. EVA® 计算

EVA® 计算是个非常复杂的过程，为了便于理解，图 6-5 列示了 EVA® 简化的计算公式。

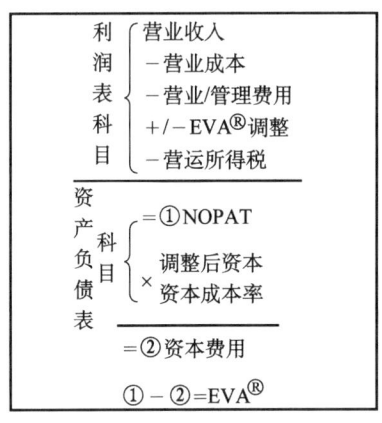

图 6-5　EVA® 计算的简化示意图

EVA® 是从基本面分析得出的企业在特定一段时间内创造的价值，而市场增加值（MVA）是公司为股东创造或毁坏了多少财富在资本市场上的体现，也是股票市值与累计资本投入之间的差额。换句话说，市场增加值是企业变现价值与原投入资金之间的差额，它直接表明了一家企业累计为其投资者创造了多少财富。其计算公式如下：

$$市场增加值＝市值－资本$$
$$市值＝股票价格×股票数量＋债务资本市值$$
$$资本＝权益资本账面值＋债务资本账面值$$

图 6-6 更为直观地表示了 MVA 的概念。

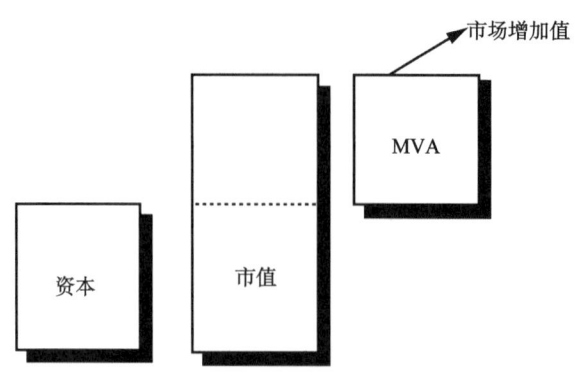

图 6-6　市场增加值(MVA)的直观图

MVA是市场对公司未来获取经济增加值能力的预期反映。从理论上讲,证券市场越有效,企业的内在价值和市场价值越吻合,市场增加值就越能反映公司现在和未来获取经济增加值的能力。

从上面的分析可以清楚看出,EVA®是一种从基本面分析企业创造股东价值的指标。与通常的会计指标相比,它更加全面地反映企业当前盈利表现。市场会对这些盈利能力进行评估,并以股票价格反映出来。市场如果预期公司的盈利能力会不断改善,股票价格也应上升;反之,股价就会下跌。股票价值上升并不一定为投资者创造财富。只有当公司的股票市值超过了股东投入到公司的累计资本以后,才能真正为股东创造财富(见图6-7)。

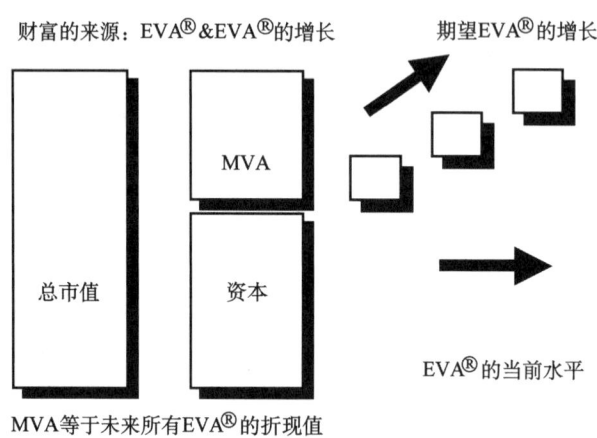

图 6-7　EVA® 与市值的关系

EVA®在企业管理和价值评估中的用途。对于企业经营管理者来说,EVA®可以作为企业财务决策的工具、业绩考核和奖励依据,可以作为企业内部财务和管理知识培训的手段,以便加强内部法人治理结构,提高管理水平。对于证券分析人员和投资者来说,EVA®

是对企业基本面进行定量分析、评估业绩水平和企业价值的最佳理论依据和分析工具之一。

七、财务分析中应注意的问题

(一) 财务报表数据的准确性、真实性与可靠性

财务报表是按会计准则编制的,它们合乎规范,但不一定反映该公司的客观实际。例如,报表数据未按通货膨胀或物价水平调整;非流动资产的余额是按历史成本减折旧或摊销计算的,不代表现行成本或变现价值;有许多项目,如科研开发支出和广告支出,从理论上看是资本支出,但发生时已列作了当期费用;有些数据基本上是估计的,如无形资产摊销和开办费摊销,但这种估计未必正确;发生了非常的或偶然的事项,如财产盘盈或坏账损失,可能歪曲本期的净收益,使之不能反映盈利的正常水平。

链接6-1 财务分析中应注意的问题

(二) 财务分析结果的预测性调整

公司的经济环境和经营条件发生变化后,原有的财务数据与新情况下的财务数据不具有直接可比性。例如,某公司由批发销售为主转为以零售为主的经营方式,其应收账款数额会大幅下降,应收账款周转率加快,但这并不意味着公司应收账款的管理发生了突破性的改变。因此,在对公司财务指标进行比率分析后对公司的财务情况下结论时,必须预测公司经营环境可能发生的变化,对财务分析结果进行调整。

(三) 公司增资行为对财务结构的影响

公司的增资行为一般会改变负债和所有者权益在公司资本总额中的相对比重,因此,公司的资产负债率和权益负债比率会相应地受到影响。

1. 股票发行增资对财务结构的影响

(1) 配股增资对财务结构的影响。公司通过配股融资后,由于净资产增加,而负债总额和负债结构都不会发生变化,因此公司的资产负债率和权益负债比率将降低,减少了债权负担的风险,而股东所承担的风险将增加。

(2) 增发新股对财务结构的影响。增发新股后,公司净资产增加,负债总额以及负债结构都不会发生变化,因此公司的资产负债率和权益负债比率都将降低。

2. 债券发行增资对财务结构的影响

发行债券后,公司的负债总额将增加,同时总资产也增加,资产负债率将提高。此外,公司发行不同期限的债券,也将影响到公司的负债结构。

3. 其他增资行为对财务结构的影响

除了股权融资和发行债券外,公司其他的增资方式还有向外借款等。如果公司向银行等金融机构以及向其他单位借款,则形成了公司的负债,公司的权益负债比率和资产负债率都将提高。

任务四 公司重大事项分析

 案例导入

2019年A股上市公司并购重组融资报告

A股上市公司并购重组融资市场在经历了2011～2013年的初始粗放发展阶段、2014～2015年的爆发式增长阶段后,在2016年6月号称史上"最严借壳标准"、2017年2月再融资新政和同年5月"减持新规"的影响下,出现较大幅度的萎缩,进入小步慢跑阶段。2018年下半年以来,随着"激发市场主体活力""支持民营企业发展"的政策出台,中小微企业直接融资越发受到重视,在系列政策的加持下,A股并购重组市场再次迎来新的发展机遇(见表6-7)。

表6-7 A股市场融资政策的历次变迁

时间	政策文件	主要内容
2014.5	《关于进一步促进资本市场健康发展的若干意见》("国九条")	鼓励市场化并购重组,强化资本市场的产权定价和交易功能,拓宽并购融资渠道,丰富并购支付方式(释放了"放宽再融资"的信号)
2015.4	《关于上市公司发行股份购买资产同时募集配套资金用途等问题与解答》	扩大配套融资比例额。上市公司发行股份购买资产同时所募集配套资金比例不超过拟购买资产交易价格100%(此前为25%),由并购重组委审核;超过100%的,由发审委审核
2017.2	《发行监管问题——关于引导规范上市公司融资行为的监管要求》	在发行规模(不超过发行前总股本的20%)、再融资周期(董事会预案决议日距离前次募集资金到位日不少于18个月)、募集资金用途(原则上最近一期期末不得存在持有金额较大、期限较长的交易性金融资产和可出售的金融资产等财务性投资)3个方面对定增进行了限制
2017.5	《上市公司股东、董监高减持股份的若干规定》("减持新规")《上市公司股东及董事,监事,高级管理人员减持股份实施细则》	规定从拓展监管范围和新增减持要求两方面加强限制,将定增投资的时间周期延长到3年以上。多角度、全方位规范了上市公司大股东、特定股东和董监高的减持行为
2018.11	证监会试点定向可转债并购支持上市公司发展	试点定向可转债并购,简化并购重组信息披露,上市公司在并购重组中可定向发行可转债券作为支付工具;允许符合条件的企业发行优先股、定向可转债券作为兼并重组支付方式;上市公司可以向特定对象发行可转债用于购买资产或者去与其他公司合并。丰富了并购重组融资渠道

(续表)

时间	政策文件	主要内容
2018.11	《发行监管问答——关于引导规范上市公司融资行为的监管要求》	对明确使用募集资金补充流动资金和偿还债务的监管要求进行修订,对再融资时间间隔的限制做出调整(申请增发、配股、非公开发行股票不受18个月融资间隔限制,但相应间隔原则上不得少于6个月)
2019.2	《关于加强金融服务民营企业的若干意见》	提出完善股票发行和再融资制度,加快民营企业首发上市和再融资审核进度,结合民营企业合理诉求,研究扩大定向可转情适用范围和发行规模
2019.7	《再融资业务若干问题解答》("再融资30条")	明确同业竞争认定标准,要求披露关联方和关联交易,要求披露股份质押情况,规定募投项目行业要求(募集资金应服务于实体经济,主要投向主营业务,原则上不得跨界投资影视或游戏),明确了募集资金用于补充流动资金、偿还银行借款的监管要求,同时对业绩下滑和大额商管减值的计提合规性做出要求

资料来源:国务院、证监会、沪深交易所

2019年报告主要研究结论如下:

(1) 今年前三季度并购重组募资总金额同比增长37.27%。

(2) 沿海地区领跑,10省份并购重组募资金额超百亿元。

(3) 北京连续两年摘冠,深圳活跃度有所下降。

(4) 六行业募资超百亿元,制造业领跑。

(5) 民营企业是并购主力军,募资同比增长39.40%。

(6) 5亿元以下并购是主流,并购个体趋于谨慎。

(7) 并购重组审核并未松懈,几乎月均2家被否。

(8) 公开增发重出江湖,新泉股份为首家获批文企业。

(9) 借壳上市收紧,年内仅3例完成。

(10) 并购重组政策演变:2018年四季度以来再次放松。

(11) 并购重组市场趋势:并购重组更加聚焦于产业协同整合。

思考:

1. 2019年公司重组政策有什么变化?

2. 目前公司重组对上市公司股票有何影响?

一、上市公司重大事件的界定

重大事件是指发生可能对上市公司证券及其衍生品种交易价格产生较大影响但投资者尚未得知的事件。

《证券法》对上市公司重大事件的界定是:

(1) 公司的经营方针和经营范围的重大变化。
(2) 公司的重大投资行为和重大的购置财产的决定。
(3) 公司订立重要合同,可能对公司的资产、负债、权益和经营成果产生重要影响。
(4) 公司发生重大债务和未能清偿到期重大债务的违约情况。
(5) 公司发生重大亏损或者重大损失。
(6) 公司生产经营的外部条件发生的重大变化。
(7) 公司的董事、三分之一以上监事或者经理发生变动。
(8) 持有公司百分之五以上股份的股东或者实际控制人,其持有股份或者控制公司的情况发生较大变化。
(9) 公司减资、合并、分立、解散及申请破产的决定。
(10) 涉及公司的重大诉讼,股东大会、董事会决议被依法撤销或者宣告无效。
(11) 公司涉嫌犯罪被司法机关立案调查,公司董事、监事、高级管理人员涉嫌犯罪被司法机关采取强制措施。
(12) 国务院证券监督管理机构规定的其他事项。

上市公司发生重大事件,必须及时发布公告披露。其中,部分重大事件筹划过程中将可能引起股价剧烈波动,股票需同时停牌,这是维护市场稳定的一个措施。

二、上市公司资产重组的方式

链接6-2 公司重组方式

在现代市场经济当中,公司并购与重组是十分普遍的现象,是公司为了追求利润最大化,利用兼并收购、置换、剥离等方式对有形和无形资产进行重新整合、分配的经济行为。资产重组的方式主要有以下三大类型:

(一) 扩张型重组

1. 购买资产

购买资产通常是指购买房地产、债权、业务部门、生产线、商标等有形或无形的资产。收购资产的特点在收购方不必承担与该部分资产有关联的债务和义务。在现实市场中,有一类"资产注入概念"的股票备受关注,属于上市公司向大股东支付对价购入优质资产的行为,彰显大股东做大做强旗下上市公司的决心。

2. 收购公司

收购公司通常是指获取目标公司全部股权,使其成为全资子公司或者获取大部分股权处于绝对控股或相对控股地位的重组行为。购买公司不仅获得公司的产权与相应的法人财产,同时也是所有因契约而产生的权利和义务的转让。因此,通过收购,收购公司不仅可以获得目标公司拥有的某些专有权利,如专营权、经营特许权等,更能快速地获得由公司的特有组织资本而产生的核心能力,使未来有了新的业绩增长点。

3. 收购股份

收购股份通常是指以获取参股地位而非目标公司控制权为目的的股权收购行为。收购股份通常是试探性多元化经营的开始和策略性的投资，或是为了强化与上、下游企业之间的协作关联，如参股原材料供应商以求保证原材料供应的及时和价格优惠，参股经销商以求产品销售的顺畅、货款回收的及时等。

4. 合资或联营组建子公司

对于那些缺少某些特定能力或者资源的公司来说，合资或联营组建子公司可以将公司与其他具有互补技能和资源的合作伙伴联系起来，获得共同的竞争优势；也可以作为公司未来发展战略的新的立足点，如随着我国产业结构调整的不断升级，不少上市公司纷纷通过这种方式试水"战略性新兴产业"。

5. 公司合并

公司合并是指两家以上的公司结合成一家公司，原有公司的资产、负债、权利和义务由新设或存续的公司承担，包括吸收合并、新设合并两种形式。公司合并的目的是实现战略伙伴之间的一体化，进行资源、技能的互补，从而形成更强、范围更广的公司核心能力，提高市场竞争力。同时，公司合并还可以减少同业竞争，扩大市场份额。中国南车、中国北车两大高铁央企的整合就是经典案例。

(二) 调整型重组

1. 股权置换

通常股权置换不涉及控股权的变更，其结果是实现公司控股股东与战略伙伴之间的交叉持股，以建立利益关联。

2. 股权—资产置换

股权—资产置换是由公司原有股东以出让部分股权为代价，使公司获得其他公司或股东的优质资产，其最大优点就在于，公司不用支付现金便可获得优质资产，扩大公司规模。股权—资产置换的另一种形式是以增发新股的方式来获得其他公司或股东的优质资产，这实质上也是一种以股权方式收购资产的行为。

3. 资产置换

资产置换是指公司重组中为了使资产处于最佳配置状态获取最大收益，或出于其他目的而对其资产进行交换。双方通过资产置换，能够获得与自己核心能力相协调的、相匹配的资产。

4. 资产出售或剥离

资产出售或剥离是指公司将其拥有的某些子公司、部门、产品生产线、固定资产等出售给其他的经济主体。目的通常是将资产转化为现金，用于集中支持上市公司中核心竞争能力的发展。

5. 公司分立

公司分立是指公司将其资产与负债转移给新建立的公司,把新公司的股票按比例分配给母公司的股东,从而在法律上和组织上将部分业务从母公司中分离出去,形成一个与母公司有着相同股东的新公司。

6. 资产配负债剥离

资产配负债剥离是将公司资产配上等额的负债一并剥离出公司母体,而接受主体一般为其控股母公司。这一方式在甩掉劣质资产的同时能够迅速减小公司总资产规模,降低负债率,而公司的净资产不会发生改变。对资产接受方来说,由于在获得资产所有权的同时也承担了偿债的义务,其实质也是一种以承担债务为支付手段的收购行为。

(三)控制权变更型重组

公司的所有权与控制权变更是公司重组的最高形式。控制权变更型公司重组就是通过公司控股权及控制权的转移而进行的公司重组方式。

1. 股权的无偿划拨

股权的无偿划拨是指国有股无偿划拨,国有股受让方一定为国有独资公司,其实质是公司控制权转移和管理层重组,目的是调整、理顺国有资本运营体系,利用优势公司管理经验重振处于困境中的上市公司。

2. 股权的协议转让

股权的协议转让是指股权的出让方与受让方不是通过交易所系统集合竞价的方式进行买卖,而是通过面对面的谈判方式签订、履行以股权转让为内容的合同。

3. 公司股权托管和公司托管

股权托管其本质在于弥补非上市股份有限公司股东名册的管理缺位,由客观公正的第三方为非上市股份有限公司提供具有公示力和公信力的股东名册记载,为股东提供所持股权的有效权属证明。

4. 表决权信托与委托书收购

表决权信托是指公司股东依据他们与受托人(信托机构)之间签订的信托契约,将他们所持有的该公司股份作为信托财产转移给受托人,由受托人集中行使约定的权利,通过选举董事或其他方法,以控制公司业务活动的一种制度设计。

委托书收购是指收购者以大量征集股东委托书的方式,取得表决权,在代理股东出席股东大会时,集中行使这些表决权,以便于通过改变经营策略、改选公司董事会等股东大会决议,从而实际控制上市公司经营权的公司收购的特殊方式。

5. 股份回购

股份回购是指公司以现金、债权换股权或是以优先股换普通股的方式购回其流通在外的股票的行为。

6. 交叉控股

交叉控股是指母、子公司之间互相持有绝对控股权或相对控股权,彼此之间可以相互控制运作。

三、资产重组对上市公司和股价的影响

资产重组最终能否为上市公司的经营发展带来真正的帮助,需要留待时间去检验。但对公司财务指标的改善在短期内是显而易见的,如资产规模、经营规模的增加、资产的改良、市场竞争力的提升、短期利润的增长等,加上对公司未来盈利前景的美好预期,往往会体现出公司股价的上涨。而实践证明,我国大部分实施收购兼并重组的上市公司,每股收益和每股净资产都有比较明显的改善。

(一)资产重组从心理预期上影响公司股价

股票价格的变动往往是受到心理预期的影响的。资产重组行为改变了市场对公司未来经营业绩的预期,从而导致公司股价被重新估值。考虑资产重组因素之后,投资者会对其获利能力、股利政策、经营风险、资本结构、资产价值及其他与评价有关的因素进行新的评估,引发公司股价大幅上涨。因此,"资产重组概念"一直都是市场中历久不衰的一个炒作题材。此时,我们需警惕这类题材中有的可能并没有实质内容做支撑,只是纯粹投机性的炒作,切勿高位接盘。

(二)资产重组对公司经营构成长期的实质性利好

这种情况通常出现在公司经营多元化或者转型的阶段,公司通过资产重组有了新的利润增长点,迎来一段持续的业绩爆发期。我们可以通过综合分析公司的发展战略、竞争能力、财务指标,并持续关注公司的发展变化,择机建仓布局并长期持有。

 **总结回顾**

本项目主要讲述了通过信息收集、数据计算与分析评价,全面掌握公司的基本情况、管理水平、竞争能力、财务状况、发展潜力等详细情况,综合研判公司是否具备投资价值。公司分析分为基本素质分析与财务分析。经过宏观经济分析—行业分析—公司分析,我们才能最终确定具体的交易标的股票。在进行投资前,必须了解投资对象是怎样的一家公司。可以从公司的基本情况、竞争能力与经营发展战略等方面去广泛收集信息,然后通过量化分析和定性分析,对该公司进行综合评价,判断其投资价值。上市公司的财务报表,是对其财务状况与经营成果的真实记录。我们通过对相关主要指标的计算与分析,评估公司的偿债能力、管理能力、盈利能力、成长能力、现金流量状况及股价估值,从而判断及预测企业的经营状况与发展前景,以及是否具备投资价值。上市公司公告的重大事项

内容,通常都是足以影响公司未来的经营管理、财务状况、发展战略的大事件,是投资者考察评估个股的重要信息和线索。其中,市场最为关注的是公司的重大资产重组事件。

课后实践

一、单选题

1. 公司偿债能力分析包括(　　)。
   A. 短期偿债能力分析　　　　　　B. 中期偿债能力分析
   C. 长期偿债能力分析　　　　　　D. A 和 C

2. (　　)指标用来衡量公司短期偿债能力。
   A. 资产负债率　　　　　　　　　B. 产权比率
   C. 费用利息保障倍数　　　　　　D. 速动比率

3. 行业地位分析的目的是判断公司在所处行业中的(　　)。
   A. 市场结构　　B. 生命周期　　C. 竞争地位　　D. 成长性

4. (　　)是确保股东充分行使权力的最基础的制度安排。
   A. 股东大会制度　　　　　　　　B. 董事会制度
   C. 独立董事制度　　　　　　　　D. 监事会制度

5. 中国证券监督管理委员会要求上市公司在(　　)之前建立独立董事制度。
   A. 2001 年 6 月 30 日　　　　　　B. 2001 年 12 月 31 日
   C. 2002 年 6 月 30 日　　　　　　D. 2002 年 12 月 31 日

二、多选题

1. 企业的经理人员应该有的素质包括(　　)。
   A. 从事管理工作的愿望　　　　　B. 专业技术能力
   C. 良好的道德品质修养　　　　　D. 人际关系协调能力

2. 对公司规模变动特征和扩张潜力的分析包括(　　)。
   A. 公司的发展趋势
   B. 公司主要产品的市场前景及未来的市场份额
   C. 公司的财务状况以及投资和筹资潜力
   D. 行业地位的变化

3. 盈利预测的假设主要包括(　　)。
   A. 销售收入预测　　　　　　　　B. 生产成本预测
   C. 管理费用和营业费用预测　　　D. 销售价格预测

4. 下列选项中,属于现金流量表特点的有(　　)。

A. 反映现金流量与净利润的关系

B. 反映现金组成项目的变化趋势

C. 表明企业获得现金和现金等价物的能力

D. 反映公司资产负债平衡关系

5. 下列选项中,能够增强公司变现能力的因素有(　　)。

A. 可动用的银行贷款指标　　　　B. 准备很快变现的长期资产

C. 偿债能力的声誉　　　　　　　D. 其他公司为其提供的担保

三、简答题

1. 要全面详细地了解一个公司的基本情况,至少要从哪几方面着手?

2. 上市公司财务报表由哪些组成?

四、操作实训

1. 登录"同花顺"股票行情软件,了解"云南白药(000538)"的基本情况。

步骤一:手机端 App 点击简况(F10),查看公司简况、股东股本、财务数据。

步骤二:查看 2020 年年报。

步骤三:查看公司高管、高管持股变动。

步骤四:查看分红转送情况。

步骤五:查看行业对比,包括每股收益、每股净资产、净利润、营业收入。

2. 事件:云南白药公司 2019Q1 营业收入、扣非净利润分别约为 69.7 亿元、7.5 亿元,同比增速分别约为 10%、8.5%。

利润增速符合预期,药品板块短期压力较大。公司 2019Q1 营业收入约为 69.7 亿元,同比增长约 10%,其中母公司收入约为 11.2 亿元,同比增速约为－18.5%。公司毛利率约为 28.3%,较 2018 年下降约 2.2 个百分点,结合毛利率变化,我们估计公司医药商业及牙膏板块增速或超过 15%,收入结构变化明显为 Q1 报最大特点。公司期间内扣非净利润约为 7.5 亿元,同比增长约 8.5%,低于收入增速约 1.5 个百分点,具体分析如下:①收入结构变化导致的毛利率下降约 2.2 个百分点;②期间费用率约为 14.7%,同比下降约 2 个百分点,其中管理费用增速约为 39%,主要员工薪酬增加;财务费用增速约为 31%,主要是票据贴息增加。其余指标如期末应收账款为 25.8 亿元,同比增长约 67%;经营性现金流净额为－2.9 亿元,主要为商业板块产生;预收账款约为 2.5 亿元,同比下降约 35%,主要是药品事业部及健康品事业部的预收货款减少。目前公司控股股东混合所有制改革已经落地,吸并方案已经获证监会核准批复,股权激励等工作正在推进中,基本面将持续恢复,仍看好 2019 年业绩增长。

吸收合并已获批复,新白药新起点。①混合所有制企业,经营团队作用将凸显。吸收合并完成后白药控股与新华都将为并列第一大股东,经营管理团队的重要性将凸显。公司已经拉开内部改革序幕,员工激励政策也在推进中,预期将推动公司的治理和决策机制更加市场化;②逐渐梳理战略方向,明确公司发展赛道。后期将逐步开展药品业务、骨科医疗生态圈的布局,前期混改增资引入的资金也有助于实现集团外延扩张发展如医疗、器械等增量业务;新华都、鱼跃医药或将为公司尝试新的业务领域如日化、骨伤科非药领域等,提供产业资源支撑;③品牌中药龙头企业,大健康布局行业领先。A.长期看好公司药品事业部增长,白药市场竞争优势明显使得其细分领域市占率较高,且通过主题营销活动,推进气血康等快速增长;B.中药资源事业部特点突出,豹七中高端定位明显。其已经多点布局种植基地,在重点市场开展以"白药生活+体验店"为主导的新零售模式,预计将成为公司未来新的盈利增长点;C.大健康业务稳步增长,并积极拓展电商平台,精选唯品会、苏宁易购等优质渠道。2018年牙膏市场占有率全国第二,约为18.1%,儿童系列、IP包装等新品推出速度快;洗发水、护肤品投入力度加大,完成品牌梳理后或有快速增长。

盈利预测与投资建议。不考虑吸并摊薄,我们预计2019~2021年EPS分别为3.61元、4.11元、4.68元,对应市盈率为24倍、21倍、19倍。公司整体业绩增长稳定,大健康布局行业领先,激励落地经营团队作用凸显,具有产品提价、业绩增长、激励、外延等催化剂,维持"买入"评级。

(1) 请总结上文中涉及的主要财务指标,都评价了云南白药公司哪些方面的情况?

(2) 还有哪些指标可以反映云南白药公司的经营财务状况?请使用行情软件F10功能登录或者到财经网站进行查询及评价。

项目七　智能投顾实务

学习目标

介绍智能投顾实务的内容,技术特点及工作流程;介绍目前智能投顾的 5 种商业模式。

了解目前国内外智能投顾业务的发展现状、市场的趋势,为从事智能投顾及相关的工作奠定扎实的基础。

任务一　智能投顾的服务链

智能投顾机器人——i 问财

1. "i问财"在同花顺产品矩阵中的战略地位

同花顺公司的主营业务收入目前主要来源于 2C 的增值电信业务,所以我们可以在同花顺官网上看其产品矩阵包括 PC 端财经论坛、炒股软件和各种移动端软件,以此来刺激用户活跃度,从而拉升 C 端订单收入。2015 年以后,雪球、牛股王、爱投顾等后起之秀的主营业务范围包括交易、资讯、投资建议、社交等需求,已经基本得到了满足,而同花顺这样的老牌互联网信息金融服务商想找到一个好的角度切入进行拉新和促活并不容易。但是证券方面越是高级的用户,就会有越多个性化的需求,虽然相对小众,但是这部分用户创造的价值可能并不低。同花顺早在 2009 年就提出进军 AI,研究机器人投顾,并于 2013 年推出"i问财",从而进一步形成投顾服务行业壁垒。

2. 产品定位

相比百度等通用类的搜索引擎,"i问财"则以财经类垂直领域搜索作为入口,包含信息、股票、基金、港股和百科搜索等,更好的帮助同花顺在股市行情不好的时候粘住用户。"i问财"同时也嵌入同花顺炒股 App 和同花顺财经等,供用户快速选股,并独立开发了"i问财"选股和问财智能机器人 App 形成同花顺产品矩阵中重要的一员。

"i问财"通过问句(关键词)搜索,帮助一般投资者构建量化交易策略。类似于以色列FinTech公司Capitalise,让不会程序语言的普通人有机会在家就能做一名交易员。其中的关键技术是自然语言语义的识别,在国内现有产品中,同花顺是做的最好的。作为金融流量的入口平台,同花顺每天有千万级的C端用户和B端机构客户进行证券研究和交易,产生海量有价值的用户数据。但这些数据都不同于如股票行情等标准化数据,所以同花顺核心发力点就是将这些非结构化的数据整理和分析后,结构化地展示给用户。这种结构化主要针对以下3个方面:

(1) 对海量用户行为数据(如页面点击、加入自选股等)进行趋势分析与预测。
(2) 对研报、公告、评论、新闻等文字信息进行关键词匹配与关联。
(3) 对已有标准数据进行如知识图谱的关联。

(节选自人人都是产品经理)

思考:
目前智能投顾平台依靠哪些技术,做了哪些服务?

美国金融监管局在2016年3月对智能投顾流程做出了指导意见,其认定智能投顾基本流程包括客户分析、大类资产配置、投资组合选择、投资交易执行、投资组合再平衡策略、税收规划、投资组合分析等7种服务,其中投资组合分析仅向专业用户提供服务。与国内传统投资顾问业务相比,在技术上对业务流程有了一定的创新。

一、客户分析

(一) 客户信息分类

传统的客户信息可以分为定量与定性信息、财务与非财务信息两大类。

定量信息主要包括:普通个人和家庭档案(姓名、身份证号码、性别、出生日期、年龄、婚姻状况、学历、就业情况、配偶及抚养赡养状况等);有关财务顾问的信息;资产和负债;收入与支出;保单信息;雇员福利;养老金规划;现有投资情况;其他退休收益;客户的事业信息;遗嘱。

定性信息主要包括:目标陈述;健康状况;兴趣爱好;就业预期;风险特征;投资偏好;预期生活方式改变;理财决策模式;理财知识水平;金钱观;家庭关系;现有和预见的经济状况;其他计划假设。

财务信息是指客户当前的收支状况、财务安排以及这些情况的未来发展趋势等。财务信息是制定个人财务规划的基础和根据,决定了客户的目标和期望是否合理,以及完成个人财务规划的可能性。

非财务信息是指其他相关的信息,如客户的社会地位、年龄、投资偏好和风险承受能力等。非财务信息对个人财务规划的制定有直接的影响。

(二) 客户信息收集方法

1. 传统的客户信息收集分为初级信息收集方法和次级信息收集方法

初级信息收集方法：由于客户的个人和财务资料只能通过与客户沟通获得，所以也称为初级信息。从业人员与客户初次会商时，仅通过交谈的方式收集信息是不够的，通常还要采用数据调查表来帮助收集定量信息。如采用数据调查表，由于其内容较为专业，所以可以采用从业人员提问、客户回答、从业人员填写的方式来进行。如果由客户自己填写，那么在开始填写之前，从业人员应对有关的项目加以解释，否则客户提供的信息很可能不符合从业人员的需要。

在收集客户信息的过程中，对于客户出于个人原因不愿意回答的某些问题，从业人员应谨慎地了解客户产生顾虑的原因，并向客户解释该信息的重要性及在缺乏该信息情况下可能造成的误差。

次级信息收集方法：宏观经济信息可以由政府部门或金融机构公布的信息中获得，所以我们称为次级信息。次级信息的获得需要从业人员在平日的工作中注意收集和积累，建立专门数据库，以便随时调用。

2. 智能投顾的用户画像

由于投资人需求及市场行情不断变化，传统投资顾问公司会设定具体时间对客户的风险偏好及投资需求进行再沟通。传统投资顾问公司同客户再沟通会产生很大的沟通成本。智能投顾已经将客户风险偏好评估作为其业务的一个重要研究方向，旨在通过建立动态的、覆盖多影响因子的评价模型来科学测量客户真实风险偏好。

用户画像，即用户信息标签化，是企业通过收集与分析消费者社会属性、生活习惯、行为特征等主要信息的数据之后，抽象出用户的商业全貌。目前大多数理财服务机构主要通过问卷的方式对用户进行风险测评，但是问卷结果往往会受制于用户的主观意愿，无法客观体现用户真实的风险承受能力，因此获得的用户画像较为粗糙，而消费信息、历史投资行为、信贷记录等数据则更能提炼出有价值的信息。智能理财服务平台能够在传统画像方式的基础上，利用多元化的平台数据和外部数据进行综合分析，在用户授权的前提下，智能理财平台能够获取到大量的人群化用户数据，在提高风险评估精准度的同时，深度挖掘用户的理财需求和风险承受能力。根据监管要求，传统理财服务平台一般两年进行一次风险测评，而智能理财平台可通过智能化技术，实时了解用户、捕捉用户需求与偏好，并不断完善用户画像，实现对用户的动态画像，为用户提供更合适的服务（见图7-1）。

二、大类资产配置

资产配置就是指根据投资需求将投资资金在不同资产类别之间进行分配，通常是将资产在低风险、低收益证券与高风险、高收益证券之间进行分配。在现代的投资管理体制之下，投资一般分为规划、实施和优化管理3个阶段。投资规划即资产配置，它是资产组

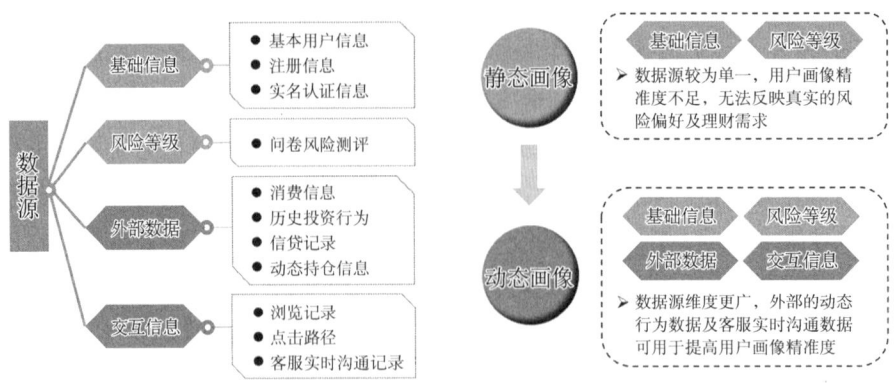

来源：专家访谈，艾瑞研究院自主研究及绘制
图 7-1 智能理财系统的用户画像方式

合管理决策制定步骤中最重要的环节。而不同的资产配置具有自身特有的理论基础、行为特征和支付模式，并适用于不同的市场环境和客户投资需求。

（一）资产配置的步骤

1. 分类

第一步是将平常的投资理财产品，简单区分为"风险理财产品"与"无风险理财产品"。其中，风险理财产品包括股票、基金、黄金、不动产、外汇、期货、不保本的投资型保险等；无风险理财产品包括银行存款、理财产品、传统型的储蓄险、保本型的投资保险等。

2. 分配

依照客户的年龄、投资属性、市场状况等因素，决定将多少的资金比例配置到风险理财产品与无风险理财产品中。

3. 进场

对于投资风险理财产品，要选择适当的时机进场；而无风险理财产品的投资计划，则是越早开始越好，因为可以创造时间的复利价值。

4. 调整

根据市场的行情，投资顾问应该帮助客户随时检视投资绩效，并适时依财务状况帮助客户调整资产配置计划。例如，股市行情不好，黄金行情走强时，调整不同风险理财产品之间（即股票与黄金之间）的配置比例，或调整风险理财产品与无风险理财产品的比例等。

5. 转投资

将无风险理财产品所创造出来的利息或收益进行再投资，此时可以重复选择风险理财产品或无风险理财产品。例如，理财产品的收益可用以基金定投。

6. 评估效果

投资顾问应该注意随时评估投资的效果。如果风险型理财产品与无风险理财产品都有获利，则这种资产配置计划又会产生"交叉获利"的效果；反之，如果风险型理财产品亏损了,但至少无风险理财产品已经做好了保本的万全准备,日后也会有利息或年金的收入,对于整个投资计划而言,也可达到风险平衡的目的。

7. 附加价值

最理想的资产配置计划,必须涵盖保险产品,不但兼具理财的功能,也有强大的风险保障效果,防止生活被改变,这就是保险的附加价值。因此,投资顾问在向高净值客户做资产配置计划时绝对不能忘记保险产品。

(二) 配置方案

从资金安全角度来讲,合理的负债、适当的紧急备用金以及合理的保险配置能保证家庭资金安全。下面分别从投资、教育、养老、保险方面给出规划建议。

1. 投资规划

从投资结构来看,家庭资产稳定增长的同时,理财收入逐渐增加,且其占家庭收入的比例提高,表示家庭财务自由度逐步提高,这时应该提高资金投资效率,增加投资收益。对于非专业投资者来说,时间精力不够,投资信息较少,不建议投资风险过高、周期较短的理财产品,建议选择长期稳定增长的理财产品,定期定额持续投资,牺牲资金的灵活性,用时间换取收益。其次,为理财目标设定明确时间、金额和先后次序能帮助家庭尽快达成目标,同时要根据家庭实际情况全面考虑理财目标。

考虑到可能面临的财务问题,剩余资金可以投资于期限短、本金安全、利率稍高的理财产品,如银行短期结构性理财产品和票据类产品,此类产品主要投向银行票据、短期融资券等货币市场,期限一般为7天到3个月不等,收益一般高于定期存款。另外,也可以投资货币基金等。

2. 教育规划

在确定客户教育投资规划的基本数据(该规划所需的资金总额、投资规划的时间、客户可以承受的每月投资额、通货膨胀率和基本利率)后,帮助客户制订教育投资规划。教育费用无法推迟,也无法更改,准备教育费用建议尽早规划,预算充足。教育金是最近的理财目标,需要首要考虑。目前市场上的银行信托类投资理财产品和债券基金都可以作为家庭稳健投资的首选。教育规划的步骤:估计接受大学教育的费用;了解大学收费情况,预测未来学费增长;确定家长在未来必须支付的投资额度。

3. 养老规划

养老规划包括利用社会保障的计划、购买商业性人寿保险公司的年金产品的计划以及企业与个人的退休金计划等。养老规划的步骤:确定退休目标;预测资金需求;估算退休后的收入;计算退休资金缺口;制订计划弥补资金缺口。

4. 保险规划

保险规划的目标是:风险保障是家庭配置保险的基本目的,家庭风险保障项目可分为阶段项目和长期项目;很多保险产品都具有储蓄投资的功能;保险可以通过设置不同的被保险人和受益人达到财产安排的目的;人寿保险是遗产规划的有效工具。

保险类型分为储蓄型保险、保障型保险和投资型保险。储蓄型保险帮助定期储备资金应对不确定时期发生的资金需求。保障型保险主要考虑家庭经济支柱发生风险后对家庭生活质量、各种理财目标的影响,消费型为主。投资型保险结合投资和保障,帮助家庭达成长期理财目标的同时提供必要的保障,账户型为主,如投资连接保险、万能保险等。

保险规划的主要步骤:确定保险标的;选定保险产品;确定保险金额;明确保险期限。

三、投资组合选择

证券投资组合管理,又称证券组合管理,是指对投资进行计划、分析、调整和控制,从而将投资资金分配给若干不同的证券资产,形成合理的资产组合,以期实现资产收益最大化和风险最小化的经济行为。

(一) 投资组合的目标

最大限度地降低投资风险,将风险控制在投资者可以承受的范围内;有效的证券组合管理可以提高投资的收益。

(二) 投资组合的步骤

1. 投资组合目标的决定

投资组合的目标不仅是构建和调整证券资产组合的依据,同时也是考核组合管理业绩好坏的基准。具体包括两个方面:收益目标,包括保证本金的安全,获得一定比例的资本回报以及实现一定速度的资本增长等;风险控制目标,包括对资产流动性的要求以及最大损失范围的确定等。

2. 投资组合的构建

投资组合的构建是实施证券组合管理的核心步骤,直接决定组合效益和风险的高低。构建的过程一般包括:界定证券组合的范围;分析判断各个证券和资产的类型的预期回报率及风险;确定各种证券资产在证券资产组合中的权重,这是构建证券组合的关键性步骤。

3. 投资组合管理

为了适合既定的投资组合目标要求,必须选择恰当时机,对证券组合中的具体证券品种做出必要的调整变换,包括增加有利于提高证券组合效益或降低证券组合风险的证券品种;剔除对提高证券组合效益或降低证券组合风险不利的证券品种。

4. 投资组合资产业绩的评估

投资组合资产业绩的评估是证券组合管理的最后一环。投资组合资产业绩评价是对整个证券资产组合收益与风险的评价。评价的对象是证券组合整体,而不是组合中的某个或某几个证券资产;评价的内容不仅包括收益的高低,还包括风险的大小。

用户在面对市场上种类繁多的理财产品时,通常缺少判别能力和决策能力,而理财服务机构往往拥有更加专业的金融能力,通过技术大范围、快速、穿透性的了解市场和产品,能够深入了解金融产品,同时对市场动向、大类资产走势有更加精准的判断,从而建立完善的产品筛选体系,帮助用户进行理财决策。而智能化的理财服务能够借助科技手段为金融团队赋能,提高团队的投研分析和产品筛选能力。在产品层面上,智能投顾服务能够对不同类型的金融产品进行风险评估,并结合用户风险测评完成适当性管理工作,另外当用户试图购买风险错配的产品时,系统能够及时发现并进行风险提示,保护投资者利益(见图7-2)。

图 7-2 智能理财服务系统产品管理体系

四、投资交易执行

目前市场上大多数智能投顾公司本质上都是同券商合作,为客户提供流畅的交易执行服务,同时进行金融工具创新。目前智能投顾市场主要是机器人投顾以及个性化人工服务为主。对于服务大量C端用户的智能理财服务系统来说,提高交互体验显得至关重要,目前国内智能理财机构在交互方式上大多实行"人工+机器"的混合模式,随着深度学习技术的成熟,智能理财交互系统实现人机间的无障碍沟通已经不再是天方夜谭,而智能交互系统要完成"听得懂"和"说得清"需要有先进的算法模型支撑以及大量的历史语料数据积累。不难发现,行业积累及技术实力是智能理财服务机构间的竞争壁垒,新入局者或技术实力较弱的理财服务机构在智能交互系统上的发展将存在诸多挑战,而部分国内机构如陆金所、招商银行、蚂蚁财富因其长期的行业积累以及较强的技术实力,在智能理财交互系统上的建设处于行业领先水平(见图7-3)。

五、投资组合再平衡

投资组合再平衡是指智能投顾公司基于算法创建模型,通过自动化买卖资产,动态调整投资组合的资产配置比例,使投资组合资产配置维持在稳定状态。

高度智能化的理财系统能够运用深度学习算法对用户的长期行为数据、短期行为数

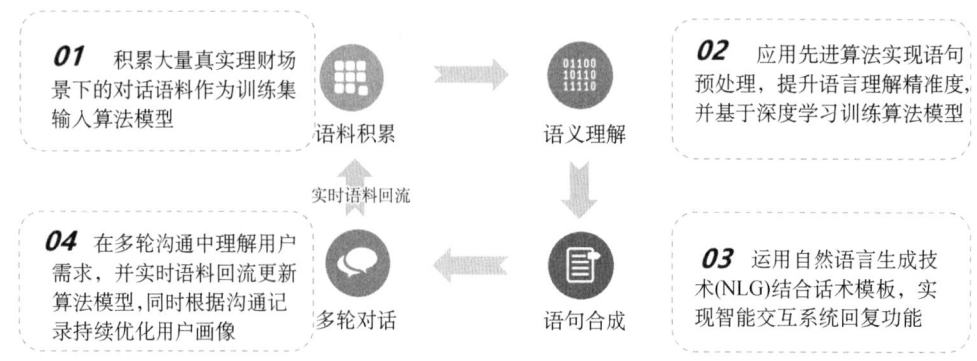

来源：专家访谈，艾瑞研究院自主研究及绘制

图 7-3　智能交互机器人实现方式

据、外部市场情况等多元因素综合分析，实时预测用户的访问需求及投资意愿，并有针对性的进行智能客服对话并提供理财服务。例如，在用户出现赎回意向时，智能理财系统能够探寻到客户流失是由于主观上的兴趣变化还是外部市场的变动导致投资偏好的改变，同时基于算法对用户的深度了解，及时更新并推荐更加符合用户当前需求的理财品类，满足用户的理财服务需求（见图 7-4）。

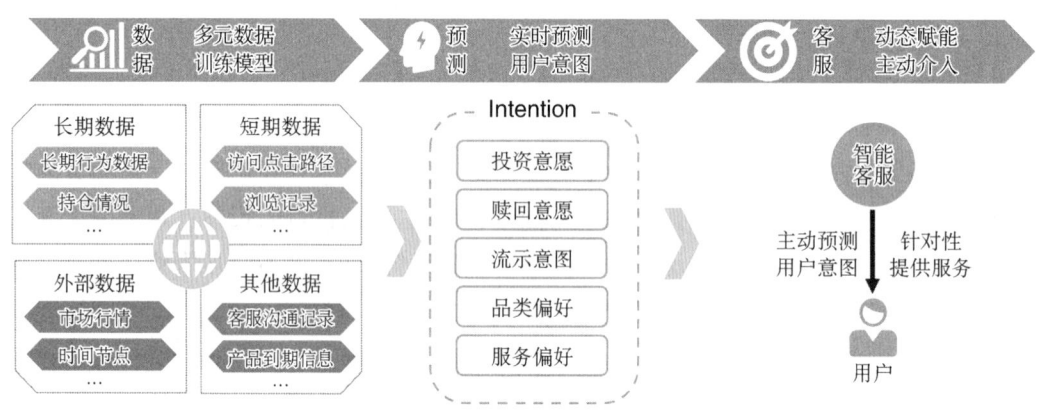

来源：专家访谈，艾瑞研究院自主研究及绘制

图 7-4　用户深度意图洞察实现方式

六、税收规划

税收规划是指在纳税行为发生前，在不违反法律、法规（税法及其他相关法律、法规）的前提下，通过对纳税主体（法人或自然人）的经营活动或投资行为等涉税事项作出事先安排，以达到少纳税和递延缴纳的一系列规划活动。税收规划是对我国税收制度和法律的正确理解和灵活运用。其目的是获得节税利益。

(一) 税收规划的原则

1. 合法性原则

合法性原则是税收规划最基本的原则,这是由税法的税收法定原则所决定的,也是税收规划与偷税漏税乃至避税行为区别开来的根本所在。合法性原则意味着它是在尊重法律,不违反法律法规和不恶意钻法律漏洞的前提下进行的。

2. 目的性原则

目的性原则是税收规划最根本的原则,是由税法基本原则中的税收公平原则所决定的。税收规划的目的就是节税,从业人员在制订税收规划时应该有较强的为客户减轻税负、取得节税收益的动机,从而降低税收成本以达到总体效益的最大化,在合法性原则下这是完全合理的,也是客户最本质的目的。

3. 税收公平原则

税收公平原则要求税收负担在客户之间进行公平分配,以客户拥有的财富数量来衡量其纳税能力从而进行征税;客户通过税收规划,或合理调整应纳税财产的比例以降低税负,或延缓纳税以获得资金的时间价值,符合税收的公平原则,也从而能够更有效地盘活资金,获得更高的投资收益。

4. 规划性原则

规划性原则是税收规划最有特色的原则,这是由作为税收基本原则的社会政策原则所引发的。税收规划通过事先的计划、设计和安排,在进行筹资、投资等活动前,把这些行为所承担的相应税负作为影响最终财务成果的重要因素来考虑,通过趋利避害来选取最有利的方式。

5. 综合性原则

综合性原则是指进行税收规划时,必须综合考虑规划以使客户整体税负水平降低。在进行税收规划时不能只以税负轻重作为选择纳税的唯一标准,应该着眼于实现客户的综合利益目标;在进行一种税的税务规划时,需考虑与之有关的其他税种的税负效应,进行整体规划,综合衡量,防止前轻后重。

(二) 税收规划的内容

税收规划的内容包括:避税规划,即为客户制订的理财计划采用"非违法"的手段,获取税收利益的规划;节税规划,即理财计划采用合法手段,利用税收优惠和税收惩罚等倾斜调控政策,为客户获取税收利益的规划;转嫁规划,即理财计划采用纯经济的手段,利用价格杠杆,将税负转给消费者或转给供应商或自我消转的规划。

(三) 税收规划的步骤

1. 了解客户的基本情况和要求

税收规划的主要步骤在为客户制订税收规划时,应通过交流和资料填写,了解到客户的下列基本情况:婚姻状况(客户的婚姻状况会影响某些税种的扣除);子女及其他赡养人员；财务情况，包括客户的收入情况、支出情况及财产情况；投资意向，包括客户的投资方向和投资额；对风险的态度；纳税历史情况，包括以前所纳税的税种、纳税金额以及减免税的情况；要求增加短期所得还是长期资本增值；投资要求。

2. 控制税收规划方案的执行

税收规划实施后，投资顾问需经常、定期地通过一定的信息反馈渠道（如税收规划人与客户保持沟通）来了解纳税方案执行的情况。

当客户没有按设计方案的意见执行税收规划时，税收规划人应给予提示，指出其可能产生的后果；当税收规划有误时，投资顾问应及时修订其设计的税收规划；当客户情况中出现新的变化时，投资顾问应介入判断是否改变税收规划。

在特殊情况下，客户因为纳税与征收机关发生法律纠纷时，投资顾问应按法律规定或业务委托及时介入，帮客户度过纠纷过程。如出现对客户不利的法律后果，投资顾问应在订有赔偿条款且责任又认定在投资顾问一方时，积极负责赔偿客户因此受到的损失。

七、投资组合分析

智能投顾为投资者提供投资组合业绩展示、投资组合业绩归因、投资组合风险因子分析、投资组合统计分析、资产配置回测及模拟等服务。在投资分析方面，智能投顾包含了传统投资工具不覆盖的风险因子分析。

传统理财服务模式依靠人与人之间的沟通，用户在购买理财产品前，对产品信息了解不透彻，在购买理财产品后，往往难以及时获取产品动态信息，而智能理财服务能够提升信息服务能力，弥补传统理财服务信息不对称的缺陷。以陆金所为例，通过其开发的大规模金融知识图谱，能够实现对金融产品全方位、动态化的信息捕捉，包括与产品紧密相关的上市公司信息、行业信息、宏观市场信息等外围数据，从而为投资者提供信息可视化平台及智能分析服务。另外，智能理财服务系统已经从被动响应用户需求转变为主动提供资讯信息，基于对用户需求及偏好的洞察，实时提供用户感兴趣的信息，如市场动态信息、行业资讯、持仓收益情况、产品深度分析等，帮助用户实时掌控产品相关信息（见图7-5）。

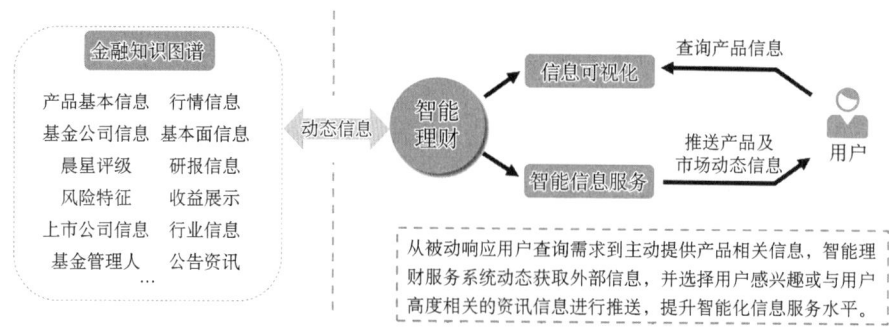

来源：专家访谈，艾瑞研究院自主研究及绘制

图7-5 智能化信息服务示意图

任务二　智能投顾的商业模式及风险管理

案例导入

互联网金融——从体验"摩羯智投"聊智能投顾

招商银行推出了"摩羯智投",一款以公募基金为数据库的智能投顾平台。

摩羯智投的特点有:流动性安排、风险偏好。流动性安排这里指的是投资年限;用户可以选择0~1年、1~3年、3年以上。风险等级有1~10个等级,数字越大,代表承受能力越高。根据这两个维度,摩羯给出了两个运算后的数据:模拟历史年化业绩;模拟历史年化波动率。通过模拟数据评估了采取此套方案后用户的投资收益情况。

根据客户的选择,后台进行运算。运算结束,后台给出基金组合方案:包含配置类型与配置比例。并根据选出的产品按照此方案模拟近3年的数据。通过查看我们看到详细的配置是多只基金,每支基金点击进去都能查看基金详情,包含简介、持仓、分红、净值和公告。可以尝试其他的风险等级,系统给到的是新的基金组合。

我们可以看到,两次的基金配置中基金标的绝大部分是相同的,只有少部分是不同的。区别主要在于比例上。两次不同的选择,系统给到的是摩羯8号和摩羯14号产品。继续购买的话,会有一个风险评估,主要就是一些风险类相关的题目。评估完成后,根据评估结果给出了适合的产品类型。

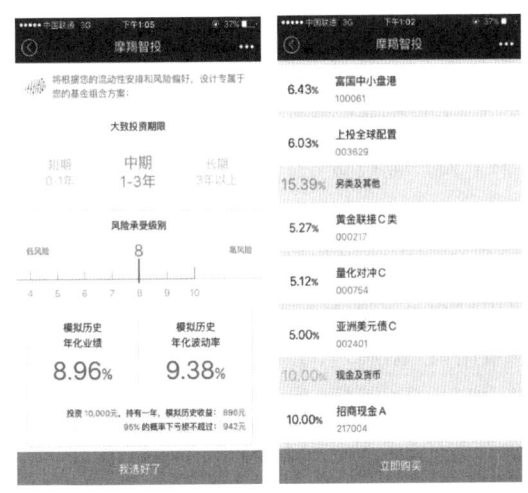

图7-6　摩羯智投操作界面

随后继续购买就能一键下单购买选择的基金组合了。

通过以上的流程我们可以发现:

(1) 数据结果是根据投资年限和风险承受来划分的,投资年限的选项有 3 种,风险承受有 10 种类型。这样两两搭配的话,会出多 30 种投资风格。

(2) 两次选择后,组合中的基金标的大体相同,所以感觉目标池也不是很大。应该是在众多基金中先筛选了一部分,在这些基金中做了多个组合。

(3) 从推荐的收益上,组合的产品预估收益也不是很高,而且收益波动也比较大。

(4) 风险评测应该前置,这样在客户做选择前就了解了自身的风险等级,如果客户觉得风险评测不准的话,可以再次测评。这样及早地过滤掉不适合自己的基金。目前放在最后的话,对于之前所选择的产品感觉没有什么相关性。

(5) 一键下单功能很不错,同时处理多种基金份额不同的情况,不过没有真实买入成功,不知道后续有没有智能调仓的功能。

(6) 个性化服务,智能投顾如果在数据和客户行为上没法分析出很多客户的深度需求,往往需要客户提出自己比较明确的需求,例如哪些类型的产品客户不选择,就像吃饭一样有哪些忌口。在智能投顾没有很成熟的情况下,这样客户拿到的组合可能更是客户所期望的。纯粹的风险和投资年限两个指标的话,系统推送的产品同质化往往比较严重。

(资料节选自人人都是产品经理)

思考:
智能投顾平台的业务流程是怎样的?

一、智能投顾业务的运作流程

智能投顾平台的步骤一般包括以下 3 步:

(1) 投资者通过网站上的调查问卷完成风险评估、投资偏好确认之后,利用手机相应 App 或交易平台创建一个个人基金投资账户,并将银行账户或证券账户与该基金投资账户绑定。

(2) 智能投顾平台的后台利用映射化简大规模数据处理技术,将庞大的数据处理任务分配给云端服务器,并使用分布式数据存储技术,将庞大的数据压缩到可以加以处理的规模,利用平台特定的投资策略,根据用户的风险承受能力,在投资标的和相应权重上进行选择和优化,为用户提供定制化的投资组合。

(3) 后台交易程序会在投资完成后实时通知用户基金组合的变化,并根据投资环境的变化及时变换组合供投资者参考,组合产生的收益也会被自动用来复投。用户可以根据个人需求随时降低或追加投资金额。

传统理财服务主要依靠投资顾问与用户进行线下沟通实现对用户资产情况及理财需求的了解,并运用自己的专业知识向用户提供理财服务。而智能理财服务可以在整个流程中更多的应用科技手段,动态了解用户实时的理财需求和风险偏好,同时运用技术对金融产品进行"穿透性"了解,在对用户和产品充分了解的基础上完成个性化匹配及适当性管理工作。除此之外,智能理财服务通过加强人机间流畅交互能力,可为用户提供产品动态信息及风险提示,同时伴随用户的全生命周期提供相应的理财信息和资讯服务,持续提升用户的理财知识和风险意识(见图 7-7)。

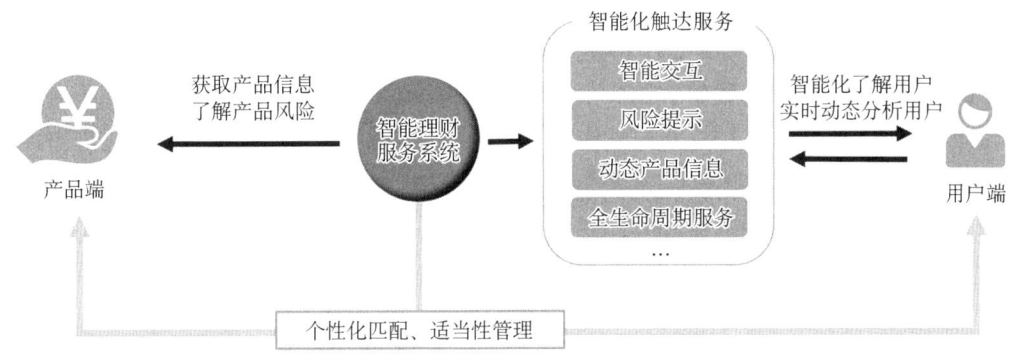

来源:专家访谈,艾瑞研究院自主研究及绘制

图 7-7　智能理财服务示意图

二、商业模式

智能投顾较传统投资顾问公司最显著的差别为智能投顾采用全程无人工、人机交互、量化投资的投资实现手段。但鉴于科技发展的渐进性,以及人工投资顾问在亲和度、灵活度等方面的优势,当前智能投顾从广义上而言,也包括投资智能化数据分析、社交分享策略组合等。智能投顾根据人工参与程度不同又可分为机器导向为主的智能投顾、以人为主的智能投顾、人机结合的智能投顾 3 种。在商业模式层面,机器导向又可分为大类资产配置和数据分析,以人为主又可分为主题投资和社交风投,人机结合主要为线上引流至线下。

目前智能投顾商业模式可以分为 3 类:机器导向、以人为主、人机结合。

机器导向是指智能投顾通过数据分析或大类资产配置模式,全程自动化智能化配置资产组合策略,对资产组合进行实时跟踪及动态调整。智能投顾会根据客户要求自动进行红利及资本利得再投资及税收损失收割,投资者无需进行管理。以人为主是指由投资者创建资产配置组合,由智能投顾提供创建资产配置组合的工具以及分享的平台。人机结合是指将智能投顾及传统投资顾问的优势结合起来为投资者提供服务,由智能投顾为客户提供资产配置建模及投资服务,由传统投资顾问为投资者提供建议。

智能投顾分为 5 种商业模式:大类资产配置、数据分析、主题投资、社交跟投、线上引流至线下等(见表 7-1)。

表 7-1　5 种智能投顾的商业模式

分类	商业模式	模式介绍	代表公司
机器导向	大类资产配置	基于现代投资组合理论,根据不同承受风险,配置最优的各类资产大类品种,如美国股票类、公司债券类、房地产类、防通胀证券类、自然资源等。该模式的关键在于被动投资,不以追求主动收益为主,而以风险最小化追求长期稳定收益为主	Wealthfront、Betterment、SigFig、嘉信理财、弥财、蓝海智投、理财魔方等
	数据分析	通过利用机器学习算法分析公司财报、宏观数据、网络舆情等在内各类海量数据,提供各种垂直化金融服务,如预测上市公司收入、基于突发事件给予投资指导、提供股票策略等	Estimize、Trefis、百度股市通等
以人为主	主题投资	根据不同的投资主题和理念创建不同的投资组合,让用户不追随基金也有主题投资组合,如"3D打""高股息""在线游戏"等主题	Motif Investing
	社交跟投	将职业或业余投资高手的投资业绩和持仓情况分享出来,供投资者参考,让普通投资者享用投资咨询服务	Motif Investing、Covestor、雪球、金贝塔、股票雷达
人机结合	线上引流至线下	通过线上免费的金融工具吸引大量客户,而后二次挖掘出合适的客户引流至线下,并提供一对一的有偿投资服务,为其未来业务模式的拓展和服务变现提供良好的基础	Personal Capital、Future Advisor、七分钟理财、摩羯智投等

创业类智能投顾公司与传统金融机构在智能投顾模式选择上差异较大。创业类智能投顾公司偏向于机器导向模式,而传统金融机构则更偏向于人机结合模式。由于创业类智能投顾公司普遍具有较高的技术优势及轻资产运营方式,因此其拥有较强的创新意愿及较低的试错成本。鉴于其缺乏金融市场运作经验及客户沉淀,机器导向模式更利于其获取客户,从而抢占下一代财富管理市场。传统金融机构传偏向于采用人工和机器混合模式开展业务。鉴于传统金融机构有较强的客户基础,在销售渠道及金融市场运作层面均有较多经验,其可通过自身旗下的金融产品来进行智能投顾的业务拓展。传统金融企业通过开展人机结合的智能投顾服务方式,可以有效转换存量客户,并通过智能化的手段进行新客户拓展。

三、智能投顾的风险管理

(一) 风险类型

智能投顾的风险分为系统性风险及非系统性风险两大类。

1. 系统性风险

系统性风险包括：

(1) 购买力风险，又称通货膨胀风险，是指由于通货膨胀引起的投资者实际收益率的不确定。

(2) 利率风险是指由于市场利率的变动而引起的资本市场价格变动的风险。

(3) 汇率风险主要体现在两方面：①本国货币升值有利于以进口原材料为主从事生产经营的企业，不利于产品主要面向出口的企业，因此，投资者看好前者，看淡后者，这就会引发股票价格的涨落。本国货币贬值的效应正好相反。②对于货币可以自由兑换的国家来说，汇率变动也可能引起资本的输出与输入，从而影响国内货币资金和证券市场供求状况。

(4) 经济周期风险主要是指由于宏观经济因素的变化、经济政策变化、经济的周期性波动以及国际经济因素的变化给证券投资者可能带来的意外收益或损失。

(5) 政策风险。政府的经济政策对国家的经济发展有着十分重要的作用。

(6) 社会、政治风险。稳定的社会、政治环境是经济正常发展的基本保证。

2. 非系统性风险

非系统性风险包括：

(1) 经营风险是指由于被投资公司的外部经营环境和条件以及内部经营管理方面的问题造成公司收入的变动而引起的投资者（股权或债权）收益的不确定。

(2) 流动性风险是指由于将资产变成现金方面的潜在困难而造成的投资者收益的不确定。

(3) 操作性风险。在同一个证券市场上，对待同一家公司的股票或债券，不同投资者投资的结果可能会出现截然不同的情况，这种差异很大程度上是因为投资者不同的心理素质与心理状态、不同的判断标准及操作技巧造成的。

(4) 信用风险是指一方不能或不愿履行合同的承诺事项而使证券公司或其他投资机构遭受潜在损失的可能性。

(5) 人的行为影响。人的行为影响也可以定义为一种非系统风险。

(二) 风险管理流程

1. 风险识别

风险识别包括对系统性风险的识别、对非系统性风险的识别。

2. 风险评估

风险评估原则包括：风险评估的结果只能是一个大致的参考值；风险评估的结果很可能会发生变化；风险评估的方法通常是根据风险变动的一般规律或计量经济学的定理设计的。风险评估的方法包括专家调查法、经济计量评估法、财务指标评估法等。

3. 风险控制

风险控制的目标是确定风险控制的具体对象（基本因素风险、行业风险、企业风险、市场风险等）；确定风险控制的程度。风险控制的原则有回避风险原则、减少风险原则、留置风险原则、共担（分散）风险原则。

（三）风险控制计划

1. 趋势投资计划

趋势投资计划是一种长期的投资计划，适用于长期投资者。这种投资计划主要以道氏理论为基础，认为投资者在一种市场趋势形成时，应保持自己的投资地位，待主要趋势逆转的信号出现时，再改变投资地位，市场主要趋势不断变动，投资者可以顺势而为，以取得长期投资收益。

2. 公式投资计划

公式投资计划是一种按照定式投资的计划。它遵循减少风险、分散风险和转移风险等风险控制原则，利用不同种类股票的短期市场价格波动控制风险，获取收益。具体有等级投资计划、平均成本投资计划、固定金额投资计划、固定比率投资计划、可变比率投资计划等。

3. 保本或停损投资计划

保本或停损投资计划是投资者在股市前途莫测、股价动荡不定时，为了避免或减轻投资本金损失，遵循留置风险的原则所采取的一类投资计划。主要有两种具体形式：一种是保本投资计划；另一种是摊平投资计划。

（四）风险控制策略

投资顾问风险控制的策略选择原则：成本最低原则；效率最高原则；保护收益原则。

在风险管理中，人们可以选择的策略很多，各种策略各有其特点。其中，有些策略只适用于某一特定的场合的风险防范，或者只能为某一特定的经济主体所用。但是，也有一些策略可同时适用于多种不同场合的风险防范研究，也可为多种经济主体所用。因此，在证券投资顾问业务的风险防范研究中，人们必须对各种可供选择的管理策略作出比较分析，在这种基础上，选择最恰当的策略，以尽可能少的代价达到最有效的目的。

任务三　国内外智能投顾案例

全球智能理财服务时长发展特点

金融基础与监管环境各不相同,但智能理财服务市场的发展潜力不容小觑(见图 7-8)。

英国：传统理财服务市场空白期催化智能理财市场发展，国家高度重视人工智能等技术，智能理财服务市场发展环境非常乐观。
代表企业：Nutmeg、Hargreaves Lansdown

中国：互联网普及、监管政策和技术发展等因素驱动行业发展，智能化水平正快速升级，主要面向新中产等人群。
代表企业：陆金所控股（"陆金所"）、招商银行、蚂蚁财富

加拿大：传统理财市场两极分化严重，理财服务主要用户为高净值人群，散户可接触的理财产品类型较为单一。其智能理财发展目标为打破理财门槛，近年来获得较好发展，也获得了中美等各地资本的投资。
代表企业：Wealthsimple、InvestEase

新加坡：技术水平和金融市场发展都相对成熟，智能理财服务发展基础良好。主要覆盖高净值人群，中产等资产相对较低的群体触达率较低。监管层对于智能理财服务发展的支持力度不断加大。
代表企业：Bambu、StashAway

美国：是全球最早发展智能理财的国家，政策、市场和需求等多方面因素影响下，智能理财发展空间大，创业公司、传统金融等各类机构纷纷布局，带动了美国智能理财市场的快速发展。
代表企业：Wealthfront、Betterment、Vanguard

图 7-8　全球智能理财业示意图

(资料节选自陆金所《智能理财 4.0：全球智能理财服务分级白皮书》)

思考：
未来智能投顾服务市场趋势会有怎样的变化？

一、国外智能投顾公司案例

链接 7-2　国外智能投顾在银行领域的应用

（一）Betterment

Betterment 是最早创立的智能投顾公司，也是迄今为止最大的独立智能投顾公司。2008 年成立于纽约，由乔纳森·斯坦恩和艾利·布罗尔曼创立。2010 年上线智能投顾业务，是第一家通过自动化在线服务为客户提供资产管理的投资理财公司。其主要业务是把最基础的资产组合理论 MPT 和其衍生模型应用到产品

中，根据用户的投资倾向和风险偏好，个性化地提供资产配置组合方案，包括基金、股票、期权、债权和房地产资产等。

用户进入 Betterment 网站后，只需填写一些个人信息（包括投资目的、期限、目标金额、风险偏好等）后，网站就会根据这些参数给出最佳适配资产分配建议，用户足不出户、无须向任何投资顾问咨询，就可以低门槛、低成本地管理自己的资产。

截至 2017 年 10 月，Betterment 管理的资产超过了 90 亿美元，之所以能管理那么大规模资产，是因为填补了一项市场空白。在美国，资产在 10 万美元以下的群体，通常无法享受人工投资顾问服务。即便享有，成本（管理费）也非常惊人，一年大概要花 1 万美元，只有少量的（大约 0.2%）大众客户有获得可信的、优质的人工投资顾问服务的机会。Betterment 基于人工智能、大数据等金融技术开创的智能投顾模式，很好地化解了这个 10 万美元门槛，瞬间让财富管理（或资产管理）走下神坛，让更多人低门槛、低成本地获得曾经高不可攀的财富管理服务。

因为不设投资门槛，且管理费相对于传统财富管理机构要低得多（低于 1 万美元的账户，年费率仅为 0.35%，而传统财富管理机构年费率最低为 1%），Betterment 很快吸引了大量投资者，2010 年上线后发展迅速，2012 年下半年用户量开始快速增长，2015 年后则开始更大规模的发展。截至 2016 年 9 月，Betterment 已服务客户 17.5 万人，管理资产规模超过 50 亿美元（仅 2015 年一年就增长了 27 亿美元）。

自 2010 年 11 月得到第一笔种子资金后，Betterment 在 2010 年 12 月～2016 年 3 月先后得到 A—E 共 5 轮融资，投资金额从最初的 300 万美元涨至 1 亿美元，翻了 30 多倍，现已经发展成为美国最大的智能投顾创业平台。

2017 年初，公司推出两项人工顾问服务。一个叫 Plus，是为客户提供一年期的人工咨询服务，并且帮助客户监视账户；一个叫 Premium，则提供终生咨询服务。与基本的机器理财服务相比，这两种服务的收费要高一倍，而且对账户资金规模有要求。

Betterment 更专注于投资管理和建议，偏目标导向和自助操作，用户可以根据自己的不同需求在 Betterment 同时设立多个投资目标，系统会在评估所有目标的前提下，给出最优化的投资组合。

（二）Wealthfront

Wealthfront 成立于 2011 年 12 月，位于美国，前身为一家名叫 Kaching 的投资咨询顾问公司，于 2011 年 12 月转型成为在线财富管理公司，是美国非常具有代表性的智能投顾平台之一。Wealthfront 借助于计算机模型和技术，为客户提供个性化的资产投资组合建议，资产配置范围包括股票、股票期权、债权、房地产等。美国证券交易委员会的数据显示，截至 2016 年 6 月，Wealthfront 的资产管理规模为 35 亿美元，投资者数量为 8 万多人，平均账户资产约为 4.2 万美元。目前，Wealthfront 仅在美国开展业务。

Wealthfront 公司的智能投顾业务流程也是智能投顾行业普遍所使用的流程，投资过程主要分为4步：在线问卷测评，计算用户风险等级；基于算法推荐投资组合；用户资金转入第三方券商，自动代理投资；实时跟踪，定时调仓。

Wealthfront为客户提供的服务主要包括风险评估、资产组合配置、投资交易的实现、账户再平衡和税收损失收割等。比较特色的服务是Wealthfront的税收优化直接指数化和单只股票分散化，以达到为客户分散投资风险，帮助客户获取最大化投资回报的目的。

税收优化直接指数化是指在客户的投资组合中用个股代替ETF，对于不同规模的指数ETF进行模拟，从而可以在个股上实现税收损失收割。此项服务仅仅对账户规模超过10万美元的客户开放。具体操作方法是用100～1 000只大盘股来模拟美股的大、中盘指数ETF，同时在资产中再组合1只小盘股指数ETF，以替代不同规模的指数ETF。此项服务不收取额外费用，旨在通过个股的税收损失收制为客户实现收益最大化。

单只股票分散化服务针对持有重仓单只股票的投资者，Wealthfront为其提供有序卖出、分散再投资组合以及税收筹划等服务。当投资者手中特有大量单只股票时，投资风险较为集中，大量卖出股票时会因为一定的市场冲击而出现卖出价被压低的情况。通过结合客户资金理财计划，为客户有计划地卖出一定数量的股票，并将卖出所产生的资金用于再次投资，构建风险分散的投资组合，同时对于新组建的投资组合进行税收筹划，且该服务免收费用及佣金。

对比Betterment，Wealthfront则更加注重财富管理，尤其在税收优化方面，有一套引以为傲的税收优化索引服务——Directindexing。相比通过VTA复制，Directindexing可以通过追踪ETF，从个股的变动中挖掘税收收益，从而更好的实现资本利得的有效抵扣，达到节税的目的。同时，为了保障税收优化的效果，Wealthfront还设立了交易限制清单（Exclusionlist），详细记录被限制交易的证券，尽可能避免洗售等损害税收收益情况的发生。

(三) 其他智能投顾公司

Personal Capital成立于2009年7月，公司位于美国加利福尼亚州旧金山湾区雷德伍德城，目标客户定位是面向可投资资产在10万～200万美元的中产阶层提供费用低廉的一站式整合型投资理财平台，如今已有100多万名注册用户，平台上跟踪的资金超过2 260亿美元。Personal Capital平台上的传统投顾通过电话或者电子邮件提供服务，资产管理规模达23亿美元。截至目前，Personal Capital已进行了6轮融资，总融资金额1.753亿美元。Personal Capital主要提供免费分析工具和收费传统投顾两项服务。免费分析工具是指该平台通过自动化算法为投资者分析资产配置情况、现金流量情况以及投资费用，帮助投资者清晰了解自身的财务状况，找出投资者资产配置组合中的潜在风险和不合理的投资费用，建立更加合适的投资组合。

Future Advisor成立于2010年8月，而产品则上线于2012年3月，除了提供免费的投资组合优化以及投资数据的同源整合，也提供收费版投资代理服务。2015年8月，

Future Advisor 被全球最大投资管理公司贝莱德(BlackRock)收购,被收购时估值在 1.5 亿~2 亿美元。Future Advisor 在被收购之前一共获得过 4 轮融资,总融资额超过 2 000 万美元。

Sigfig 上线于 2012 年 5 月,主要做投资组合追踪工具,帮助用户诊断现有投资账户的问题,如不尽人意的收益、昂贵的费用等,再给出解决方案。此外,Sigfig 还利用机器来自动根据市场波动调整用户的投资组合,用户赚得的分红也会被机器自动再投资。Sigfig 起投资金 2 000 美元,10 000 美元内免年费。

美国还有 Asset Builder、Bloom、Wisebanyan、Ture Wealth、Covestor、MotifInvesting、Hedgeable、MarketRiders、LearnVest、Ellevest 等各类创业平台,它们的风格、定位、模式不一,很多都是定位极其精准、个性十足、只服务某一类特定用户群的投顾平台。这是美国创业活跃的表现,也是其投顾市场发展成熟的一个佐证。创业平台唯有特别聚焦,才有可能占有一席之地。毕竟美国传统财富管理机构的投顾势力太强大了。

二、国内智能投顾公司案例

链接 7-3 国内智能投顾案例

2014 年我国首个智能投顾平台——胜算在握上线,随后弥财、钱私人理财、爱理不理等智能投顾创业公司陆续出现。随后传统金融机构以及互联网企业开始布局智能投顾领域。2015 年光大证券与网易、海航旅游联合设立的立马理财,华泰证券通过收购美国的智能投顾公司 Assetmark 的方式进入智能投顾市场。2016 年 8 月,京东将旗下智能投顾产品"京东智投"正式更名为"京东金融·智能投顾",明确其智能投顾属性;2016 年 9 月,百度首次全面公布了其在智能投顾、量化投资等领域的业务布局。2016 年年底以来,浦发银行、招商银行、兴业银行等路线开始布局智能投顾业务。

根据其平台推出时间,并结合其智能投顾的深入程度和实现方式,划分为三大模式:全智能投顾模式、内智能投顾模式和半智能投顾模式。

(一)全智能投顾模式

全智能投顾平台是一种全新的智能投顾创业平台,即完全借鉴美国 Betterment、Wealthfront 等平台的模式和经验,在一张全新的白纸上"作画",故也可称之为"白纸模式"。这种全新创业平台背景不一,既有纯创业公司推出的(理财魔方、蓝海智投、弥财、财鲸、拿铁智投等),也有基金公司推出的(虹点基金的璇玑智投等),还有互联网金融平台推出的(宜信财富的投米 RA 等)。这种模式的共同点是都有完整的用户画像、风险测评、投资组合推荐和自动再平衡的流程,智能投顾色彩浓厚,界面、流程新鲜,"仪式感"强,是一种以用户投资规划为中心而不是以产品销售为中心的智能投顾模式。

1. 理财魔方

理财魔方成立于 2014 年 12 月,第一款 App 于 2015 年 3 月正式上线。2015 年 5 月,获得蝙蝠源创资本领投的 1 000 万元天使投资,后又获得 2 000 万元的 PreA 轮融资。理财魔方属于典型的全智能投顾模式——基于现代投资组合理论,通过数据算法驱动的投资决策和人性化的服务手段,为用户制定适合的投资策略,帮助用户在对应风险水平获得最高投资收益。理财魔方一直专注于 2C 的智能投顾模式,从市面上 4 000 多只基金挑选 600 多只组成 10 个投资组合供客户选择。目前理财魔方拥有数千万元的资管存量,自 2016 年 12 月以来,新增用户数每月以翻倍的数量在增长,目前用户留存率超过 90%,资金留存率超过 500%。

2. 弥财

上线于 2015 年 10 月的弥财,号称"中国版 Wealthfront",采用的也是 2C 模式,面向 C 端用户投资 ETF。这个 ETF 中含有上证指数、深证指数、标准普尔 500 指数、纳斯达克指数、中国公司债券、中国政府债券、黄金期货和恒生指数。弥财根据不同用户的风险承受能力以制定最优的资产组合,并每天监管这些投资组合,根据市场变化实时调整不同部分的投资比例,"自动再平衡"和"红利再投资"是弥财主打的两个重要功能。海外资产配置是弥财的一个重要业务,目前采用的海外投资组合包含 8 只 ETF,6 只来自先锋集团(Vanguard),另外 2 只来自贝莱德旗下的安硕(iShares)。这些投资组合已经覆盖了 3 800 多家公司、175 个国家(地区)和 10 多个行业。

3. 财鲸

另一家号称"中国版 Wealthfront"的国内智能投顾平台是财鲸。财鲸成立于 2015 年 8 月,2016 年 6 月,即获得 1 000 万美元 Pre-A 轮融资,投资方为创新工场。财鲸的定位是主打海外投资,拥有美国证监会(SEC)认证的 RIA(注册投资顾问)牌照,受美国证监会和美国金融监管局监管。

4. 蓝海智投

知名智能投顾创业平台蓝海财富成立于 2015 年 10 月,并于 2016 年 4 月上线蓝海智投,投资门槛比较高,为 5 万美元。蓝海智投的投资理念是借助耶鲁模式帮助中国高端客户实现一键投资全球。蓝海智能投顾的业务分为海外和国内两大块:在海外,基于蓝海智投具备美国注册的投资顾问和券商的资质,服务有海外资产配置需求的中国客户;在国内,则是通过 2B 模式与传统金融机构合作,提供技术服务等支持。2016 年,蓝海智投的全年业绩相较于美国智能投顾两大标杆而言,超越 Wealthfront 0.2%、超越 Betterment 0.8%。

5. 拿铁智投

拿铁智投是由拿铁财经推出的一个智投产品,于 2016 年 4 月上线,也是一个定位都市白领中产的 2C 平台,其投资标的涉及美股、港股、黄金、原油、国际债券、国内债券、国内股票、货币,对接国内 2000 余只公募基金。其投资流程是以"投什么市场——投资比例如何配置——选什么产品"的逻辑,形成"资讯+咨询+产品+购买"的闭环,实现投资理财产品的一键购买。拿铁智投上线几个月就得到数十万白领用户的青睐，并在上线前获得分众传媒1亿元人民币的投资。

6. 璇玑智投

上线于2016年8月的璇玑智投（原"灵玑"）的投资理念是"全球资产，一键配置"，主要模式是以合格境内机构投资者（Qualified Domestic Institutional Investor，QDII），帮助投资者投资全球。其底层资产为公募基金，目前可投的资产主要有10类，其中国内资产6类（现金类资产、高收益债券、高评级债券、多元资产、大盘股、中小盘股）；海外资产3类（海外高收益债券、海外成熟市场股票、海外新兴市场股票）；大宗商品1类（黄金，投资门槛为3万元）。

7. 投米RA

虽然出身知名互联网金融平台，但宜信财富旗下的投米RA（Robo-Advisor的缩写）是以独立平台另起炉灶，并且通过用户画像和投资组合为投资者提供一站式全球资产配置服务，所以我们也将其划入智能投顾创业平台。投米RA于2016年5月上线，第一阶段对接的资产是美元ETF产品，第二阶段投米RA将配置国内不同资产类别的优质资产，并推出场景化的投资产品。

总而言之，上述全智能投顾平台通常都是面向终端客户的2C模式（部分是"2C＋2B"模式），因为要与强大的传统金融机构财富管理部门直面竞争，争夺客户和市场，虽然占据天时，但其创业门槛（人才、资源、技术）和创业成本（资金）非常高，既要求创业团队具有非常过硬的专业背景、行业资源和技术能力，也要求有非常强大且快速的融资能力，还要有强大的市场营销与高净值客户获客能力，上述要素缺一不可。很多平台的创业团队都是毕业于名校并来自传统的金融机构，比如璇玑智投的核心团队成员分别毕业于哥伦比亚大学、新加坡国立大学、耶鲁大学、南加州大学、中国人民大学等国内外顶级名校，有着人均十多年的渣打银行、汇丰银行、海外一线对冲基金、私募基金等顶级机构的财富管理、量化投资相关经验。财鲸的核心团队由多名美国常春藤名校及清华大学的博士、硕士组成，公司金融力量雄厚，有多名特许金融分析师（Chartered Financial Analyst，CFA）和金融风险管理师（Financial Risk Manager，FRM），主要来自美国纽约华尔街彭博总部、中信证券、国信证券、远东国际等顶级金融及互联网机构。而拿铁智投，则有着与摩羯智投极其相近的血缘，其高管团队几乎清一色来自招商银行。

全智能投顾模式作为智能投顾的创新方向，是值得肯定和期许的，未来产生金融科技独角兽，不是没有可能。

（二）内智能投顾模式

内智能投顾平台通常由早已存在的互联网理财、社交投资、量化投资等互联网金融平台演进而来。因为在智能投顾概念流行前，其平台早已成形，不可能像新创业平台一样推倒重来，只能通过在平台内嵌智投引擎（投资策略）的方法，实现智投功能，所以又可称之为"半张白纸模式"。

这种模式的共同点,是平台已运营多年,拥有较高的品牌知名度和稳定成熟的用户群,因而常以产品销售为中心,互联网金融理财的色彩重,而智能投顾的用户画像和风险测评色彩相对较淡。蚂蚁金服旗下的蚂蚁财富(曾叫"蚂蚁聚宝")、京东金融的京东智投、资配易、聚爱财 Plus、雪球、钱景私人理财、牛股王都是这种模式。

1. 蚂蚁财富

早在 2015 年 8 月,蚂蚁金服就上线智慧理财平台"蚂蚁聚宝"。用户可以使用一个支付宝账号,在蚂蚁聚宝平台上实现余额宝、招财宝、存金宝、基金等各类理财产品的交易。2017 年 6 月 14 日,蚂蚁聚宝宣布升级为"蚂蚁财富",并正式上线"财富号",全面向基金公司、银行等各类金融机构开放,当天就有天弘、博时、国泰、建信、南方、兴全、民生加银共 7 家基金公司以及浦发、中信、兴业共 3 家银行进驻财富号。

与理财魔方、蓝海智投、弥财等经典智能投顾平台的 App 一上来就给用户做画像不同,蚂蚁财富上似乎没有这个功能,甚至没有摩羯智投的"投资期限＋风险等级"的二维组合供用户选择,点进去后就是各种理财产品推荐,新手通常会感觉有点眼花缭乱。因为蚂蚁财富的前身蚂蚁聚宝的定位是一个类似雪球的基金社区,一手做卖基金的基金超市,一手做基金交流的基金论坛。蚂蚁聚宝更名为蚂蚁财富后,主要从以基金销售为主的平台变成了主打综合理财概念的应用的平台,强化股票和保险,而基金相对弱化。

蚂蚁财富的智能投顾功能主要体现在向入驻金融机构(比如基金公司)开放了最新的 AI(人工智能)技术。其 AI 能力从"理解用户""优化投资策略"和"用户与金融产品匹配"3 个层面,帮助金融机构感知用户的具体需求,推出千人千面、个性化的智能服务。在智能投研方面,AI 算法可以对金融产品进行深度分析研究,对全市场的信息进行深度的研究加工,帮助合作金融机构进行投资策略的优化。

2. 京东智投

如果说蚂蚁金服的智能投顾模式极具个性,可称之为"AI 超市模式",那么京东金融的智投模式就更特别,可以简单称为"电商智投模式"。京东金融成立于 2013 年 10 月,历经数年发展,逐步构建了供应链金融、消费金融、财富管理、众筹、证券、保险、支付、金融科技以及农村金融九大业务板块,其中主打产品是众筹和白条。很多人都听说过京东金融旗下有一个京东智投,但无论是在京东金融的网页版,还是在 App,都很难找到京东智投的入口。

原因在于京东智投并不是一个封闭产品,而是一个智能引擎。京东金融是通过将智能引擎深度植入到京东金融 App 和用户各种投资场景中来实现其智能投顾目标。具体而言,就是用户(通常是京东电商平台的用户)在理财产品页购买相关产品前,京东智投已经根据其在京东电商平台的历史消费记录(年龄、城市、消费金额、品类、频次、信用状况、用户等级等)给其画了一个用户画像(风险、信用等级)。只有当用户不认同京东智投给自己的画像，选择"重新评测"时，才会弹出一个风险测评问卷，从用户的年龄、收入、可投资资产、投资首要目标、短期能承受的最大投资损失等方面，重新进行用户画像，给出一个风险等级。

3. 互联网理财平台投顾

与蚂蚁金服和京东金融的智能投顾业务是由电商平台衍生而来不同，钱景私人理财、聚爱财Plus、资配易等平台属于早期的互联网理财平台。钱景私人理财系专业基金智能投顾平台，可以根据用户的年龄、风险偏好和个人情况量身定制基金组合投资方案。聚爱财Plus的主打卖点为"固定＋浮动"双收益，投资者无须填写风险评估问卷，即可根据年化收益和投资期限选择投资组合，其配置的固收类产品占投资组合的比例为94.99%。微量网、量子金服和胜算在握则属于典型的量化投资平台。微量网通过股票高手的选股技巧、期货操盘手的交易手法、时下热点的主题以及量化投资策略，组合衍生出面向普通投资者的"策略"。投资者绑定交易账户后，一键跟单，即可实现7×24小时自动投资（从这个意义上说，微量网也有"社交投资"色彩）。

4. 社交投资平台投顾

雪球、金贝塔、牛股王则是国内知名的社交投资平台。由互联网理财、量化投资和社交投资转型（或进军）智能投顾市场的早期互联网金融平台属于内智能投顾平台，其共同点是平台已运营多年，拥有较高的品牌知名度和稳定成熟的用户群，其优势在"地利"。虽然它们不像全智能投顾平台那样拥有完整的智能投顾流程，但在大数据、获客、用户心理分析、投资组合和风控方面有一定的优势。

（三）半智能投顾模式

这种模式的中坚力量是银行、保险、券商、基金公司等传统金融机构。其涉足智能投顾市场，通常是以新产品或新业务而非新平台方式运作。原因有两个：一是传统金融机构规模大，船大难调头；二是出于客户、数据、征信、获客等资源共享的原则，不可能也没必要像创业公司或互联网金融平台一样，很快推出一个独立的智能投顾平台。招商银行的摩羯智投、浦发银行的财智机器人、广发证券的贝塔牛、长江证券的阿凡达狗、平安保险的平安一账通均属此类型。

如果说全智能投顾平台因为创立时间早，主要占天时，那么，内智能投顾平台则因为其在互联网金融领域耕耘多年，谙熟互联网运营模式，主要占地利；而以传统金融机构为主的半智能投顾平台则因为其在高净值客户资源和大数据征信等方面的优势，占据人和。

1. 券商智能投顾

作为传统金融中交易最频繁、最早实行量化投资、大数据基础最为完善的领域，2016年，证券业大举进军智能投顾，代表性券商包括广发证券、长江证券、平安证券等。

2016年6月，广发证券率先在证券业推出首个投顾机器人"贝塔牛"。贝塔牛是一种基于金融工程理论及大数据的智能化、个性化的投资服务,可根据客户的不同目标及风险承受能力给出不同的投资建议,实现千人千面的投资顾问策略。贝塔牛可供选择的股票策略目前上线4个,点击其中一个策略后,会显示策略简介和累计收益率。选择投资金额后,可以新建策略组合,每个交易日开盘前系统会推送交易策略。到2017年10月,贝塔牛已经服务了超过30万客户,可根据客户的不同目标及风险承受能力给出不同的投资建议,实现千人千面。

2016年12月,平安证券推出一站式动态智能资产配置服务系统。该系统涵盖范围很广,产品达到4 000种以上,覆盖股票、固定收益、黄金等各大类别资产。平安证券的智能资产配置系统依据资产规模、偏好等分成12个类别,根据客户风险偏好、收益要求、期限等要求,最终形成个性化的资产配置组合方案。

2017年,更多券商加入了智能化浪潮之中。2017年4月,长江证券推出自主研发的券商智能财富管理系统"阿凡达狗"(iVatarGo)。阿凡达狗通过对客户的投资行为数据、交易数据进行深度智能分析,为每位客户进行全面精准画像,通过它来帮助客户智能获取投资信息、分析投资情报,为客户提供智能财富管理服务。长江证券2017年8月将iVatarGo升级为iVatarGoII,增加了智能盯盘、量化策略等新功能。

除了自建智能投顾平台(产品),券商也通过与金融科技企业(第三方财富平台)合作或并购的方式曲线进入智能投顾。民生证券采用的是合作的方式。2016年12月7日,民生证券与PINTEC旗下"璇玑"达成战略合作,借助璇玑的技术和服务,推出数字化资产配置系统。这是国内首例券商联合智能投顾类科技企业在财富管理领域的合作。华泰证券魄力更大。2016年10月,华泰证券通过收购美国统包资产管理平台AssetMark介入智能投顾领域。AssetMark是一家为投资顾问提供投资策略及资产组合管理、客户关系管理、资产托管等一系列服务和先进便捷的技术平台,华泰证券投资AssetMark的战略意义在于从原来的促使客户多做交易向做资产配置转变。

除了上述券商,更多券商都借旗下App进军智能投顾领域。比如国泰君安证券推出投顾专业版"君弘理财规划系统",为客户提供个性化定制理财方案;海通证券围绕"e海通财"打造智能服务体系,包括但不限于智能投顾领域;光大证券除了常规智投服务,还针对高净值客户提供智能财富管理业务,通过私募基金筛选评价平台,提供私募基金(包括股票、商品期货、期权、海外资产)等大类资产配置服务;东兴证券推出个股择时机器人和基金型机器人。

2. 银行智能投顾

券商之后是银行。银行业的智能投顾布局大约比券商晚半年,启动时间在2016年年底。2016年11月,浦发银行在银行业首家推出智能投顾系统"财智机器人"。财智机器人主要面向优质及以上客户提供线上资产配置服务,可与线下配置平台"财智速配"联动,通过理财经理线下配置方案的线上推送,以实现客户远程全产品类别的配置服务,做到客户资产配置需求一站式满足。1个月之后,招商银行的摩羯智投正式上线。

2017年,越来越多的银行推出智能投顾产品和服务。2017年5月,兴业银行也随之推出了智投服务。兴业智投非常类似摩羯智投,也是通过风险等级和投资年限两个维度进行公募基金组合方案的选择,其中风险等级划分为1~6级,投资期限为1~6年。投资门槛远低于摩羯智投的2万元,为5 000元。

2017年8月3日,平安银行借口袋银行4.0新版上线之机,发布智能投顾产品。该智能投顾产品依据客户的交易记录与风险偏好,为客户提供个性化的产品投资组合方案,投资标的以公募基金为主。同月,江苏银行手机银行在国内首家推出投融资一体化的"阿尔法智投"。该产品融合了江苏银行十多年来财富管理实践及基金研究经验,结合大数据和实时云计算,能够更好地满足"没时间、没经验"的互联网客户投资需求,应该算智能投顾领域的一个小小的创新。

如同券商通过与金融科技企业(或第三方财富平台)合作共推智能投顾产品一样,银行也有这种案例。2017年7月,徽商银行直销银行徽常有财联合盈米财富发布"天机智投",这是国内第一家直销银行推出的智能投顾平台。天机智投不是一个单一的产品或者简单几只基金的组合,而是依托客户画像、交易数据、产品业绩回溯等大数据和在机器智能算法基础上提供的一系列资产配置服务流程。

3. 保险智能投顾

2017年6月,安邦保险集团旗下综合互联网金融平台"安邦金融"宣布与金融科技服务商璇玑智投展开战略合作,联合开发数字化金融服务"安邦金融&璇玑智能投顾平台",并在金融安全和人工智能等领域展开深入合作。

2017年9月1日,中国太保推出保险业内首款智能保险顾问"阿尔法保险",上线仅4天用户访问就达到200万次,引起保险业、金融同业、科技行业等高度关注。作为保险业探索大数据和人工智能应用的一次试水,阿尔法保险基于中国太保1.1亿条保险客户数据积累,通过基本信息、家庭结构、收入支出、资产负债、社保福利、生活习惯等问题,利用大数据算法,构建个性化的家庭保险保障组合规划,助力国民保险消费者教育。

说到保险业的智能投顾品牌,不能不提"平安一账通"。平安一账通是平安互联网金融战略的重要组成,该项业务早在2008年12月就上线,只是到2014年12月才上线一账通App。平安一账通提供银行网银、保险、理财的网上金融服务,包括转账、缴费、信用卡还款、保单查询等功能。平安一账通通过对不同账户资产信息的整合,以机器投顾的方式,为客户提供个性化的财富管理方案。此外,智能投顾的智能还体现在平安开发的"金融产品智能推荐引擎"上,通过大数据运算给客户推荐最适合的金融产品组合。到2016年年初,平安一账通累计注册用户超过1亿个,管理资产总额超过1.9万亿元。如果将平安一账通也划入智能投顾的范畴,那么它才是中国智能投顾市场的第一。

4. 基金智能投顾

国内基金业对智能投顾的关注和布局，与证券业基本同步，时间大致在2016年下半年。表现突出的有广发基金、南方基金、汇添富基金等大型公募机构。

2016年8月，广发基金推出了首个智能基金组合服务"基智理财"：基智理财所提供的资产配置服务包含目标风险确定、组合推荐、一键购买、调仓提示、一键跟投、组合服务报告等，分别包括量化策略型组合、资产配置型组合。

2016年12月，南方基金推出"超级智投宝"智能投顾服务：通过问卷调查定位客户需求及识别风险收益特征，为客户定制专属基金组合。目前已上线保守型、稳健型、平衡型、进取型和激进型5个配置组合。

2017年6月，华夏基金与微软签订战略合作协议，一起开发智能投资。华夏基金希望借助微软在人工智能领域的深厚积淀以及华夏基金强大的投研实力，探索智能投资的疆界，推动资产管理行业智能化转型。其具体研究方向包括：通过模式识别预测市场走势，基于深度学习挖掘影响市场的重要因素，基于机器学习方法论进行行业轮动，基于大数据构建金融图谱，基于社交网络与应用软件等使用数据、识别并深度了解客户等。

2017年8月，汇添富基金发布"添富智投"组合基金，旨在帮助基金投资者化繁为简，智能化、定制化地解决基金选择、比例配置等问题。

此外，国内第一大公募基金——天弘基金也在积极布局智能投顾。在智能投顾业务生态链上，天弘基金通过与蚂蚁财富、雪球、牛股王、积木盒子、盈米财富等众多第三方机构进行开放性联动合作，推出基于自身策略的智能投顾产品。目前已推出基金组合理财产品——"风向篮子"，通过发掘历史数据的规律来模拟"敏感资金"的行为，分析和预测资金主力的动向，帮助投资者根据市场情况量化择时智能调仓，有效降低风险，提升投基收益。

总结回顾

本项目主要讲述了智能投顾服务的基本流程，包括客户分析、大类资产配置、投资组合选择、投资交易执行、投资组合再平衡策略、税收规划、投资组合分析等7种服务，其中投资组合分析仅向专业用户提供服务。与国内传统投资顾问业务相比，在技术上对业务流程有了一定的创新。智能投顾的业务流程为：获取客户信息，完成用户画像；构建投资组合；通过系统下单执行投资组合；跟踪分析并动态调整策略。5种商业模式：大类资产配置、数据分析、主题投资、社交跟投、线上引流至线下等。介绍了国内外智能投顾公司发展现状。

课后实践

一、单选题

1. 税收规划最有特色的原则是（　　）。
   A. 目的性原则　　　　　　　　　　B. 规划性原则
   C. 合法性原则　　　　　　　　　　D. 综合性原则

2. 根据保险的标的不同可将保险分为（　　）。
   A. 个人保险和团体保险　　　　　　B. 财产保险和人身保险
   C. 强制保险和自愿保险　　　　　　D. 原保险和再保险

3. 下列各项中，属于客户定量信息的是（　　）。
   A. 金钱观　　　　　　　　　　　　B. 每月收入与支出
   C. 风险偏好　　　　　　　　　　　D. 投资经验

4. 下列客户信息中，不属于定量信息的是（　　）。
   A. 收入与支出信息　　　　　　　　B. 保单信息
   C. 投资偏好　　　　　　　　　　　D. 养老金规划

5. 下列关于非财务信息的表述中，正确的是（　　）。
   A. 是制定个人财务规划的基础和根据
   B. 决定了客户的目标和期望是否合理
   C. 对个人财务规划的制定有直接的影响
   D. 决定了完成个人财务规划的可能性

二、简答题

1. 教育规划的步骤有哪些？
2. 目前智能投顾平台有哪些技术支撑？
3. 智能投顾商业模式包括哪些？
4. 智能投顾的业务流程步骤有哪些？

三、操作实训

1. 打开同花顺"i问财"官网，了解其智能投顾平台服务流程。
2. 登录MindGo量化交易平台，学习简单的量化策略。

项目八 投资顾问业务的监管及职业规范

 学习目标

掌握目前投资顾问业务的监管,包括证券投资顾问的监管、自律管理和机构管理,证券公司、证券投资咨询机构及证券投资顾问提供品种选择、投资组合、理财规划投资建议服务的职责。

使学生了解投资顾问的合规管理及风险控制机制,业务推广、协议签订、服务提供、客户回访和投诉处理等业务环节。了解证券投资顾问人员管理制度、相关法律责任。

任务一 证券投资顾问的业务内容与职责

 案例导入

互联网新规颁布,智能投顾实施牌照化管理

2018年4月3日,互联网金融风险专项整治工作领导小组办公室,公布了《关于加大通过互联网开展资产管理业务整治力度及开展验收工作的通知》(下文简称"29号文")。这份文件明确规定互联网平台如果要销售"资产管理产品",必须要有资产管理业务牌照,或资产管理产品代销牌照。无牌照已在销售资管产品的平台,必须在2018年6月底前压缩至零。

其中最值得关注的分别为以下3点:

1. 非持牌不得开展资管业务

29号文:互联网资管业务属于金融业务,需持牌经营,包括资产管理业务牌照或资产管理产品代销牌照。明确了依托互联网渠道发行销售各类资管产品,包括不限于"定向委托计划""定向融资计划""理财计划""资产管理计划""收益权转让"为非法金融活动,可能构成"非法集资、非法吸收公众存款、非法发行证券"等。此文件的核心要求就是持牌经营。

2. 平台"引流、代销"需整改

29号文:互联网资管涉及的业务类型,包括定向委托、收益权转让等产品,目前市场上

已定向委托的形式较多,涉及不少业务量较大的平台。需要提及的是,部分平台以引流的名义为金交所提供代销等服务,也被要求整改。

资管新规:金融机构代理销售其他金融机构发行的资产管理产品,应当符合金融监督管理部门规定的资质条件。未经金融管理部门许可,任何非金融机构和个人不得代理销售资产管理产品。

3. 智能交易纳入监管半径

资管新规:《资管新规》称,金融机构运用人工智能技术、采用机器人投资顾问开展资产管理业务应当经金融监督管理部门许可,取得相应的投资顾问资质,充分披露信息,报备智能投顾模型的主要参数以及资产配置的主要逻辑。

29号文:对涉及"定向委托计划""定向融资计划""理财计划""资产管理计划""收益权转让"的互联网平台运作为非法金融活动,可能构成"非法集资、非法吸收公众存款、非法发行证券"等。

需要注意的是,国内智能投顾业务和创业公司2014年前后开始涌现,但是在29号文出台之前,还没有统一的对其资质和牌照的硬性要求。所能查到的准入资格只有一条,并且是针对传统证券投资顾问的。根据《证券投资顾问业务暂行规定》规定,从事证券投资顾问应当具有证券投资咨询机构的资质,证券投资顾问服务人员应当具有证券投资咨询执业资格,并在中国证券业协会注册登记为证券投资顾问。

由于我国没有专门的法律条款对智能投顾进行规范,只能从投资组合包含的金融产品种类入手,要求提供商根据金融产品种类取得相关资质,比如证券投资咨询机构牌照、公募基金牌照、基金销售牌照,以及在中国证券投资基金业协会取得的私募基金备案。

(资料节选自 RubixFX 格伦外汇)

思考:
1. 证券投资顾问执业要求适用于智能投顾吗?
2. 目前有哪些平台拥有智能投顾牌照?

一、证券投资顾问的业务及执业要求

(一) 执业范围及要求

链接8-1 证券投资顾问的含义与职能

按照中国证监会2010年10月12日颁布的《证券投资顾问业务暂行规定》规定,证券投资顾问业务,是证券投资咨询业务的一种基本形式,指证券公司、证券投资咨询机构接受客户委托,按照约定,向客户提供涉及证券及证券相关产品的投资建议服务,辅助客户作出投资决策,并直接或者间接获取经济利益的经营活动。投资建议服务内容包括投资的品种选择、投资组合以及理财规划建议等。

目前,《证券业从业人员资格管理办法》《证券业从业人员资格管理实施细则(试行)》《证券经纪人管理暂行规定》《证券投资顾问业务暂行规定》和《发布证券研究报告暂行规定》构成了证券业从业人员管理的基本制度。《证券投资顾问和证券分析师注册登记程序及要求》对两类人员的注册管理作出了明确规定。

《证券投资顾问业务暂行规定》第七条规定,向客户提供证券投资顾问服务的人员,应当具有证券投资咨询执业资格,并在中国证券业协会注册登记为证券投资顾问。证券投资顾问不得同时注册为证券分析师。

根据《证券投资顾问和证券分析师注册登记程序及要求》,证券投资顾问首次注册程序为:

(1) 对于首次申请证券投资咨询执业资格,并注册登记为证券投资顾问或证券分析师的人员,证券公司、证券投资咨询机构的资格管理员应将其姓名、身份证号码录入中国证券业执业证书管理系统,系统将自动生成系统编码和密码。

(2) 申请人在系统的主页输入系统编码和密码,即可进入系统填写执业注册申请表。申请人要根据自己从事证券投资咨询业务具体类别选择注册登记为证券投资顾问或证券分析师。申请人通过系统向证券公司、证券投资咨询机构提交执业注册申请时,应同时提交以下书面材料:执业注册申请表;身份证复印件;学历证书复印件;具有2年以上证券业务或证券服务业务经历的工作。

(二) 证券投资顾问业务和发布证券研究报告的区别与联系

中国证监会颁布《证券投资顾问业务暂行规定》的同时,颁布了《发布证券研究报告暂行规定》,明确了证券投资顾问业务和发布证券研究报告是证券投资咨询业务的两种基本形式。这两个规定作为基础性制度规范,为证券投资顾问业务和发布证券研究报告提供了操作性业务规范和制度保障,为处理证券投资咨询领域中存在的若干现实问题提供了法规依据。

证券投资顾问业务和发布证券研究报告既有区别,又有联系。证券投资顾问服务和证券研究报告提供帮助,协助投资者作出投资决策的证券价值分析意见或者证券投资建议,均是证券经营机构服务客户的重要手段。两者具有显著的区别,主要体现在以下4个方面:

1. 立场不同

证券投资顾问基于特定客户的立场,遵循忠实客户利益原则,向客户提供适当的证券投资建议;证券分析师基于独立、客观的立场,对证券及证券相关产品的价值进行研究分析,撰写发布研究报告。

2. 服务方式和内容不同

证券投资顾问在了解客户的基础上,依据合同约定,向特定客户提供适当的、有针对性的操作性投资建议、关注品种选择、组合管理建议以及买卖时机等；证券研究报告操作上向不特定的客户提供证券估值的研究成果，关注证券定价，不关注买卖时机选择等具体的操作性投资建议。

3. 服务对象有所不同

证券投资顾问一般服务于普通投资者，强调针对客户类型、风险偏好等提供适当的服务；证券研究报告一般服务于基金、QFII等能够理解研究报告和有效处理相关信息的专业投资者，强调公平对待证券研究报告接收人。

4. 市场影响有所不同

证券投资顾问服务与特定客户的证券投资及其利益密切相关，但通常不会显著影响证券定价；证券研究报告向多个机构客户同时发布，对证券价格可能会产生较大影响。

同时，证券投资顾问业务和发布证券研究报告两种基本业务形式又有密切联系，在服务流程上，证券研究报告一般是证券投资顾问服务的重要基础，证券投资顾问团队依据证券研究报告以及其他公开证券信息，整合形成有针对性的证券投资顾问建议，再按照协议约定向客户提供。

(三) 证券投资顾问的特性

中国证券投资顾问具有建议性、指导性、综合性、独立性等特性。

1. 建议性

证券投资顾问根据对投资者（客户）的调查、诊断获得的一手资料进行分析，进而提出其改善投资管理方案。证券投资顾问只是充当一个辅助者的角色，为投资者提出建设性的而非强制性的改进方案。如果投资者觉得此投资方案的实施效果不佳，投资者完全可以否决该投资方案，实施与否的决定权在投资者手中。

2. 指导性

证券投资顾问并不停留在为签约客户提供建议的层面上，更重要的是，证券投资顾问会对签约客户进行讲解和培训，帮助改进投资方案，提高投资管理水平。

3. 综合性

证券投资顾问需要综合素质，即要对投资管理知识系统掌握，又要有丰富的实际操作经验，还要将咨询成果与客户不断沟通和匹配以达成共识。为了推广和包装自己，还要掌握与媒体打交道的技巧。

4. 独立性

在自己利益、所服务机构的利益与客户利益发生矛盾时，必须优先保护客户利益公正、客观是证券投资顾问的灵魂。

任务二　证券投资顾问的监管

案例导入

浅谈智能投顾的算法风险及监管建议

刘雪倩

智能投顾源于传统投资顾问咨询,由于其与互联网技术和金融科技的高度结合,使得智能投顾在算法领域形成高深的技术壁垒,虚拟性使得市场风险更加隐蔽。本文在探讨智能投顾在算法领域存在的潜在风险,并且借鉴英国"监管沙箱"的模式,利用科技监管技术,对智能投顾的监管提出初步的建议。

从智能投顾平台的性质与定位来看,智能投顾虽然是"人工智能+投资顾问",但其本质上仍然提供的是投资顾问服务,智能投顾平台与投资者之间依然是基于信任而产生的委托关系。应当受到《证券投资顾问业务暂行规定》《证券、期货投资咨询管理暂行办法》等国家规定管辖。按照要求,从事证券投资顾问应当具有证券投资咨询机构的资质;向客户提供智能证券投资顾问服务的人员,应当具有证券投资咨询执业资格,并在中国证券业协会注册为证券投资顾问。智能投顾取代自然人为投资者提供咨询意见,而智能投顾在市场准入、从业资质等方面存在合规性风险,原先以金融从业人员为义务对象的法律体系实际上被架空,导致义务主体虚无化和义务体系失灵的问题。

（资料节选自搜狐网　金融法研究会）

思考：

1. 传统的投资顾问平台有哪些监管措施?
2. 智能投顾平台存在哪些监管风险?

一、证券投资顾问的监管、自律管理和机构管理

（一）监管主体

中国证监会及其派出机构依法对证券公司、证券投资咨询机构从事证券投资顾问业务实行监督管理。

《证券投资顾问业务暂行规定》和《发布证券研究报告暂行规定》的发布实施,确立了证券投资咨询的两种基本业务形式,明确了证券投资顾问和证券分析师的角色定位,强调了证券研究在证券服务体系中的基础作用,反映了证券投资咨询是向客户提供专业顾问服务的本质特征。随后,各券商营业部的基层分析师和咨询机构的大部分分析师纷纷将原有证券从业资格——投资咨询资格,规范为现在的证券投资顾问资格,称

链接8-2　证券投资顾问的监管、自律管理和机构管理

谓也正式定名为证券投资顾问。

同时《证券投资顾问业务暂行规定》明确,以软件工具、终端设备等为载体,向客户提供投资建议或者类似功能服务的,应当执行该规定的各项规范要求,相应纳入证券投资顾问业务管理。证券投资顾问业务是证券投资咨询业务的一种基本形式,经营此类证券咨询软件工具、终端设备的机构应当取得证券投资咨询业务资格。

(二)证券投资顾问的自律管理

中国证券业协会对证券公司、证券投资咨询机构从事证券投资顾问业务实行自律管理,并依据有关法律、行政法规和相关规定,制定相关执业规范和行为准则。

(三)证券投资顾问的机构管理

《证券投资顾问业务暂行规定》中的多条法规对证券公司、证券投资咨询机构从事证券投资顾问业务的管理作出了具体的规范要求。

(1)证券公司、证券投资咨询机构及其人员应当遵循诚实信用原则,勤勉、审慎地为客户提供证券投资顾问服务。

(2)证券公司、证券投资咨询机构及其人员提供证券投资顾问服务,应当忠实客户利益,不得为公司及其关联方的利益损害客户利益;不得为证券投资顾问人员及其利益相关者的利益损害客户利益;不得为特定客户利益损害其他客户利益。

(3)证券公司、证券投资咨询机构应当制定证券投资顾问人员管理制度,加强对证券投资顾问人员注册登记、岗位职责、执业行为的管理。

(4)证券公司、证券投资咨询机构应当建立健全证券投资顾问业务管理制度、合规管理和风险控制机制,覆盖业务推广、协议签订、服务提供、客户回访、投诉处理等业务环节。

(5)证券公司、证券投资咨询机构从事证券投资顾问业务,应当保证证券投资顾问人员数量、业务能力、合规管理和风险控制与服务方式、业务规模相适应。

(6)证券公司、证券投资咨询机构向客户提供证券投资顾问服务,应当按照公司制定的程序和要求,了解客户的身份、财产与收入状况、证券投资经验、投资需求与风险偏好,评估客户的风险承受能力,并以书面或者电子文件形式予以记载、保存。

(7)证券公司、证券投资咨询机构向客户提供证券投资顾问服务,应当告知客户下列基本信息:①公司名称、地址、联系方式、投诉电话、证券投资咨询业务资格等;②证券投资顾问的姓名及其证券投资咨询执业资格编号;③证券投资顾问服务的内容和方式;④投资决策由客户作出,投资风险由客户承担;⑤证券投资顾问不得代客户作出投资决策。

证券公司、证券投资咨询机构应当通过营业场所、中国证券业协会和公司网站,公示第①、第②项信息,方便投资者查询、监督。

(8)证券公司、证券投资咨询机构应当向客户提供风险揭示书,并由客户签收确认。风险揭示书内容与格式要求由中国证券业协会制定。

(9)证券公司、证券投资咨询机构提供证券投资顾问服务,应当与客户签订证券投资顾问服务协议,并对协议实行编号管理。协议应当包括下列内容:①当事人的权利义务;②证券投资顾问服务的内容和方式;③证券投资顾问的职责和禁止行为;④收费标准和支付方式;⑤争议或者纠纷解决方式;⑥终止或者解除协议的条件和方式。

证券投资顾问服务协议应当约定,自签订协议之日起5个工作日内,客户可以书面通知方式提出解除协议。证券公司、证券投资咨询机构收到客户解除协议书面通知时,证券投资顾问服务协议解除。

(10)证券公司、证券投资咨询机构应当为证券投资顾问服务提供必要的研究支持。证券公司、证券投资咨询机构的证券研究不足以支持证券投资顾问服务需要的,应当向其他具有证券投资咨询业务资格的证券公司或者证券投资咨询机构购买证券研究报告,提升证券投资顾问服务能力。

(11)证券公司、证券投资咨询机构从事证券投资顾问业务,应当建立客户回访机制,明确客户回访的程序、内容和要求,并指定专门人员独立实施。

(12)证券公司、证券投资咨询机构从事证券投资顾问业务,应当建立客户投诉处理机制,及时、妥善处理客户投诉事项。

(13)证券公司、证券投资咨询机构应当按照公平、合理、自愿的原则,与客户协商并书面约定收取证券投资顾问服务费用的安排,可以按照服务期限、客户资产规模收取服务费用,也可以采用差别佣金等其他方式收取服务费用。证券投资顾问服务费用应当以公司账户收取。禁止证券公司、证券投资咨询机构及其人员以个人名义向客户收取证券投资顾问服务费用。

(14)证券公司、证券投资咨询机构应当规范证券投资顾问业务推广和客户招揽行为,禁止对服务能力和过往业绩进行虚假、不实、误导性的营销宣传,禁止以任何方式承诺或者保证投资收益。

(15)证券公司、证券投资咨询机构通过广播、电视、网络、报刊等公众媒体对证券投资顾问业务进行广告宣传,应当遵守《广告法》和证券信息传播的有关规定,广告宣传内容不得存在虚假、不实、误导性信息以及其他违法违规情形。证券公司、证券投资咨询机构应当提前5个工作日将广告宣传方案和时间安排向公司住所地证监局、媒体所在地证监局报备。

(16)证券公司、证券投资咨询机构通过举办讲座、报告会、分析会等形式,进行证券投资顾问业务推广和客户招揽的,应当提前5个工作日向举办地证监局报备。

(17)证券公司、证券投资咨询机构应当对证券投资顾问业务推广、协议签订、服务提供、客户回访、投诉处理等环节实行留痕管理。向客户提供投资建议的时间、内容、方式和依据等信息,应当以书面或者电子文件形式予以记录留存。

证券投资顾问业务档案的保存期限自协议终止之日起不得少于5年。

(18)证券公司、证券投资咨询机构应当加强人员培训,提升证券投资顾问的职业操守、合规意识和专业服务能力。

（19）证券公司、证券投资咨询机构以合作方式向客户提供证券投资顾问服务，应当对服务方式、报酬支付、投诉处理等作出约定，明确当事人的权利和义务。

（20）证券公司、证券投资咨询机构及其人员从事证券投资顾问业务，违反法律、行政法规和《证券投资顾问业务暂行规定》的，中国证监会及其派出机构可以采取责令改正、监管谈话、出具警示函、责令增加内部合规检查次数并提交合规检查报告、责令清理违规业务、责令暂停新增客户、责令处分有关人员等监管措施；情节严重的，中国证监会依照法律、行政法规和有关规定作出行政处罚；涉嫌犯罪的，依法移送司法机关。

（21）证券公司从事证券经纪业务，附带向客户提供证券及证券相关产品投资建议服务，不就该项服务与客户单独作出协议约定、单独收取证券投资顾问服务费用的，其投资建议服务行为参照执行《证券投资顾问业务暂行规定》的有关要求。

二、监管原则及目标

（一）监管原则

监管成功与否，首先取决于理念原则。在证券投资顾问业务监管中，主要应贯彻以下原则。

1. 合规原则

合规是业务发展的生命线，公司管理层要支持合规工作，合规管理要体现出独立性。从事证券投资顾问业务的机构必须树立合规守法意识，应当遵守相关法律、行政法规和规章，加强合规管理，健全内部控制，防范利益冲突，切实维护客户合法权益。

2. 诚实信用原则

诚实信用是证券投资顾问业务生存和发展的基石，只有讲诚信、讲专业，才能赢得市场，得到投资者的尊重和认可，所有从事证券投资顾问业务的人员都应当遵循诚实信用原则，勤勉、审慎地为客户提供证券投资顾问服务。

3. 忠实客户利益原则

开展证券投资顾问业务，必须贯彻客户利益优先，忠实客户利益，不得为公司及其关联方的利益损害客户利益；不得为证券投资顾问人员及其利益相关者的利益损害客户利益；不得为特定客户利益损害其他客户利益。

4. 行政监管与自律监管相结合原则

中国证监会及其派出机构依法对证券公司、证券投资咨询机构从事证券投资顾问业务实行监督管理。中国证券业协会对证券公司、证券投资咨询机构从事证券投资顾问业务实行自律管理，并依据有关规定，制定相关执业规范和行为准则。

（二）监管目标

纵观各国证券监管机构，在证券投资顾问业务监管中，无不将严格监管、促进发展、投资者教育作为三大目标,努力寻求适当的平衡,并因金融环境不断变化而作出适当的调整,显示了"恒常不变"与"顺应而变"的关系。

1. 监管的重点

严格监管是资本市场有序运作的根本,所有市场主体必须遵从证券投资顾问业务法律法规和相关规则。目前,中国已形成以《证券、期货投资咨询管理暂行办法》《证券投资顾问业务暂行规定》为核心的证券投资顾问业务法律监管体系。监管的重点可以分为准入监管、行为监管、责任追究3个部分。

1) 准入监管

准入监管要求证券投资顾问应当事先取得专业资格,并进行执业注册登记。根据规定,向客户提供证券投资顾问服务的人员,应当具有证券投资咨询执业资格,并在中国证券业协会注册登记为证券投资顾问。证券投资顾问不得同时注册为证券分析师。证券公司应当将公司总部、证券营业部中签订劳动合同、取得证券投资咨询执业资格且实际从事证券投资顾问业务的人员,申请注册登记为证券投资顾问;证券投资咨询机构应当将签订劳动合同、取得证券投资咨询执业资格且实际从事证券投资顾问业务的人员,申请注册登记为证券投资顾问。

2) 行为监管

行为监管要求证券投资顾问的各项业务活动必须遵守法律规定,监管的重点主要有:

(1) 证券投资顾问贯彻"认识你的客户"原则。向客户提供证券投资顾问服务,应当按照公司制定的程序和要求,了解客户的身份、财产与收入状况、证券投资经验、投资需求与风险偏好,评估客户的风险承受能力,并以书面或者电子文件形式予以记载、保存。值得注意的是测评程序要设计科学,并定期分析测评从整体上是否能起到"认识你的客户"的效果。在测评中,也要加强投资者教育,指导投资者真实填写测评资料,不能虚假、隐瞒相关信息。

(2) 证券投资顾问要了解所推介的投资建议。一般地讲,投资建议服务内容包括投资的品种选择、投资组合以及理财规划建议等。证券投资顾问机构要加强培训和业务支持力度,促使证券投资顾问人员专业化,对投资产品、投资组合等投资建议有深入的了解,将真实的情况告诉投资者,绝不能因为考核、竞争等压力而夸大投资建议的作用,误导投资者应当鼓励机构对于复杂性产品、重大投资建议的推荐实行全过程录音,合规人员及时复查,以防范发生不当服务行为。

(3) 证券投资顾问提供合理的投资建议。要求证券投资顾问向客户提供投资建议,应当有合理依据,并提供适当的投资建议。投资建议的合理依据包括证券研究报告或者基于证券研究报告、理论模型以及分析方法形成的投资分析意见等,不能以内幕信息或"迷信玄学"等无科学的理论为依据提供咨询。提供适当的投资建议,要求证券投资顾问应当根据了解的客户情况,在评估客户风险承受能力和服务需求的基础上,向客户提供适当的投资建议服务,不能超过其风险承受能力。

3) 责任追究

监管部门采取执法行动,是要说明任何违规行为皆不可接受,借此鼓励所有市场人士克己尽责、遵守法规对于违法者,可以给予责令改正、监管谈话、出具警示函、责令增加内部合规检查次数并提交合规检查报告、责令清理违规业务、责令暂停新增客户、责令处分有关人员等监管措施;情节严重的,给予行政处分;涉嫌犯罪的,依法移送司法机关。

2. 促进发展

促进市场发展是任何一个监管者固有的职责。为了促进证券投资顾问业务的新发展,监管部门制定了很多新措施。

(1) 收费方式多元化。证券公司、证券投资咨询机构应当按照公平、合理、自愿的原则,与客户协商并书面约定收取证券投资顾问服务费用的安排,可以按照服务期限、客户资产规模收取服务费用,也可以采用差别佣金等其他方式收取服务费用,充分体现市场经济条件下的意思自治原则。

(2) 提升服务能力。证券投资顾问的专业化发展是必然趋势,规定了提升证券投资顾问服务能力的一系列法定要求。证券公司、证券投资咨询机构应当为证券投资顾问服务提供必要的研究支持,如果证券公司、证券投资咨询机构的证券研究不足以支持证券投资顾问服务需要的,应当向其他具有证券投资咨询业务资格的证券公司或者证券投资咨询机构购买证券研究报告,以提升证券投资顾问服务能力。

(3) 加强人员培训。证券公司、证券投资咨询机构应当加强人员培训,提升证券投资顾问的职业操守、合规意识和专业服务能力。

(4) 多方合作。证券公司、证券投资咨询机构可以通过合作方式向客户提供证券投资顾问服务,以发挥各自的优势。

(5) 鼓励通过媒体提供公益宣传和投资者教育服务。现代社会,公众媒体对证券市场起着非常重要的作用,是合法证券机构必须占领的阵地。因此,法律鼓励证券公司、证券投资咨询机构组织安排证券投资顾问人员,按照证券信息传播的有关规定,通过广播、电视、网络、报刊等公众媒体,客观、专业、审慎地对宏观经济、行业状况、证券市场变动情况发表评论意见,为公众投资者提供证券资讯服务,传播证券知识,揭示投资风险,引导理性投资,但不得过度包装和宣传。

3. 投资者教育

成熟的市场不仅需要监管者、中介机构的成熟和专业,更需要投资者的成熟。证券投资顾问业务的顺利发展也离不开投资者的认可和支持。投资者教育的重点包括以下3个方面:

(1) 合规教育。认真宣讲证券投资顾问业务相关的法律法规,加深投资者对权利、义务和责任的了解,自觉树立知法守法的观念。

(2) 知识教育。知识是投资者的最佳保障,要灌输"先求知再投资"的理念,不断举办教育活动,务求加深投资者对市场、产品及投资风险的了解。市场风险永远无法消除,任何投资均带有风险,这也是投资者知识教育的一个重要环节。

(3) 维权教育。在证券投资顾问业务发展过程中,发生了纠纷、投诉,如何引导行为人通过合法手段解决纷争、维权也是投资者教育的重要环节。要加强教育,使投资者认识到,不能采用不合法、甚至极端的手段来表达诉求,而应该通过合法的途径、合法的方式来维护自身的权益,必要时,也可以寻求专业法律人士的协助。

三、证券投资顾问业务合规管理和风险控制机制

(一) 合规管理

合规是指证券公司、证券投资咨询机构及其工作人员的经营管理和执业行为符合法律、法规、规章及其他规范性文件、行业规范和自律规则、公司内部规章制度,以及行业公认并普遍遵守的职业道德和行为准则。

合规管理是指证券公司、证券投资咨询机构制定和执行合规管理制度,建立合规管理机制,培育合规文化,防范合规风险的行为。

证券投资顾问业务人员应当熟知与其执业行为有关的法律、法规和准则,主动识别、控制其执业行为的合规风险,并对其执业行为的合规性承担责任。

证券公司、证券投资咨询机构应当根据需要,组织内部有关机构和部门或者委托外部专业机构对公司合规管理的有效性进行评估,及时解决合规管理中存在的问题。对公司合规管理有效性的全面评估,每年不得少于一次。

证券公司、证券投资咨询机构设合规岗位,对公司及其工作人员的经营管理和执业行为的合规性进行审查、监督和检查。

证券公司、证券投资咨询机构通过有效的合规管理,主动发现违法违规行为,积极妥善处理,落实责任追究,完善内部控制制度和业务流程并及时向住所地证监局报告的,依法免于追究责任或从轻、减轻处理。

(二) 风险控制机制

证券公司、证券投资咨询机构应当按照审慎经营的原则,建立健全风险管理与内部控制制度,防范和控制风险。

证券公司、证券投资咨询机构开展投资顾问业务,应当对客户的姓名或名称、身份的真实性、风险偏好进行审查。

证券公司、证券投资咨询机构应定期进行分析评估、投资顾问绩效评估,检查服务流程的有效性和合规性。

证券公司、证券投资咨询机构应当向客户提供风险揭示书,并由客户签收确认。

证券公司、证券投资咨询机构应当按照规定提取一般风险准备金,用于弥补经营

亏损。

四、证券投资顾问业务环节的监管

（一）业务推广

证券公司、证券投资咨询机构应当规范证券投资顾问业务推广和客户招揽行为，禁止对服务能力和过往业绩进行虚假、不实、误导性的营销宣传，禁止以任何方式承诺或者保证投资收益。

证券公司、证券投资咨询机构通过广播、电视、网络、报刊等公众媒体对证券投资顾问业务进行广告宣传，应当遵守《广告法》和证券信息传播的有关规定，广告宣传内容不得存在虚假、不实、误导性信息以及其他违法违规情形。

证券公司、证券投资咨询机构应当提前5个工作日将广告宣传方案和时间安排向公司住所地证监局、媒体所在地证监局报备。

证券公司、证券投资咨询机构通过举办讲座、报告会、分析会等形式，进行证券投资顾问业务推广和客户招揽的，应当提前5个工作日向举办地证监局报备。

（二）协议签订

证券公司、证券投资咨询机构提供证券投资顾问服务，应当与客户签订证券投资顾问服务协议，并对协议实行编号管理。协议应当包括下列内容：

（1）当事人的权利和义务。

（2）证券投资顾问服务的内容和方式。

（3）证券投资顾问的职责和禁止行为。

（4）收费标准和支付方式。

（5）争议或者纠纷解决方式。

（6）终止或者解除协议的条件和方式。

证券投资顾问服务协议应当约定，自签订协议之日起5个工作日内，客户可以书面通知方式提出解除协议。证券公司、证券投资咨询机构收到客户解除协议书面通知时，证券投资顾问服务协议解除。

此外还要签订风险揭示书，使投资者充分了解证券投资顾问业务的风险。证券投资顾问业务风险揭示书应以书面或者电子文件形式，由投资者签收确认，并由证券公司、证券投资咨询机构归入证券投资顾问业务档案保存。

（三）服务提供

证券投资顾问应当根据了解的客户情况，在评估客户风险承受能力和服务需求的基础上，向客户提供适当的投资建议服务。

证券投资顾问向客户提供投资建议，应当具有合理的依据。投资建议的依据包括证券研究报告或者基于证券研究报告、理论模型以及分析方法形成的投资分析意见等。

(四) 客户回访和投诉处理

证券公司、证券投资咨询机构从事证券投资顾问业务,应当建立客户回访机制,明确客户回访的程序、内容和要求,并指定专门人员独立实施。

证券公司、证券投资咨询机构从事证券投资顾问业务,应当建立客户投诉处理机制,及时、妥善处理客户投诉事项。

五、智能投顾的风险及监管

(一) 智能投顾的风险

1. 智能投顾的算法风险

算法是数字化投顾的核心组成部分,它通过在数据库大量的噪音信息中快速且准确地找到与用户基本信息(包括风险承受水平、收益目标以及风格偏好等)相匹配的部分,利用机器学习、自然语言处理和知识图谱等技术进行信息处理,然后基于各种内嵌的金融模型和相关假设予以分析,预测出符合该用户预期的最优结果,形成"私人定制"的投资建议,这也是最能体现智能投顾之"智能"的部分。大数据、人工智能等计算机科技的应用大幅提升了智能投顾对于投资者服务的精度、深度和准度。但是,缺乏监管的金融科技容易自我形成高深的技术壁垒,虚拟性使得市场风险更加隐蔽。由于智能投顾整个算法运作体系以一系列经济假设为依托,如果该假设是错误的,或至少不适用于特定个体,那么由此得出的运算结果将不利于投资者。即使该假设是正确的,也难以完全抵挡市场的系统性风险。对于服务的核心——算法部分应当采取何种监管方法,对监管者而言无疑极具挑战。

除了算法本身存在的缺陷,投资咨询机构利用算法的专业性和隐蔽性损害投资者的利益也是值得注意的问题。在高科技高度发达的现代社会,算法霸权的现象比比皆是。

2. 智能投顾的法律风险

从我国现行的税收法律来看,投资者对于运用智能投顾这类工具避税的需求较小,这与一些智能投顾表现力好的国家相比也有较大不同,美国使用智能投顾的投资者在很大程度上通过这种投资方式来避税。在用户习惯上来看,我国散户投资者、短期投资者较多,智能投顾在美国的用户习惯则是以机构为主,以长期收益作为投资理念,一旦智能投顾未能在短期内为投资者带来收益,投资者将可能会与智能投顾的营运者发生争议。

智能投顾通过互联网可以实现指令执行、调仓、自动平衡等功能,投资者的投资偏好及建立资产配置最优组合的建议也可以互联网同步实现。这正是符合智能投顾高效、便捷的特点,但是如此复杂的环节和专业的计算机算法也给智能投顾的操作带来了极大的风险,其中账户资金的流向是否明确成为了一个关键点。

在全权账户托管服务这种投资模式下,运营者一般是持牌的资产管理机构,能够相对独立的在投资者的授权范围内,自行执行投资建议的交易指令。如果发生失误操作执行指令；违背或未参考投资者的用户画像进行操作；内幕交易、操纵市场等其他违规操作行为，投资者往往会向运营者主张巨额的民事赔偿。除此之外，投资者的操作也可能出现偏差。通过互联网签订合同，完成民事意义上的同意并不能排除会出现失误的情况；在智能投顾 App 或者是 PC 网页上签署的格式条款合同是否完全符合投资者的真实意思，也经常是不明确的，运营者与投资者之间存在信息不对称的可能。

(二) 智能投顾的监管

1. 英国"监管沙箱"模式

2016 年 5 月，英国金融行为监管局(FCA)针对智能投顾、区块链等金融科技创新发布了关于"监管沙箱"(Regulatory sandbox)的报告。"监管沙箱"专为扩大金融项目创新而设，即企业可以在"一个安全的空间"内测试其创新的产品、服务、商业模式和交付机制，并且不会因该创新立即招致不利的监管后果。也就是说，通过提供一个缩小版的真实市场和宽松版的监管环境，在保障金融消费者权益的前提下，允许金融科技初创企业对创新的产品、服务、商业模式和交付机制进行大胆试验。这种测试方法有利于智能投顾公司学会如何在投顾平台上与消费者接触，比较智能投顾与自然人投顾的异同从而完善服务。监管沙箱的引入为监管者如何平衡金融科技的发展与风险控制找到了一个有效的监管方法。在该模式下，监管者通过测试与了解创新、评估风险、决定该金融科技项目是否大面积商用并判定现有的监管规则是否需要调整，从而在风险可控之前提下促进金融科技的发展，平衡好金融创新与金融消费者利益保护的关系。

2. 监管科技介入监管

金融科技时代的金融机构除了继续坚持了解客户原则外，更要坚持了解数据原则。通过了解客户获取的信息与了解数据挖掘的数据间的深度结合，可更好地识别金融风险，通过更加合理的风险定价来实现金融资源的有效配置。不但金融机构需要知道自己的数据，监管机构更需要掌握金融机构的数据，以便进行金融风险评估和维护金融稳定，这对金融机构提出了更高的监管合规要求。金融机构遵循监管以达到合乎监管需要的成本随之提高，由此催生了监管科技的发展。

监管科技的概念最早由 FCA 提出，它将监管科技描述为"运用新技术，促进达成监管要求。"许多监管规定都基于或使用了某些数据、处理或管理结构，这常常导致金融机构为满足监管合规要求而做重复工作。而监管科技的解决方案可从根本上解决金融机构合规活动费时费力的问题，在避免重复工作的同时提高了效率，还可避免因监管合规要求不满足而带来的巨额罚款风险。监管科技通过结合数据分析、风险模型和情境分析等，利用人工智能技术来计算并预测风险，为金融机构提供解决方案。未来随着监管科技与人工智能的融合，合规操作将实现进一步自动化。英国已出现了一批监管科技公司，它们帮助运营者降低合规成本，同时也为监管者提供信息技术监管服务，保证金融科技运营的透明度。

FCA依托监管科技公司对智能投顾进行监管的经验可资借鉴。一方面,推动有实力的中国互联网企业成立监管科技公司,帮助智能投顾运营者降低合规成本;另一方面,提升监管部门对智能投顾的监管效能。监管科技可使监管部门的技术系统直连每个金融机构的后台,实时获取监管数据,并通过运用大数据分析、数据可视化等技术手段完成监管报告、建模与合规等工作。监管机构通过系统地构建基于大数据和云计算等技术为核心的数字化监管体系,将有效地避免监管滞后带来的问题,并有助于监管机构实现即时、动态监管和全方位的精准式监管,助推金融科技快速、健康地发展。

在人工智能浪潮的席卷下,智能投顾必然会在世界范围内掀起一次变革狂潮,对此,我国也需积极做出应对。为充分保护投资者利益,同时促进全社会生产效率的提高,监管者应将智能投顾业务及时纳入监管体系,制定监管细则,尽快消除相关障碍,为实务界提供明确的指导和指引,给当下既蠢蠢欲动又惴惴不安的智能投顾市场打一剂定心针。只有形成健康、良好的金融生态,才能更好地服务于广大投资者,促进和丰富普惠金融的内容。

任务三 证券投资顾问的道德规范

案例导入

违反"合规"精神典型案例

违规事实:甲在A证券机构担任投资顾问。2015年至2019年期间,甲替客户办理证券交易操作,并使用A机构空白合同与客户签订协议,承诺客户本金不受损失,与客户约定分享投资收益,最终给客户造成投资损失。A机构未能对其使用的手机号进行有效监测,未能对空白合同文本进行规范管理,负有管理责任。

违规问题:甲替客户交易、与客户约定分享投资收益且承诺保本的行为违反了《证券经纪人管理暂行规定》第十三条第(一)项、第(三)项及《证券投资顾问业务暂行规定》第十九条第一款的相关规定。A机构异常交易监控不到位、空白合同文本管理不到位,违反了《证券经纪人管理暂行规定》第十八条及《证券公司监督管理条例》第二十七条第一款的规定。

处理结果:甲被采取出具警示函的行政监管措施,经营机构被采取责令改正的行政监管措施。

代客理财、表外代持和利益输送是业内较为典型的违规行为。证券经营机构应高度重视合规及风险管理工作,实现合规风控全覆盖,杜绝出现个别部门、岗位和人员游离于公司合规风控体系之外的问题。针对债券交易、资产管理、股票质押等高风险业务要建立健全岗位制衡、风险限额管理、授权审批、流程跟踪等制度机制,完善内部控制,把企业的价值理念制度化、规范化。针对从业人员道德风险,应强化异常交易监控,加强对从业人员的行为管理,及时纠正违法违规行为,并加强职业道德教育,增强从业人员自律意识,从而形成良好的合规文化。

(选自《关于证券行业违反行业文化精神的典型案例通报》,中国证券监督管理委员会,2020-06-12)

思考:

智能投顾从业人员应当遵守哪些职业规范?

链接8-3 证券投资顾问的道德规范

证券投资顾问应该是具有很高的道德修养、扎实的投资管理知识和丰富实践经验的高素质公众人物。中国《证券投资顾问业务暂行规定》第四条规定:证券公司、证券投资咨询机构及其人员应当遵循诚实信用原则,勤勉、审慎地为客户提供证券投资顾问服务。第五条规定:证券公司、证券投资咨询机构及其人员提供证券投资顾问服务,应当忠实客户利益,不得为公司及其关联方的利益损害客户利益;不得为证券投资顾问人员及其利益相关者的利益损害客户利益;不得为特定客户利益损害其他客户利益。这两条规定就是对执业道德的规定。

证券投资顾问作为一项职业,有着不同于其他职业的职业特性。因而,证券投资顾问人员所应具备的职业道德也有别于其他职业。

根据中国证券投资顾问实践和国际经验,证券投资顾问的职业道德和行为规范应遵守以下几点:

1. 诚实守信

遵守并奉行诚实原则,据实掌握客户的资力、投资经验与投资目的,据以提供适当的服务,并谋求客户之最大利益,不得有误导、欺诈、利益冲突或内幕交易等违法行为。

2. 勤勉尽责,量力而行

勤勉尽责就是要勤奋工作,忠于职守,尽到作为证券投资顾问应尽的责任。从业人员应于其业务范围内,跟踪业务进行与发展,对客户的要求与疑问,及时给予答复和说明。无论和现有客户、潜在客户、雇主或职员进行交易时,都必须秉持公正公平且充分尊重对方的原则。证券投资顾问人员对客户的承诺,不能超过自己的能力范围,吹嘘自己的过往业绩是不道德的。在证券投资顾问实践中,证券投资顾问人员要对自己的资历、能力和经验作慎重而真实的介绍,特别是在免费咨询服务项目、过往的投资绩效等方面要持特别慎重的态度。

3. 体现客户利益最大化

证券投资顾问在证券投资顾问活动中处理与客户有关的事务时,应一切从客户的利益出发。证券投资顾问应全身心地投入,协助客户在投资业绩上取得积极、持久、显著的改进,在不违背公众利益的前提下,实现客户利益最大化,这是证券投资顾问业的一条"金科玉律"。但在实际执行这一条款时经常遇到的困难是,客户的利益究竟是什么?在客户的长期利益和短期利益之间,在所有客户的不同群体之间,利益往往是有冲突的。因此在投资方案执行前,必须就证券投资顾问项目的实施方案与客户深入沟通,达成共识。

证券投资顾问提交的投资建议、报告或方案中应当充分披露相关信息,使客户能够合理理解,不得向客户提供含有虚假、严重不实、有偏见、具有误导性或不全面的分析、预测、建议、方案或报告,对于客户获利的期望值持有重要保留意见时应明确告知客户。

在实际工作中经常注意的问题是要避免与客户发生利益冲突。避免利益冲突是证券投资顾问职业素养和道德准则中最敏感和最重要的问题之一,证券投资顾问人员(机构)应始终将客户的利益放在第一位,不得为自身谋取任何潜在利益。

4. 保持证券投资顾问工作的独立、客观、公正

独立、客观、公正是证券行业执业的专业化目标。证券投资顾问人员能否提供客观公正的建议,是客户选聘证券投资顾问人员的主要理由之一。因为证券投资顾问人员与客户的利益是一致的,它与客户是契约关系,没有利益上的冲突。证券投资顾问人员的建议或评价不应该有偏见,应从客户的资产保值增值角度考虑问题。证券投资顾问人员的一切结论必须基于事实,而不能靠猜想、推测。

在某些情况下,独立和客观是同一个问题,证券投资顾问如果习惯于迎合客户的意见,喜欢取悦于高层管理者的偏好,那么他很难提出公正的见解,就会出现独立性和客观性的问题。

在证券投资顾问实践中,每个证券投资顾问都会受到教育、文化、政治和宗教信仰的影响,为了降低这些影响,证券投资顾问应努力使用系统、科学和高度结构化的工作程序来降低证券投资顾问的主观影响。另外,与客户公开讨论问题,请同事审核方案和方法,都能提高咨询工作的客观性。

内部证券投资顾问因为受到各种内部因素的影响,其独立性和客观公正性较难处理,这也是其工作的局限性。内部证券投资顾问不应该承担那些很明显自己无法公正地思考和行动的证券经营或咨询活动。

5. 保守客户秘密

不得泄露客户的投资资料信息,也不能利用客户的资源和机密信息牟取私利,这一条是证券投资顾问业必须遵守的行为准则。证券投资顾问在实际工作中必须约束自己,在投资管理和咨询中,既不能泄露客户没有授权公开的信息,也不能利用客户的任何有商业价值和潜在商业价值的信息,为其所在机构和其他客户谋取利益或优势。只有这样,证券投资顾问才能真正取得客户的信任。

证券投资顾问需避免在繁忙的工作中无意识地泄露客户的机密。例如,网上传送文件被他人截用、文件销毁处理中的大意、与其他客户在谈话或会议发言中引用了保密信

息等。

6. 既"授人以鱼",又"授人以渔"

证券投资顾问不仅要为客户解决投资管理中的问题,还要着眼于提高客户的投资管理水平,投资咨询过程中证券投资顾问不仅告诉客户应该怎样做,还要告诉客户为什么这样做,指导客户去做,无保留地向客户传授相关的投资知识和经验,使客户在咨询结束之后也能解决类似的问题。

7. 不得诋毁同行

证券投资顾问为争取客户,不应采用任何诋毁同行、吹嘘自己的手法。诋毁同行既会损害证券投资顾问行业的形象和秩序,也会损害证券投资顾问人员所在机构和其个人的形象。

总之,证券投资顾问职业道德和行为规范的建立与实施,既是现代社会道德体系建设的组成部分,也是证券投资顾问行业发展的必要条件。在证券投资顾问职业活动中恪守职业道德规范,养成良好的职业素养,对社会、机构和个人都具有十分重要的长远意义,对证券投资顾问活动本身也具有积极的导向、调节和激励作用。

 **总结回顾**

本项目主要讲述了证券投资顾问的执业要求,证券投资顾问业务的监管、自律管理及机构管理,合规管理。证券投资顾问业务环节的监管及风险控制。智能投顾的技术风险、法律风险及监管。简述了证券投资顾问的职业规范及职业道德。

 课后实践

一、单选题

1. 依法对证券公司、证券投资咨询机构从事证券投资顾问业务实行监督管理的是(   )。

   A. 中国证券业协会　　　　　　　　B. 银监会
   C. 中国证监会及其派出机构　　　　D. 工商部门

2. 下列各项中,不属于证券投资顾问业务基本原则的是(   )。

   A. 依法合规　　　　　　　　　　　B. 独立、客观、公平
   C. 诚实信用　　　　　　　　　　　D. 忠实维护客户利益

3. 证券公司、证券投资咨询机构应当按照(   )原则,建立健全风险管理与内部控制制度,防范和控制风险。

A. 诚实信用 B. 公平、合理、自愿
C. 审慎经营 D. 依法合规

4. 证券公司、证券投资咨询机构通过举办讲座、报告会、分析会等形式进行证券投资顾问业务推广和客户招揽的,应当提前5个工作日向(　　)报备。

A. 举办地银监会 B. 举办地证监局
C. 机构所在地银监会 D. 机构所在地证监局

5. 证券投资顾问服务协议应当约定,自签订协议之日起(　　)个工作日内,客户可以书面通知方式提出解除协议。

A. 1　　　　　　B. 3　　　　　　C. 5　　　　　　D. 10

二、简答题

1. 证券投资顾问的从业资格条件是什么?
2. 智能投顾的风险有哪些?
3. 证券投资顾问业务风险控制环节是哪些?
4. 我国智能投顾的"监管沙箱"是何如运行的?

课后实践参考答案

项目一

一、单选题：1. C

二、多选题：1. AB 2. ABCD

三、判断题：1. 对 2. 对 3. 对 4. 对 5. 对 6. 错 7. 对

四、简答题：

1. 智能投顾（Robo-Advisor），又称机器人投顾，是一种将现代投资组合理论（MPT）与大数据、人工智能、云计算等新兴技术相结合的在线投资顾问服务模式。

2. 美国：

随着智能投顾创业公司的不断涌现及其管理资产规模的增加，监管层对智能投顾监管方面的关注也在不断增长。而在对智能投顾的监管方面，美国也走在前列，是其他国家的榜样。美国证监会提出，智能投顾企业必须做好以下3个方面的工作：

（1）智能投顾企业必须对客户做详细的信息披露，以便让客户能够充分理解智能投顾的运行方式、潜在的利益冲突以及可能出现的风险。

（2）智能投顾必须为客户提供合适的建议。

（3）智能投顾必须具备有效的合规规划，以确保所有的相关行为都符合法规的要求。

中国：

（1）市场环境形成。对比中美投资环境来看，除了中美两国整体金融市场监管、投资标的存在差距外。投资者层面亦呈现出较大的差异。

（2）平台技术成熟。人工智能和大数据技术的崛起响应了国内投资者的一系列潜在需求。自移动互联网开始，中国无论在技术推进还是在商业模式创新等方面，都开始赶超美国，到了人工智能和大数据时代，中国更是与美国齐头并进。这些客观条件使得中国的创业公司或者金融企业很容易利用先进技术来满足新的需求。目前国内股权投资类工具仍相对匮乏，限制了智能投顾模型策略和收益表现。

（3）监管政策出台。目前很多专注于智能投顾的平台，面临着牌照、法规等政策限制。

3. 智能投顾服务包括：客户分析、大类资产配置、投资组合选择、交易执行、投资组合再平衡、税收规划、投资组合分析。

4.（1）一种以自动化和科技为核心的数字化商业模式。

（2）分散配置 ETF,被动投资的逻辑。

（3）投资组合自动再平衡策略。

（4）个性化的决策、目标与行为。

项目二

一、单选题：1. C　2. C　3. D　4. D　5. ABCD

二、判断题：1. 对　2. 对　3. 对　4. 对　5. 错　6. 错　7. 对

项目三

一、单选题：1. A　2. C　3. C　4. B

二、多选题：1. ABCD　2. ABC　3. BCD

三、判断题：1. 错　2. 对　3. 对　4. 对　5. 对

四、简答题：

1. 技术指标从不同的角度有不同的分类。本书以技术指标的功能为划分依据，将常用的技术指标分为趋势型指标、超买超卖型指标、人气型指标和大势型指标4类。

（1）趋势型指标：如 MA、MACD。

（2）超买、超卖型指标：如 WMS、KDJ、RSI、BIAS。

（3）人气型指标：如 PSY、OBV。

（4）大势型指标：如 ADL、ADR、OBOS。

2. 智能投顾运用云计算、大数据、人工智能等技术将资产组合理论等其他金融投资理论应用到模型中，再将投资者风险偏好、财务状况及理财规划等变量输入模型，为用户生成自动化、智能化、个性化的资产配置建议，并对组合实现跟踪和自动调整。目前发展起来的核心技术有用户画像、推荐引擎、大数据挖掘、AI 投资算法。

项目四

一、单选题：1. C　2. D　3. C　4. B　5. B　6.

二、简答题：

1. 财政政策是政府依据客观经济规律制定的指导财政工作和处理财政关系的一系列方针、准则和措施的总称。财政政策是当代市场经济条件下国家干预经济、与货币政策并重的一项手段。

财政政策手段主要包括国家预算、税收、国债、财政补贴、财政管理体制、转移支付制度等。这些手段可以单独使用。也可以配合协调使用。

2. 实施积极财政政策对证券市场的影响有：

(1) 减少税收,降低税率,扩大减免税范围。其政策的经济效应是:增加微观经济主体的收入,以刺激经济主体的投资需求,从而扩大社会供给,进而增加入们的收入,并同时增加了他们的投资需求和消费支出。

(2) 扩大财政支出,加大财政赤字。其政策效应是:扩大社会总需求,从而刺激投资,扩大就业。

(3) 减少国债发行(或回购部分短期国债)。国债是证券市场上重要的交易券种,国债发行规模的缩减使市场供给量减少,从而对证券市场原有的供求平衡发生影响,导致更多的资金转向股票,推动证券市场上扬。

(4) 增加财政补贴。财政补贴往往使财政支出扩大。其政策效应是扩大社会总需求和刺激供给增加,从而使整个证券市场的总体水平趋于上涨。紧缩财政政策的经济效应及其对证券市场的影响与上述情况相反。

3. 货币政策工具是指中央银行为实现货币政策目标所采用的政策手段。货币政策工具可分为一般性政策工具(法定存款准备金率、再贴现政策、公开市场业务)和选择性政策工具(直接信用控制、间接信用指导等)。

项目五

一、单选题:1. B 2. D 3. C 4. C 5. C

二、多选题:1. ABCD 2. ABCD

三、判断题:1. 错 2. 对 3. 错 4. 对 5. 对

四、简答题:

1. 2002 年,从前期准备开始,经历了论证、立项、调研、修订以及专家评审等过程,历时近 4 年的新国民经济行业分类国家标准(GB/T4754-2002)推出。新标准借鉴了联合国的《国际标准产业分类》(修订第三版,简称 ISIC)的分类原则(按经济活动同质性原则划分行业)和结构框架,根据我国情况调整了 1994 年标准中与分类原则不相符的内容,大量充实了第三产业的新兴活动,对原采掘业和制造业进行了删减,并为与国际标准衔接,新增或调整了部分行业类别,增减相抵,比 1994 年的标准新增 4 个门类、3 个大类、28 个中类、67 个小类。经过调整与修改,新标准共有行业门类 20 个,行业大类 95 个,行业中类 396 个,行业小类 913 个,基本反映出我国目前行业结构状况。

根据最新行业分类,GICS 行业分类总共有十一大经济部门,分为传统行业和新兴行业两大类,传统行业通常变化较小,格局比较稳定。新兴行业通常变化较快,行业里的公司格局经常变化。

(1) 八大传统行业:必需消费、可选消费、金融、地产、能源、公用事业、电信服务、原材料。

(2) 三大新兴行业:医疗保健、信息技术、工业(工业领域比较杂,既有传统板块也有新

兴板块)。

2. 根据该行业中企业数量的多少、进入限制程度和产品差别,行业基本上可分为4种市场结构:完全竞争、垄断竞争、寡头垄断、完全垄断。

项目六

一、单选题：1. D 2. D 3. C 4. A 5. C

二、多选题：1. ABCD 2. ABCD 3. ABC 4. BC 5. ABC

三、简答题：

1. 公司行业地位分析、经济区位分析、产品分析、经营能力分析、公司盈利能力和公司成长性分析。

2. 上市公司必须遵守财务公开的原则,定期公开自己的财务状况,提供有关财务资料,便于投资者查询。上市公司公布的财务资料中,主要是一些财务报表。在这些财务报表中,最为重要的有资产负债表、利润表和现金流量表。

项目七

一、单选题：1. B 2. B 3. B 4. C 5. C

二、简答题：

1. 教育规划的步骤：

(1) 估计接受大学教育的费用。

(2) 了解大学收费情况,预测未来学费增长。

(3) 确定家长在未来必须支付的投资额度。

2. 底层技术的赋能应用包括移动互联、大数据、云计算、人工智能、区块链等新技术的成熟落地,也为金融行业的智能化转型以及智能理财服务的发展奠定了基础,尤其在人工智能领域,机器学习、知识图谱、计算机视觉、自然语言处理等技术的深度应用将改造智能理财服务价值链,在降低成本提升业务效率的同时,也将从用户交互体验,服务质量等方面重新定义智能理财服务。

3. 目前智能投顾商业模式可以分为3类:①机器导向是指智能投顾通过数据分析或大类资产配置模式,全程自动化智能化配置资产组合策略,对资产组合进行实时跟踪及动态调整。智能投顾会根据客户要求自动进行红利及资本利得在投资及税收损失收割,投资者无需进行管理。②以人为主是指由投资者创建资产配置组合,由智能投顾提供创建资产配置组合的工具以及分享的平台。③人机结合是指将智能投顾及传统投资顾问的优势结合起来为投资者提供服务,由智能投顾为客户提供资产配置建模及投资服务,由传统投资顾问为投资者提供建议。

分为5种商业模式:大类资产配置、数据分析、主题投资、社交跟投、线上引流至线下等。

4. 美国金融监管局在2016年3月对智能投顾作业流程做出了指导意见,其认定智能投顾基本流程包括客户分析、大类资产配置、投资组合选择、投资交易执行、投资组合再平衡策略、税收规划、投资组合分析等7种服务,其中投资组合分析仅向专业用户提供服务。智能投顾的业务流程为:获取客户信息,完成用户画像;构建投资组合;通过系统下单执行投资组合;跟踪分析并动态调整策略。

项目八

一、单选题:1. C 2. B 3. C 4. B 5. C

二、简答题:

1. 根据《证券投资顾问和证券分析师注册登记程序及要求》,证券投资顾问首次注册程序为:

(1) 对于首次申请证券投资咨询执业资格,并注册登记为证券投资顾问或证券分析师的人员,证券公司、证券投资咨询机构的资格管理员应将其姓名、身份证号码录入中国证券业执业证书管理系统,系统将自动生成系统编码和密码。

(2) 申请人在系统的主页上输入系统编码和密码,即可进入系统填写执业注册申请表。申请人要根据自己从事证券投资咨询业务具体类别选择注册登记为证券投资顾问或证券分析师。申请人通过系统向证券公司、证券投资咨询机构提交执业注册申请时,应同时提交以下书面材料:执业注册申请表;身份证复印件;学历证书复印件;具有2年以上证券业务或证券服务业务经历的工作。

2. (1) 智能投顾的算法风险。算法是数字化投顾的核心组成部分,它通过在数据库大量的噪音信息中快速且准确地找到与用户基本信息(包括风险承受水平、收益目标以及风格偏好等)相匹配的部分,利用机器学习、自然语言处理和知识图谱等技术进行信息处理,然后基于各种内嵌的金融模型和相关假设予以分析,预测出符合该用户预期的最优结果,形成"私人定制"的投资建议,这也是最能体现智能投顾之"智能"的部分。除了算法本身存在的缺陷,投资咨询机构利用算法的专业性和隐蔽性损害投资者的利益也是值得注意的问题。在高科技高度发达的现代社会,算法霸权的现象比比皆是。

(2) 智能投顾的法律风险。从我国现行的税收法律来看,投资者对于运用智能投顾这类工具避税的需求较小,这与一些智能投顾表现力好的国家相比也有较大不同,美国使用智能投顾的投资者在很大程度上通过这种投资方式来避税。在用户习惯上来看,我国散户投资者、短期投资者较多,智能投顾在美国的用户习惯则是以机构为主,以长期收益作为投资理念,一旦智能投顾未能在短期内为投资者带来收益,投资者将可能会与智能投顾的营运者发生争议。

3. 证券公司、证券投资咨询机构应当按照审慎经营的原则,建立健全风险管理与内部控制制度,防范和控制风险。证券公司开展投资顾问业务,应当对客户的姓名或名称、身份的真实性、风险偏好进行审查。应定期进行分析评估、投资顾问绩效评估,检查服务流程的有效性和合规性。应当向客户提供风险揭示书,并由客户签收确认。应当按照规定提取一般风险准备金,用于弥补经营亏损。

4. "监管沙箱"专为扩大金融项目创新而设,即企业可以在"一个安全的空间"内测试其创新的产品、服务、商业模式和交付机制,并且不会因该创新立即招致不利的监管后果。也就是说,通过提供一个缩小版的真实市场和宽松版的监管环境,在保障金融消费者权益的前提下,允许金融科技初创企业对创新的产品、服务、商业模式和交付机制进行大胆试验。这种测试方法有利于智能投顾公司学会如何在投顾平台上与消费者接触,比较智能投顾与自然人投顾的异同从而完善服务。监管沙箱的引入为监管者如何平衡金融科技的发展与风险控制找到了一个有效的监管方法。在该模式下,监管者通过测试与了解创新、评估风险、决定该金融科技项目是否大面积商用并判定现有的监管规则是否需要调整,从而在风险可控之前提下促进金融科技的发展,平衡好金融创新与金融消费者利益保护的关系。

参考文献

[1] 中国证券业协会. 证券市场基础知识[M]. 北京:中国财政经济出版社,2012.

[2] 中国证券业协会. 证券交易[M]. 北京:中国财政经济出版社,2012.

[3] 中国证券业协会. 证券投资分析[M]. 北京:中国财政经济出版社,2012.

[4] 刘旭东,赵红梅. 证券投资分析[M]. 大连:东北财经大学出版社,2011.

[5] 郑宏韬. 证券投资分析[M]. 北京:电子工业出版社,2011.

[6] 牛汉钟,谢礼丰. 证券投资分析[M]. 广州:华南理工大学出版社,2010.

[7] 张启富,谢贯中. 证券投资实训[M]. 北京:经济科学出版社,201.

[8] 王研. 证券投资分析[M]. 北京:经济科学出版社,2014.

[9] 孙可娜. 证券投资教程[M]. 北京:机械工业出版社,2012.

[10] 崔传刚. 智能投资:机器交易时代的崛起[M]. 北京:机械工业出版社,2018.

[11] 罗明雄,侯少开,全忠伟. 金融科技三大支柱[M]. 北京:中国财政经济出版社,2018.

[12] 百度百科:https://baike.baidu.com/.

[13] 百度文库:https://wenku.baidu.com/

[14] 百度图片:http://image.baidu.com/.

[15] 东方财富网:http://www.eastmoney,eom/.

[16] 新浪财经:http://www.finaneesina.com.cn/.

[17] 同花顺金融服务网:http://www.10jgka.com.cn.

[18] 中国证券业协会网站:http://www.spenet.en.

[19] 中国证监会网站:http://www.cste.gov.cn/pub/newsite.

[20] 上海证券交易所网站!http://www.sse.com.cn.

[21] 深圳证券交易所网站:htp://www.s2se.com.en.

[22] MBA智库百科:htp:7/wiki.mbalib.com/wiki/MBA%E6%99%BA%E5%BA%93.

[23] 南方财富网:htp://www.southmoney.com/.

[24] 国家统计局官网。htp:/www.stats.gov.cn/.

[25] 360百科:pbaike.so.com/.

[26] 雪球:https://xueqiu.com/.